17,-

BENI CULTURALI / 33

I lettori che desiderano
informazioni sui volumi
pubblicati dalla casa editrice
possono rivolgersi direttamente a:
Carocci editore
Corso Vittorio Emanuele II, 229
00186 Roma
tel. 06 42 81 84 17
fax 06 42 74 79 31

Siamo su:
www.carocci.it
www.facebook.com/caroccieditore
www.twitter.com/caroccieditore

Alfredo Buonopane

Manuale di epigrafia latina

Carocci editore

per Micsu

8ª ristampa, gennaio 2016
1ª edizione, ottobre 2009
© copyright 2009 by Carocci editore S.p.A., Roma

Finito di stampare nel gennaio 2016
da Grafiche VD srl, Città di Castello (PG)

ISBN 978-88-430-4815-1

Riproduzione vietata ai sensi di legge
(art. 171 della legge 22 aprile 1941, n. 633)

Senza regolare autorizzazione,
è vietato riprodurre questo volume
anche parzialmente e con qualsiasi mezzo,
compresa la fotocopia, anche per uso interno
o didattico.

Indice

Premessa   11

Abbreviazioni   13

1. **L'epigrafia latina: definizione, ambiti, limiti**   15
1.1. Iscrizioni e fonti letterarie   17

2. **Storia dell'epigrafia latina: dal *Codex Einsiedelnensis* al *Corpus inscriptionum Latinarum***   19

3. **Gli strumenti di lavoro**   29
3.1. Il *Corpus inscriptionum Latinarum* (CIL)   29
     3.1.1. La struttura / 3.1.2. L'articolazione dei volumi / 3.1.3. La scheda del *Corpus* / 3.1.4. Il *Corpus inscriptionum Latinarum* nella rete
3.2. Il problema dell'aggiornamento del *Corpus*   41
     3.2.1. Gli strumenti di aggiornamento di carattere internazionale / 3.2.2. Gli strumenti di aggiornamento per l'Italia
3.3. Altre sillogi epigrafiche   48
     3.3.1. *Inscriptiones Latinae selectae* (ILS) / 3.3.2. *Carmina Latina epigraphica* (CLE) / 3.3.3. *Inscriptiones Latinae liberae rei publicae* (ILLRP)
3.4. Le riviste   50
3.5. Le banche dati   50
     3.5.1. Epigraphik-Datenbank Clauss-Slaby (EDCS) / 3.5.2. Epigraphische Datenbank Heidelberg (EDH) / 3.5.3. Epigraphic Database Roma (EDR) / 3.5.4. Epigraphic Database Bari (EDB) – Documenti epigrafici romani di committenza cristiana (secoli III-VIII)

3.6. I repertori prosopografici   54
    3.6.1. *Prosopographia Imperii Romani* (PIR; PIR²) / 3.6.2. *The Prosopography of the Later Roman Empire* (PLRE)

3.7. I dizionari   56
3.8. Guide e risorse informatiche   57

4. L'iscrizione come monumento   59

4.1. Dalla cava al monumento iscritto: la genesi delle iscrizioni lapidee   59
    4.1.1. L'estrazione della pietra / 4.1.2. Gli addetti alla lavorazione della pietra / 4.1.3. L'officina epigrafica / 4.1.4. Le fasi della realizzazione di un monumento iscritto

4.2. I tipi di monumento   71
    4.2.1. Altare o ara / 4.2.2. Architrave / 4.2.3. Base / 4.2.4. Blocco / 4.2.5. Cinerario / 4.2.6. Cippo / 4.2.7. Supporto di erma / 4.2.8. Lastra / 4.2.9. Mensa / 4.2.10. Miliario / 4.2.11. Sarcofago / 4.2.12. Stele / 4.2.13. Termine / 4.2.14. Le iscrizioni su metallo

4.3. Scrittura e tecniche di scrittura   95
    4.3.1. L'alfabeto delle iscrizioni / 4.3.2. La scrittura capitale e la scrittura corsiva / 4.3.3. Tecniche di scrittura / 4.3.4. Tratteggio, apicature, ombreggiatura / 4.3.5. Le lettere / 4.3.6. Segni d'interpunzione / 4.3.7. *Apex* e *sicilicus* / 4.3.8. Soprallineatura e barratura / 4.3.9. I segni numerali / 4.3.10. Gli errori e la loro correzione / 4.3.11. La *damnatio memoriae*

4.4. Iscrizioni false e copie   116
    4.4.1. Falsi "cartacei" / 4.4.2. Falsi su pietra, metallo, argilla / 4.4.3. Copie

4.5. I calchi   119
4.6. Il reimpiego   119
4.7. I palinsesti epigrafici   121

5. L'iscrizione come documento. Rilievo, schedatura, edizione   123

5.1. Prima fase: la raccolta della documentazione   123
5.2. Seconda fase: la documentazione grafica   124
    5.2.1. La fotografia delle iscrizioni / 5.2.2. L'elaborazione digitale delle immagini / 5.2.3. Il disegno / 5.2.4. Il calco / 5.2.5. Il ricalco su acetato / 5.2.6. Il rilievo con il laser scanner / 5.2.7. La documentazione delle iscrizioni non più reperibili

5.3. Terza fase: la compilazione della scheda   134
    5.3.1. La trascrizione interpretativa: scioglimenti, integrazioni, segni diacritici / 5.3.2. La datazione

6. Il nome delle persone — 141

- 6.1. Gli elementi dell'onomastica — 141
  - 6.1.1. Il prenome / 6.1.2. Il nome o gentilizio / 6.1.3. La filiazione o patronimico / 6.1.4. La tribù / 6.1.5. Il cognome
- 6.2. La trasmissione di prenome, nome e cognome — 149
- 6.3. L'onomastica degli schiavi e dei liberti — 150
  - 6.3.1. I liberti
- 6.4. Gli stranieri — 156
- 6.5. Dal nome personale al solo cognome: l'evoluzione dell'onomastica latina — 157
- 6.6. Altri elementi dell'onomastica — 158
  - 6.6.1. L'origine (*origo*) / 6.6.2. Il domicilio / 6.6.3. I *supernomina*
- 6.7. La titolatura imperiale — 162
  - 6.7.1. Elementi onomastici / 6.7.2. Magistrature / 6.7.3. Sacerdozi / 6.7.4. Titoli / 6.7.5. Altri elementi
- 6.8. La titolatura degli appartenenti alla casa reale — 166
- 6.9. La *damnatio memoriae* — 166

7. L'individuo al servizio dello Stato e della città: le carriere — 169

- 7.1. Le carriere in età repubblicana — 169
- 7.2. Le carriere in età imperiale — 170
  - 7.2.1. Il *cursus honorum* senatoriale / 7.2.2. Il *cursus honorum* equestre
- 7.3. Il *cursus honorum* dal IV secolo d.C. — 179
- 7.4. L'organizzazione amministrativa delle città e le carriere in ambito locale — 183
  - 7.4.1. Epoca repubblicana / 7.4.2. Età imperiale

8. La classificazione delle iscrizioni — 187

- 8.1. Iscrizioni sacre e magiche — 187
  - 8.1.1. Iscrizioni sacre / 8.1.2. Iscrizioni magiche
- 8.2. Iscrizioni onorarie — 194
- 8.3. Iscrizioni su opere pubbliche — 197
- 8.4. Iscrizioni funerarie — 201
  - 8.4.1. Formule relative al sepolcro
- 8.5. Iscrizioni parietali — 210
  - 8.5.1. I *tituli picti* / 8.5.2. I graffiti

8.6. Atti pubblici e privati 218
8.6.1. Leggi / 8.6.2. *Senatus consulta* / 8.6.3. Documenti emanati dall'imperatore / 8.6.4. Diplomi militari / 8.6.5. Documenti emanati da città / 8.6.6. *Fasti* e calendari / 8.6.7. I *fasti* consolari e trionfali / 8.6.8. Atti privati

9. **L'*instrumentum inscriptum*** 233

9.1. Laterizi 236
9.1.1. I bolli urbani

9.2. Anfore 241
9.2.1. L'apparato epigrafico

9.3. Lucerne 246
9.4. Vasellame ceramico 250
9.4.1. I bolli sulla terra sigillata

9.5. Vetri 253
9.6. *Signacula* 254
9.7. *Tesserae* 259
9.7.1. *Tesserae nummulariae* / 9.7.2. *Tesserae hospitales*

9.8. Etichette 262
9.9. Armi 263
9.9.1. Ghiande missili

9.10. *Fistulae aquariae* 266
9.11. Lingotti 267

Appendice 1. Sigle e abbreviazioni (*litterae singulares*) di uso comune 269

Appendice 2. Gli imperatori romani da Augusto a Teodosio 283

Appendice 3. Il calendario giuliano 303

Bibliografia 305

Premessa

> La materia che si fa testo, il testo che si fa materia: sono le due facce di un miracolo che si riproduce ogni volta che osserviamo, ammiriamo, cerchiamo di entrare in sintonia con un monumento epigrafico. È un privilegio bellissimo...
>
> Manacorda (2006, p. 652)

In hac tabula plura legi, sed pauca intellexi (*De mirabilibus urbis Romae*, 33): quanto afferma sconsolato il dotto *magister Gregorius*, venuto a Roma dalla natìa Inghilterra tra XII e XIII secolo, si potrebbe ripetere ancora oggi. Le iscrizioni latine di età romana, ma anche quelle medievali e moderne, risultano di lettura difficile, quando non impossibile, praticamente a tutti: al di là del possesso di una più o meno solida conoscenza della lingua latina, sigle, abbreviazioni, formulari, nessi, segni convenzionali rendono ostico e per lo più incomprensibile quanto si legge, togliendo così, o quanto meno limitando, la possibilità di avvicinarsi a una fonte capace di fornire nuovi e originali spunti d'indagine per conoscere più da vicino la civiltà romana. Vi è poi un altro aspetto troppo spesso sottovalutato: l'iscrizione, proprio per la sua particolare natura – per essere realizzata, infatti, ha bisogno di un supporto –, costituisce un inscindibile binomio di monumento e documento, e rappresenta di fatto un "bene culturale" di prezioso valore documentario. E si tratta di un "bene culturale" dalla capillare presenza sul territorio, dato che si trova reimpiegato in edifici ecclesiastici e civili o è conservato nelle collezioni di grandi e piccoli musei pressoché in ogni località: eppure, proprio perché non viene compreso appieno, talora il suo valore non viene percepito, e invece di essere tutelato e valorizzato, viene abbandonato agli oltraggi del tempo e degli uomini.

Scrivere un manuale di epigrafia latina può sembrare un atto di presunzione, e molto probabilmente lo è, dato che vi sono opere insostituibili come R. Cagnat, *Cours d'épigraphie latine,* Paris 1914 (4e éd.); I. Calabi Limentani, *Epigrafia latina*, Milano 1991 (4^a ed.) e G. C. Susini, *Epigrafia romana*, Roma 1982, su cui si sono formate generazioni di epigrafisti, o altre, fondamentali anch'esse, che hanno proposto approcci del tutto innovativi, come I. Di Stefano Manzella, *Mestiere di epigrafista. Guida alla schedatura del materiale epigrafico lapideo*, Roma 1987; A. Donati, *Epigrafia romana. La comunicazione nell'antichità*, Bologna 2002; S. Giorcelli Bersani, *Epigrafia e storia di Roma*, Roma 2004 e M. Corbier, *Donner à voir, donner à lire,* Paris 2006; non mancano poi ottimi manuali in lingua straniera, come P. López Barja, *Epigrafía latina. Las inscripciones romanas desde los orígenes al siglo III d.C.*, Santiago 1993; M. G. Schmidt, *Einführung in die lateinische Epigraphik*, Darmstadt 2004; J.-M. Lassère, *Manuel d'épigraphie romaine*, Paris 2005 e M. Cébeillac-

Gervasoni, M. L. Caldelli, F. Zevi, *Épigraphie latine*, Paris 2006. Con questo lavoro, tuttavia, ho voluto mettere a disposizione di quanti, a vario modo e a vario titolo, si occupano di iscrizioni latine uno strumento di lavoro, nato da una ormai pluriennale esperienza di insegnamento di Epigrafia latina sia nei corsi di laurea in Lettere sia in quelli di Scienze dei beni culturali, oltre che in alcune Scuole di dottorato di ricerca; uno strumento spero utile per affrontare le varie problematiche che si presentano a chi affronti la lettura di un'iscrizione latina.

Mentre attendevo alla rielaborazione finale di questo testo è mancato improvvisamente mio papà: a lui, che mi ha insegnato ad amare sempre e comunque la vita, desidero dedicare questo lavoro.

Verona, 4 aprile 2009

Abbreviazioni

AE	"L'Année épigraphique", Paris.
ANRW	*Aufstieg und Niedergang der römischen Welt*, Berlin-New York 1972-.
CIL	*Corpus inscriptionum Latinarum*, Berolini 1863-.
CILA	*Corpus de inscripciones latinas de Andalucía*, Sevilla 1989-.
CLE	*Carmina Latina Epigraphica*, Lipsiae 1895-1926.
CVArr¹	*Corpus vasorum Arretinorum. A Catalogue of the Signature, Shapes and Chronology of Italian Sigillata*, Bonn 1968.
CVArr²	*Corpus vasorum Arretinorum. A Catalogue of the Signature, Shapes and Chronology of Italian Sigillata*, 2. Aufl., Bonn 2000 (= *OCK*).
DA	*Dictionnaire des Antiquités Grecques et Romaines*, Paris 1877-1926.
DE	*Dizionario Epigrafico di Antichità Romane*, Roma 1886-.
DNP	*Der neue Pauly. Enzyklopädie der Antike*, Stuttgart-Weimar 1996-.
EAA	*Enciclopedia dell'Arte Antica, Classica e Orientale*, Roma 1958-.
ES	"Epigraphische Studien", Köln.
FA	"Fasti Archeologici", Roma.
IG	*Inscriptiones Graecae*, Berolini 1873-.
ILLRP	A. Degrassi, *Inscriptiones Latinae liberae rei publicae*, Firenze 1957-63.
ILMN	*Catalogo delle iscrizioni latine del Museo Nazionale di Napoli*, I: *Roma e Latium*, Napoli 2000.
ILS	H. Dessau, *Inscriptiones Latinae Selectae*, Berolini 1892-1916.
Imagines	*Inscriptiones Latinae liberae rei publicae. Imagines*, Roma 1965.
InscrAq	J. B. Brusin, *Inscriptiones Aquileiae*, Udine 1991-93.
InscrIt	*Inscriptiones Italiae*, Roma 1931-.
LIMC	*Lexicon Iconographicum Mythologiae Classicae*, Zürich-Düsseldorf 1981-.
LTL	*Lexicon totius Latinitatis*, 5ª ed., Patavii 1940.
NSA	"Notizie degli Scavi di Antichità", Roma.
PIR	*Prosopographia Imperii Romani saec. I. II. III*, Berolini 1897-98.
PIR²	*Prosopographia Imperii Romani saec. I. II. III*, ed. altera, Berolini et Lipsiae 1933-.
PLRE	*The Prosopography of the Later Roman Empire*, Cambridge 1971-.
RAC	*Reallexikon für Antike und Christentum*, Stuttgart 1950-.
RE	*Paulys Realenzyclopädie der klassischen Altertumswissenschaft*, Stuttgart, poi München 1893-1980.
SI	H. (E.) Pais, *Corporis inscriptionum Latinarum Supplementa Italica*, I: *Additamenta ad vol. V Galliae Cisalpinae*, Romae 1884 (pubbl. 1888).
SupplIt	*Supplementa Italica*, nuova serie, Roma 1981-.
TLL	*Thesaurus linguae Latinae*, Lipsiae 1900-.
ZPE	"Zeitschrift für Papyrologie und Epigraphik", Bonn.

I
L'epigrafia latina: definizione, ambiti, limiti

> Roman cities, some of them anyway, were full of things to read.
>
> Harris (1983, p. 91)

Nelle città del mondo romano, grandi o piccole che fossero, c'era davvero molto da leggere: porte, archi, templi, edifici civili, acquedotti, fontane, altari, basi di statue, tavole di bronzo esibivano iscrizioni d'ogni genere, mentre lungo le vie e nelle piazze i muri erano ricoperti da graffiti che celebravano amori eterni od offrivano incontri mercenari, che esternavano odio e rabbia o esaltavano gli idoli sportivi del momento, oppure da scritte tracciate col pennello che proponevano qualche candidato alle locali elezioni, annunciavano uno spettacolo nell'anfiteatro, offrivano una casa in affitto, promettevano ricompense per il recupero di oggetti rubati o smarriti e di schiavi fuggiti, elencavano merci e prezzi di botteghe e locande. Tutto questo, tuttavia, non era caratteristico solo del mondo urbano: le grandi vie di comunicazione erano costellate di miliari iscritti che scandivano le distanze, le infrastrutture stradali recavano i nomi degli imperatori, dei magistrati o dei munifici finanziatori, mentre nei campi cippi iscritti indicavano le divisioni agrarie o assicuravano diritti di passaggio e modesti sacelli rurali ricordavano la devozione agli dei o lo scioglimento di un voto; nel suburbio, poi, monumenti iscritti di vario tipo (stele, altari, cippi, lastre), stipati nelle necropoli, cercavano di attirare, almeno per un attimo, l'attenzione del viandante, offrendogli talora riflessioni sulla vita e sulla morte o sulla precarietà dell'avventura umana.

Le iscrizioni, che i Romani chiamavano *tituli* o, più raramente, *inscriptiones* (termine, quest'ultimo, derivato dal verbo *inscribere*, "scrivere sopra"), e che i moderni, dall'età umanistica in poi, hanno chiamato sia iscrizioni sia epigrafi (dal greco ἐπιγραφεῖν "scrivere su una superficie"), erano dunque un potente mezzo di comunicazione di massa e, diffuse ed esposte capillarmente su tutto il territorio dell'Impero romano, costituivano un'impressionante mole di documenti. Di questi ci è giunta solo una minima parte (dal 2% al 3%, ovvero tra i 300.000/400.000 esemplari circa, secondo alcune stime del tutto indicative), sia attraverso le copie che fin dall'alto medioevo ne vennero fatte da eruditi e studiosi (cfr. CAP. 2), sia direttamente, soprattutto grazie a rinvenimenti fortuiti o a scavi archeologici, con un incremento, in quest'ultimo caso, di oltre un migliaio di nuovi testi all'anno.

Studiare questi documenti è compito dell'epigrafia latina, una scienza che, come ha scritto René Cagnat (1914, pp. XIII-XIV), non implica solo le conoscenze necessarie per decifrare i testi, ma anche tutte le competenze, ben più difficili da conseguire, necessarie per interpretare quanto vi è scritto e saperne estrarre tutte le informazioni possibili. Compito dell'epigrafista, quindi, non è solo quello di eseguire il rilievo e di curare l'edizione scientifica delle iscrizioni che via via tornano alla luce, o quello di curare la revisione di testi già editi per migliorarne la lettura (cfr. CAP. 5), ma anche quello di inserire il testo e il monumento che funge da suo supporto nel contesto cronologico e sociale che l'ha prodotto, raccogliendo tutti i dati topografici, archeologici e tipologici disponibili.

Proprio perché l'epigrafia studia i documenti incisi, graffiti, impressi e dipinti su pietra, metallo, ceramica o altri materiali, entra in contatto, quando non in frizione, data la labilità dei confini, con altre discipline, che talora impiegano metodologie diverse: con la papirologia, che si occupa, oltre che dei papiri, anche dei testi scritti su cocci (*ostraka*), su tavolette lignee o cerate e su pergamene; con la numismatica, che analizza anche le legende che compaiono sulle monete e che presentano scrittura, abbreviazioni e sigle del tutto simili a quelle delle epigrafi; con la paleografia, che si occupa della "storia della cultura scritta" (Petrucci, 2002, p. VI); con la filologia, quella medievale e umanistica in particolare, che si occupa anche degli eruditi che ricopiarono e tramandarono testi epigrafici. Sono, è ovvio, suddivisioni fittizie, dato che nella sua attività di ri-

---

FIGURA 1.1
Torino, Museo di Antichità. Base bronzea di colonna, scoperta in Sardegna, presso San Nicolò Gerrei (Cagliari), con iscrizione in latino, greco e punico (CIL, X, 7856 = I², 2226 = ILLRP 41, cfr. *add.* p. 337; IG, XIV, 608; CIS, I, 143)

Vi si legge: *Cleon, salari(us) soc(iorum) s(ervus), Aescolapio Merre donum dedit lubens / merito merente*. Il testo greco recita: Ἀσκληπίωι Μήρρη ἀνάθεμα βωμὸν ἔστησε Κλέων ὁ ἐπὶ τῶν ἁλῶν κατὰ πρόσταγμα. La traduzione del testo in punico è la seguente: "Al dio signore Esmuno Merre. Altare di bronzo del peso di cento libbre che Cleone, che si occupa degli affari delle saline, promise in voto. (Il dio) udì la sua voce, lo guarì. Nell'anno dei suffeti Himilcate e Abdesmuno, figli di Himilco".

Fonte: rielaborazione grafica da *Imagines*, 23a-b.

cerca lo studioso deve servirsi in modo interdisciplinare di tutti i documenti utili alla ricostruzione più accurata possibile degli avvenimenti passati.

L'epigrafia latina, inoltre, si occupa sì delle iscrizioni di età romana redatte in latino, ma bisogna anche tener presente che i contatti con i popoli della penisola italica prima (Greci, Etruschi, Oschi, Messapi, Falisci, Umbri, Veneti, Celti, Reti) e d'Europa, d'Africa e d'Oriente poi hanno influenzato, talora sensibilmente, la produzione epigrafica in lingua latina, introducendo formulari, prestiti lessicali, ibridismi. Vi sono poi numerosi casi di iscrizioni con parole straniere, nomi soprattutto, traslitterate in latino o, viceversa, con parole latine scritte in caratteri greci, o riportate nella lingua originale all'interno di un testo in latino; sono frequenti inoltre le iscrizioni bilingui, non solo di carattere ufficiale, che affiancano, specie nelle zone orientali dell'Impero, il testo greco al testo latino, com'è il caso delle *Res gestae divi Augusti* o dell'Editto dei prezzi di Diocleziano, ma anche altre lingue (latino/etrusco, latino/osco, latino/punico, latino/palmireno), e non mancano gli esempi di testi in tre lingue, come quello della dedica a Esculapio proveniente dalla Sardegna, con testo in latino, greco e punico (cfr. FIG. 1.1).

1.1
Iscrizioni e fonti letterarie

Alcune iscrizioni ci sono giunte anche attraverso le pagine degli autori antichi. Purtroppo sono rari i casi in cui il testo sia stato riportato alla lettera e nella sua completezza: ad esempio il discorso di Claudio per la concessione del *ius honorum* ai Galli presenta notevoli discrepanze fra quanto riportato dalla tavola di Lione (CIL, XIII, 1668) e da Tacito (*Annali*, XI, 4). Di solito abbiamo rapide citazioni, come in Tito Livio (IV, 20, 5-11; VII, 3, 59) o in Plinio (*Storia naturale*, XXXIII, 19), parafrasi, come fa sempre Tito Livio (XXXIX, 18, 8-9) a proposito di uno stralcio del *senatus consultum de Bacchanalibus* (CIL, X, 104 = I², 581 = ILLRP, 511), o trascrizioni solo parziali, fenomeni forse da imputarsi alla scarsa considerazione che gli storici antichi ebbero dei documenti epigrafici. Inoltre, anche quando un autore sostenga di aver visto l'epigrafe che riporta, rimangono i dubbi sulla sua attendibilità, legati al fatto che il testo fosse realmente coevo ai fatti riferiti – sappiamo infatti che era frequente la pratica di riscrivere antiche iscrizioni danneggiate o perdute (Svetonio, *Vespasiano*, 8, 5) –, mentre sono interessanti i casi in cui un autore confuta l'uso delle iscrizioni per avallare le proprie tesi o per respingere le ipotesi altrui. Svetonio (*Caligola*, 8, 1), ad esempio, respinge la testimonianza di Plinio, che cita le iscrizioni poste in Germania *ob Agrippinae puerperium* per sostenere che fosse Treviri e non Anzio la località natale di Caligola, mentre Varrone (*La lingua latina*, VI, 4), Quintiliano (*Istituzione oratoria*, I, 7, 12), Velio Longo (*L'ortografia*, VII, 53) e Aulo Gellio (*Notti attiche*, X, 1, 7; XIII, 24) si servono delle iscrizioni per chiarire alcuni problemi ortografici, grammaticali o fonetici.

2
Storia dell'epigrafia latina: dal *Codex Einsiedelnensis* al *Corpus inscriptionum Latinarum*

La più antica raccolta di iscrizioni tramandataci è una silloge, contenuta, insieme a un itinerario della città di Roma, nel **Codex Einsiedelnensis** 326, scoperto da Mabillon nel 1683 nella biblioteca del monastero di Einsiedeln in Svizzera. Attribuita al IX secolo d.C., essa contiene iscrizioni di Roma e alcune di Pavia, sia pagane, soprattutto di monumenti pubblici, sia cristiane. I testi, in parte desunti da altri repertori e in parte copiati dal vero, sono trascritti in minuscolo, talora con scioglimenti e integrazioni fantasiose, anche se il riscontro con epigrafi ancora rintracciabili mostra una discreta fedeltà agli originali.

Nei secoli seguenti, la generalizzata diffusione della scrittura gotica e le conseguenti difficoltà di lettura dei caratteri latini resero le iscrizioni sempre più incomprensibili agli occhi di pellegrini e viaggiatori; spesso, mal interpretate, divennero fonte di aneddoti o di fantasiose leggende, oppure, ritenute di scarso interesse, furono a mala pena prese in considerazione dai compilatori dei vari **Mirabilia urbis Romae**, che preferirono concentrarsi sulla descrizione dei monumenti.

Solo a partire dalla seconda metà del XIV secolo cominciò a manifestarsi un'inversione di tendenza: **Cola di Rienzo** (1313-1354), che fin da ragazzo «tutto lo dì si specolava negl'intagli de' marmi, li quali giacciono intorno a Roma: non era altri che esso che sapesse leggere gli antichi pitaffi, tutte scritture antiche volgarizzare», come racconta l'Anonimo Romano, non solo realizzò una raccolta di iscrizioni, ma nel 1347, nel corso di una pubblica cerimonia, lesse al popolo il testo della *lex de imperio Vespasiani* (CIL, VI, 930 = ILS, 244), utilizzandolo (e manipolandolo) per dimostrare la continuità esistente fra senato romano e Sacro Romano Impero. Sempre in quegli anni **Francesco Petrarca** (1304-1374) inserì nelle sue opere iscrizioni latine, riportandole con precisione, anche se la scarsa dimestichezza con le regole dell'epigrafia lo portò, insieme ad altri eruditi del tempo, ad attribuire allo storico Tito Livio l'iscrizione funeraria del liberto *T. Livius Halys* (CIL, V, 2865), rinvenuta a Padova pochi decenni prima.

Nel XV secolo, cominciano ad apparire le prime sillogi in cui le iscrizioni vengono raccolte per il loro intrinseco interesse e non come corollario alla descrizione dei monumenti di Roma. Infatti, già una delle tre redazioni della silloge attribuita al segretario del senato romano **Nicolò Signorili** († 1427) contiene solo iscrizioni, mentre al grande umanista **Poggio Bracciolini** (1380-1459) si deve una raccolta sistematica di epigrafi classiche da lui trascritte a Roma e riportate in caratteri maiuscoli sotto forma di facsimile (senza scioglimenti e senza integrazioni), che egli completò in seguito con alcune iscrizioni tratte da un manoscritto rinvenuto in un convento svizzero (una copia della *Silloge di Einsiedeln*) e che diede in caratteri minuscoli per distinguerle. In quegli anni, le iscrizioni di Roma furono ricopiate dagli artisti che si recavano nell'Urbe per disegnare gli antichi monumenti, come l'architetto **Antonio da Sangallo** (1484-1546) o i pittori **Jacopo Bellini** (1400-1464) e **Andrea Mantegna** (1431 c.-1506). Questi ultimi, poi, inserirono alcuni testi epigrafici, fedeli all'originale o variamente rimaneggiati, nelle loro composizioni: un esempio eccezionale è rappresentato da un affresco della chiesa degli Eremitani di Padova, dove Mantegna inserì nello sfondo dell'episodio di san Giacomo di fronte a Erode Agrippa un'iscrizione di Este (CIL, V, 2528) che era stata disegnata anche da Jacopo Bellini.

Del tutto diversa e sotto molti aspetti innovativa è l'attività di **Ciriaco de' Pizzicolli d'Ancona** (1391 c.-1450 c.). Colto mercante, ottimo disegnatore, attivamente inserito in una fitta rete di relazioni con gli eruditi del tempo, nel corso dei suoi viaggi in Italia, in Grecia, in Asia Minore e in Egitto egli copiò direttamente dai monumenti centinaia di epigrafi. Le sue trascrizioni, così come i suoi disegni, sono quasi sempre fedeli, senza interventi o interpretazioni personali. Tutto il materiale, comprese le copie delle sillogi di Nicolò Signorili e di Poggio Bracciolini, venne raccolto in alcuni volumi di *Commentaria*, che andarono perduti nell'incendio della biblioteca Sforza di Pesaro: fortunatamente alcune parti della sua opera si sono conservate perché riportate da altri eruditi, che si servirono delle trascrizioni di Ciriaco per compilare volumi di antichità, in cui la riproduzione dei monumenti è affiancata dalla trascrizione delle epigrafi.

Fra questi si distingue **Giovanni Marcanova** (1418 c.-1467), medico, bibliofilo, appassionato studioso e collezionista di antichità, che intorno al 1460 portò a termine una silloge, le *Antiquitates et inscriptiones Romanae*, in cui trascrisse, oltre alle epigrafi presenti nella sua collezione, sia numerose iscrizioni viste personalmente, soprattutto nel Veneto, sia iscrizioni tràdite da altri. Dell'opera vi sono due stesure, una conservata a Berna e l'altra a Modena; entrambe sono corredate da numerosi splendidi disegni, alcuni dei quali recentemente attribuiti ad artisti di ambiente veneto (cfr. FIG. 2.1).

La redazione della stesura conservata a Modena, di cui esistono anche alcune copie e che è suddivisa in due parti (la prima dedicata alle antichità di Roma, la seconda alle iscrizioni provenienti da altre località), è stata attribuita, tutta o in gran parte, al veronese **Felice Feliciano** (1433-1479), una singolare figura di letterato e di artista, noto soprattutto per gli importanti studi dedicati alla ricostruzione grafica delle lettere romane confluiti nel prezioso codice *Alphabetum Romanum*. Sua è un'importante raccolta di iscrizioni, dedicata al-

FIGURA 2.1
Modena, Biblioteca estense (Lat. 992). L'iscrizione CIL, V, 3392, in un disegno acquarellato di Felice Feliciano, riportato nella silloge di Giovanni Marcanova

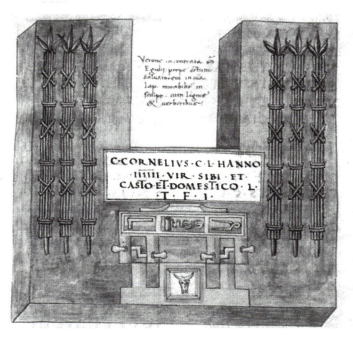

Fonte: Montecchi (1995, tav. XV).

l'amico Andrea Mantegna, in cui la trascrizione fedele dei testi visti personalmente si mescola alla fantastica ricostruzione dei monumenti o alla creazione di raffinati centoni, ove iscrizioni vere e false si mescolano mirabilmente. Unica nel suo genere e segno tangibile dell'entusiasmo con cui i dotti di quel periodo si dedicavano allo studio delle iscrizioni è la *Iubilatio*, ovvero la narrazione di una gita compiuta da Giovanni Marcanova e Andrea Mantegna lungo le sponde del lago di Garda alla ricerca di iscrizioni latine da trascrivere.

A Lorenzo il Magnifico dedica la sua raccolta di iscrizioni, composta in gran parte da epigrafi viste personalmente a Roma e in numerose località italiane, **fra' Giovanni Giocondo** (1433 c.-1515), veronese anch'egli. Tipica figura di poliedrico intellettuale del Rinascimento, fra' Giocondo spaziò dalla teologia alla filologia, dalla letteratura all'antiquaria, dall'architettura all'ingegneria, trascrivendo iscrizioni nel tentativo di salvare dalla rovina e dalla dispersione quanto restava dell'antichità di Roma. Egli rinuncia a riprodurre i monumenti su cui si trovano le epigrafi e riporta queste ultime di seguito, senza tener conto dell'originaria impaginazione, considerata superflua alla retta comprensione del testo.

Tra la fine del XV secolo e gli inizi del XVI apparvero le prime sillogi pubblicate a stampa: la più antica è una piccola raccolta edita in appendice al *De amplitudine, eversione et restauratione urbis Ravennae* di **Desiderio Spreti** (1414-1474), mentre esclusivamente dedicate alle epigrafi sono alcune sillogi pubblicate in Germania, fra cui si distinguono per eleganza grafica quelle dedicate alle iscrizioni di *Augusta Vindelicorum* (Ausburg) curate da **Konrad Peutinger** (1465-1547) nel 1505 e nel 1520. Derivata in gran parte dalle iscrizioni raccolte da fra' Giocondo è la prima silloge pubblicata in Italia: si tratta degli *Epigrammata antiquae Urbis*, edita nel 1521 a cura di **Giacomo Mazzo(c)chi** (J. Mazochious; † 1527); qui le epigrafi, raffigurate insieme al monumento su cui si trovano oppure inserite in eleganti cornici che nulla hanno a che fare con gli originali, sono raggruppate sia secondo la tipologia dei monumenti, sia topograficamente.

Iscrizioni di Roma e d'Italia, ma anche di Spagna, di Francia, di Germania, d'Austria, di Dalmazia, di Grecia e d'Asia Minore, quasi tutte desunte da altri testi e riportate in lettere capitali, ma con arbitraria suddivisione dei testi, sono pubblicate in ordine topografico da **Pietro Apiano** (P. Apianus; 1501-1552) e da **Bartolomeo Amando** (B. Amandus; XVI secolo) nelle *Inscriptiones sacrosanctae vetustatis*. Di questa raccolta sono degni di nota l'ordinamento topografico e gli elenchi delle abbreviazioni, ma poco vigile è il vaglio critico, così che non mancano le iscrizioni false.

Numerosi falsi, mescolati a iscrizioni genuine o interpolate, sono contenuti pure nella grande opera, dedicata alle antichità romane e mai pubblicata, di **Pirro Ligorio** (1513-1583), il celebre architetto napoletano. I suoi *Quaranta libri delle antichità*, oggi disseminati nelle biblioteche di Torino, Napoli, Ferrara, Parigi e Oxford, godettero di larga fama e a essi attinsero acriticamente generazioni di eruditi. Ciò portò a un'enorme diffusione di testi falsi o interpolati, che, presi per veri, passarono di raccolta in raccolta e vennero impiegati come fonti sia dagli storici del tempo, sia da quelli dei secoli successivi.

Nella seconda metà del XVI secolo cominciò ad affermarsi la convinzione che le epigrafi fossero utili per approfondire la conoscenza di tutti gli aspetti del mondo romano; ciò diede vita a sillogi concepite come strumenti di consultazione, dove le iscrizioni erano ordinate secondo criteri che le rendessero maggiormente fruibili. Si optò, allora, per due tipi di ordinamento, quello basato sulla tipologia del monumento e quello basato sul contenuto o sui personaggi menzionati; scarso peso venne dato invece al luogo di provenienza.

Primi esempi di sillogi così concepite sono quelle curate da **Martino Smezio** (M. Smetius; † 1578), delle quali venne pubblicata solo la seconda, con ampie integrazioni a cura di **Giusto Lipsio** (J. Lipsius; 1547-1606), con il titolo di *Inscriptionum antiquarum quae passim per Europam liber*. L'aspetto più innovativo dell'opera di Martino Smezio è l'attenzione prestata al controllo autoptico dei monumenti, anche se non mancano letture errate e, soprattutto, falsi, specie nei casi di derivazioni da copie manoscritte.

Agli inizi del XVII secolo compare il primo *corpus absolutissimum* di iscrizioni greche e latine, destinato a rappresentare per oltre due secoli il più importante strumento di consultazione. Si tratta delle *Inscriptiones antiquae totius orbis Romani in corpus absolutissimum redactae*, ideato da **Giuseppe Giusto Scaligero** (J. I. Scaliger; 1540-1609) e portato a compimento da **Jan Gruter** (J. Gruterus; 1560-1627). Comprende oltre 12.000 iscrizioni, trascritte dalle sillogi precedenti o trasmesse a Scaligero e a Gruter dai loro corrispondenti; solo raramente, però, esse sono state controllate mediante autopsia, fatto che portò all'inclusione di un notevole numero di falsi, con gravissime conseguenze sul progresso degli studi. Le iscrizioni sono raggruppate per genere, rinunciando al criterio topografico, metodo che ha comportato il dannoso distacco dell'epigrafe dal suo contesto, ma per la prima volta viene introdotto un capitolo dedicato a *spuria et supposititia*, ovvero alle iscrizioni false o sospette.

Per oltre un secolo, l'opera di Gruter rimase pressoché l'unico testo di riferimento e apparvero numerose raccolte, di carattere generale o, soprattutto, locale, che miravano a integrarlo e a completarlo: si possono ricordare i lavori di **Thomas Reines** (Th. Reinesius; 1587-1667), di **Giovan Battista Doni** (J. B. Donius; 1594-1647), **Joahn Georg Graeve** (J. G. Graevius; 1632-1703), **Marquard Gude** (M. Gudius; 1635-1689), **Carlo Cesare Malvasia** (1617-1693) e **Raffaello Fabretti** (1618-1700). Quest'ultimo, oltre a pubblicare numerosissime iscrizioni non raccolte da Gruter, con un'iniziativa del tutto nuova introduce un capitolo dedicato ai bolli laterizi. Assai sottovalutata, anche perché rimasta quasi completamente inedita, è l'opera di **Francesco Bianchini** (1662-1729), che fu "presidente delle antichità di Roma" sotto Clemente XI; nelle migliaia di pagine dei suoi appunti, conservati presso la Biblioteca capitolare di Verona, vi sono accurati disegni di iscrizioni, spesso correttamente inserite nel loro contesto archeologico, e numerosi calchi, soprattutto di bolli laterizi (cfr. FIG. 2.2).

Agli inizi del XVIII secolo si avvertì sempre più viva l'esigenza di pubblicare una nuova raccolta di iscrizioni, che potesse sostituire quella di Jan Gruter: si trattò di un progetto che vide coinvolti due dei più importanti intellettuali del tempo: **Ludovico Antonio Muratori** (1672-1750) e **Scipione Maffei** (1675-1755).

Il primo si era proposto di raccogliere e riunire organicamente tutte le iscrizioni sparse nelle sillogi precedenti; pur conscio dell'importanza del controllo autoptico, lo giudicò tuttavia non praticabile in un'opera come la sua, fatto che ebbe come conseguenza l'inclusione di iscrizioni interpolate e false. Il progetto fallì e Muratori si limitò a pubblicare il *Novus thesaurus veterum inscriptionum*, che in realtà era solo un corposo supplemento al Gruter. La sua opera venne poi integrata da **Sebastiano Donati** (XVII-XVIII), con il *Ad novum thesaurum veterum inscriptionum L. A. Muratorii supplementum*, che contiene, nel I volume, l'edizione postuma dell'*Ars critica lapidaria* di Scipione Maffei.

FIGURA 2.2
Biblioteca capitolare di Verona (ms. CCCLXI). Un bollo doliare urbano inedito in una scheda di Francesco Bianchini

Fonte: Archivio del Laboratorio epigrafico dell'Università di Verona (ALEUVR).

E proprio a Scipione Maffei si deve un radicale cambiamento negli studi di epigrafia, soprattutto sotto il profilo metodologico. Da un lato, infatti, convinto, per averlo sperimentato personalmente, che tutte le sillogi precedenti, compresa quella del Gruter, pullulassero di falsi, con grave detrimento degli studi, egli sostenne sempre come imprescindibile la necessità del controllo autoptico, tanto da affrontare, all'età di cinquantasette anni, un lungo viaggio in Europa per controllare e trascrivere di persona le iscrizioni; dall'altro lato, enfatizzò il carattere di fonte diretta delle iscrizioni e propugnò l'idea della corretta valutazione dell'iscrizione come documento storico, capace di fornire dati su argomenti spesso sottovalutati o sottaciuti dalle fonti letterarie.

Nel 1732, con la collaborazione di **Jean-François Séguier** (1703-1784), Maffei concepì l'ardito piano di un nuovo *corpus*, cui furono invitati a partecipare numerosi studiosi italiani e stranieri. A questi, infatti, inviò un *Prospectus universalis collectionis Latinarum veterum, ac Graecarum, Etnicharum et Christianarum inscriptionum* in cui si esponeva, molto dettagliatamente, il progetto. L'opera doveva essere in più volumi, dei quali il primo destinato alle iscrizioni greche, il penultimo alle iscrizioni dei cristiani e l'ultimo agli indici. Alcuni dei punti esposti sono di una sorprendente modernità e anticipano alcuni dei criteri poi impiegati nei grandi *corpora* ottocenteschi: i testi dovevano essere dati

FIGURA 2.3
I diversi modi di presentare le iscrizioni nel *Museum Veronense* di Scipione Maffei (pp. 143, 151)

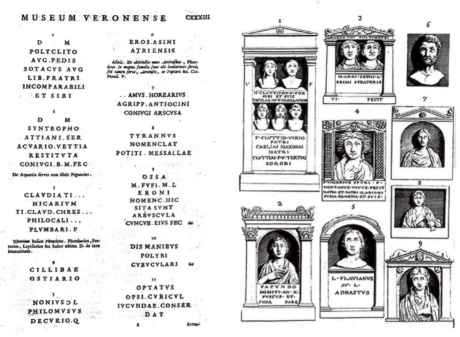

in facsimile, ma anche essere accompagnati dalla trascrizione in lettere minuscole, con i segni d'interpunzione, in modo da facilitare la lettura, mentre uno spazio adeguato dovevano trovare i graffiti, i *tituli picti* e i marchi di fabbrica presenti su oggetti di produzione artigianale o industriale; sezioni apposite erano poi dedicate alle iscrizioni metriche e alle iscrizioni false. Anche se Maffei aveva già raccolto, sia personalmente sia tramite i suoi corrispondenti, numerose iscrizioni da Roma, dall'Italia, dall'Africa, dall'Asia Minore e da tutti i paesi europei, l'ambizioso piano non ebbe successo, soprattutto perché i tempi non erano ancora maturi per progetti di respiro internazionale e di tale portata. Così la programmata *collectio universalis* vide la luce solo in forma ampiamente ridimensionata con il titolo di *Museum Veronense*, un titolo riduttivo, che ha nuociuto alla fama dell'opera. In essa, infatti, non vi sono solo le iscrizioni del Museo lapidario di Verona, ma anche quelle conservate nei musei di Torino, di Vienna e in alcune collezioni inglesi (cfr. FIG. 2.3).

A Scipione Maffei si deve anche l'istituzione del primo museo epigrafico aperto al pubblico (nell'accezione elitaria da dare a questo termine nel Settecento), il Museo lapidario maffeiano, costituito dalla collezione epigrafica dell'Accademia filarmonica di Verona e da tutte le epigrafi da lui raccolte nel corso di molti anni. Concepito come un museo didattico, finalizzato a preparare gli epigrafisti attraverso lo studio diretto dei monumenti, a tale scopo ordinati in classi omogenee, venne inaugurato nel 1745 e rapidamente divenne una delle mete preferite dagli stranieri che effettuavano il *Grand Tour*: pagine mirabili del suo diario di viaggio gli dedica, ad esempio, Goethe (16. September 1786).

Sul finire del Settecento viene pubblicata un'opera fondamentale per gli studi epigrafici, *Gli atti e monumenti de' Fratelli Arvali*; l'autore, **Gaetano Marini** (1742-1815), che fu il primo Custode della Biblioteca apostolica vaticana, partendo dalla scoperta di due tavole degli atti del collegio avvenuta nel 1778, non si limita a un esame di tipo antiquario, ma propone un commento molto approfondito, sulla base del confronto con centinaia di iscrizioni, molte delle quali inedite. Sempre a Marini si deve il primo studio organico dedicato ai bolli impressi sui laterizi prodotti nella zona di Roma, *Iscrizioni antiche doliari*, che redasse fra il 1798 e il 1799; rimasto inedito fino al 1884, venne pubblicato da Giovan Battista de Rossi, il quale vi accluse anche alcune "osservazioni" di Heinrich Dressel.

Nei primi decenni del XIX secolo, **Johann Caspar Orelli** (1787-1849) diede alle stampe una silloge, la *Inscriptionum Latinarum selectarum amplissima collectio ad illustrandam Romanae antiquitatis disciplinam*, che si proponeva di fornire agli studiosi un'ampia selezione di testi. Anche se è basata su iscrizioni tratte da altre raccolte e anche se contiene, nonostante l'impegno profuso dall'autore, parecchie iscrizioni false, essa godette di particolare fortuna, tanto che uno studioso come **Johann H. W. Henzen** (1816-1887) pubblicò un volume di supplemento, con correzioni e indici.

La prima metà dell'Ottocento è contrassegnata dall'indefessa attività di **Bartolomeo Borghesi** (1781-1860), lo studioso che seppe portare definitivamente l'epigrafia dall'antiquaria e dall'erudizione alla scienza. Grazie alla sua pressoché completa conoscenza delle fonti letterarie e alla sicura padronanza di quelle numismatiche, egli non solo interpretava e integrava testi di difficile lettura, ma sapeva ricavare dalle iscrizioni ogni informazione utile, collocando correttamente il documento epigrafico nel suo contesto storico, correlandolo con i passi degli autori classici, ricostruendo con acume e precisione successioni cronologiche, prosopografie, carriere. A lui ricorrevano per via epistolare eruditi e studiosi di tutta Europa chiedendo consigli e pareri, che egli non rifiutava mai, e a lui si rivolse, recandosi personalmente a San Marino, dove risiedeva, anche Theodor Mommsen, che lo considerò suo *magister, patronus, amicus* (CIL, X, p. VIII). Per volere di Napoleone III i suoi numerosi scritti furono raccolti nei dieci volumi delle *Oeuvres complètes* (Paris 1862-64), ancora oggi preziosa opera di consultazione.

Anche nell'Ottocento la creazione di un *corpus* rimase sempre l'obiettivo primario degli studiosi di epigrafia: nel 1815, **Barthold Georg Niebuhr** (1776-1831) preparò il progetto di un *Corpus inscriptionum* da sottoporre all'esame della Königlich Preussischen Akademie der Wissenschaften di Berlino; egli proponeva la raccolta in un unico *corpus* non solo delle iscrizioni greche e romane, ma anche di quelle delle altre lingue, sia dell'Italia preromana, sia degli altri popoli dell'Impero romano. Le difficoltà incontrate a causa della complessità dell'opera spinsero Niebuhr e i suoi collaboratori, tra cui **August Böckh** (1785-1867), a concentrarsi su pubblicazioni settoriali, in particolare su un *Corpus inscriptionum Graecarum* che, annunciato all'Accademia nel 1822, cominciò a essere pubblicato a partire dal 1825.

Spronato da Bartolomeo Borghesi, con l'appoggio della Königlich Preussischen Akademie der Wissenschaften di Berlino e con un contributo economico del governo danese, **Olaus Kellermann** (1805-1837) sottopose all'Accademia un progetto di *corpus* accompagnato da un computo delle iscrizioni note, che, tenendo conto anche delle iscrizioni cristiane fino all'VIII secolo d.C., superavano, secondo lui, abbondantemente le 80.000 unità. Veniva ribadita l'importanza dei riscontri autoptici, anche perché, in base ai calcoli effettuati, almeno metà dei testi considerati non era genuina, mentre come criterio di ordinamento delle iscrizioni si optava per quello di Gruter. Purtroppo il progetto venne bruscamente interrotto dalla prematura scomparsa di Kellermann.

Qualche anno dopo, in Francia, **Abel-François Villemain** (1790-1870), allora ministro della Pubblica istruzione, promosse un progetto francese di redazione di un *corpus* delle iscrizioni latine, pagane e cristiane fino al VI secolo d.C. che ebbe anche l'appoggio dell'Académie des Inscriptions di Parigi. Nel 1843 si formò una commissione, presieduta da Adolphe Nöel des Vergers e da Ambroise Firmin-Didot, nella quale entrarono i più noti studiosi francesi di antichità; il primitivo progetto di non coinvolgere studiosi stranieri, nonostante le vivaci polemiche nate all'interno della commissione, venne abbandonato e si diede vita a una fitta rete di collaboratori residenti, tra i quali spiccava la figura di Bartolomeo Borghesi. Si elaborò l'impostazione del *corpus* (le iscrizioni sarebbero state divise in classi e, all'interno di ogni classe, per città) e vennero stabilite norme molto particolareggiate, alle quali i collaboratori dovevano attenersi. Quando tutto era pronto (erano stati già fusi i caratteri speciali per la stampa) e molti collaboratori si erano da tempo messi al lavoro, le dimissioni del ministro Villemain, rassegnate nel 1846 e originate anche dalle polemiche scoppiate all'interno e intorno alla commissione, portarono al fallimento del progetto.

Così, pochi mesi dopo, nel gennaio 1847 fu la volta di **Theodor Mommsen** (1817-1903), che riprendendo in parte un progetto elaborato pochi anni prima da Barthold George Niebuhr e forte dell'esperienza maturata raccogliendo iscrizioni e frequentando biblioteche ed eruditi locali in un lungo viaggio in Italia, soprattutto in quella centro-meridionale, dal 1843 al 1846, propose alla Königlich Preussischen Akademie der Wissenschaften di Berlino un dettagliato piano per la creazione di una silloge di tutte le iscrizioni latine (*Über Plan und Ausführung eines* Corpus inscriptionum Latinarum). Il primo punto del progetto era la raccolta dei testi epigrafici, articolata in due momenti: escussione di tutta la bibliografia, manoscritta e a stampa, contenente iscrizioni, e autopsia, ossia il controllo personale di tutte le iscrizioni reperibili, nei luoghi dove si trovassero o fossero conservate; nei casi in cui un'iscrizione non fosse stata più reperibile, se ne doveva fornire un'edizione critica basata sulle varie letture offerte dagli autori precedenti. Il secondo punto riguardava l'ordinamento delle iscrizioni, che dovevano essere raggruppate dapprima su base topografica e poi ordinate secondo una serie di categorie estremamente dettagliate. Il terzo punto riguardava la critica delle iscrizioni, con particolare riguardo ai falsi, su pietra e cartacei, e alla trascrizione dei testi. Il quarto punto, invece, era riservato agli indici e il quinto alle modalità di attuazione del progetto. L'opera doveva essere redatta interamente in latino.

Nel 1853 Mommsen pubblicava, quasi uno *specimen*, le *Inscriptiones Regni Neapolitani Latinae* e il progetto venne approvato; nel 1863 uscì il primo volume, dedicato alle iscrizioni "repubblicane", ovvero databili anteriormente alla morte di Cesare (44 a.C.), pubblicato *auctoritate et cura* della Königlich Preussischen Akademie der Wissenschaften di Berlino.

Theodor Mommsen lavorò tutta la sua vita a questa colossale impresa – da lui definita "la mia galera epigrafica" – avvalendosi, almeno nei primi anni, della collaborazione di Giovan Battista de Rossi (1822-1894), noto studioso di epigrafia e di archeologia cristiana, e di Wilhelm Henzen, segretario dell'Istituto di corrispondenza archeologica di Roma. Redasse personalmente i volumi III, V, IX, X, mentre affidò gli altri a diversi ricercatori, tra i quali alcuni suoi allievi, per lo più molto giovani, destinati a diventare apprezzati studiosi, come Eugen Bormann, Heinrich Dressel, Hermann Dessau, Karl Zangemeister. Continuò sempre, fino all'ultimo giorno della sua vita (si spense il 1° novembre del 1903), a dirigere, controllare e correggere scrupolosamente il loro lavoro (*ante omnia emendandum et continuandum*, soleva dire), creando per gli studi di storia antica un *monumentum aere perennius*.

3
Gli strumenti di lavoro

3.1
Il *Corpus inscriptionum Latinarum* (CIL)

Nato, come si è detto (cfr. CAP. 2), sulla base di un dettagliato progetto presentato nel gennaio del 1847 da Theodor Mommsen e il cui sviluppo fu seguito per tutta la vita dallo studioso tedesco, il *Corpus inscriptionum Latinarum* costituisce ancora oggi il principale strumento di lavoro per quanti si occupano di epigrafia latina.

3.1.1. La struttura

A differenza dei progetti precedenti e delle sillogi già esistenti, come quelle di Giusto Scaligero e di Ludovico Antonio Muratori (cfr. CAP. 2), il *corpus* ideato da Theodor Mommsen è impostato su base geografica (cfr. FIG. 3.1): i vari volumi raccolgono le iscrizioni provenienti da una provincia o da un gruppo di province e, per l'Italia, quelle provenienti dalle regioni augustee, riunite per lo più in base alla contiguità; unica eccezione è la città di Roma, alla quale è dedicato un singolo volume (il VI).

A questi si affiancano alcuni volumi di carattere monografico: CIL, I e I^2 (iscrizioni databili dall'età arcaica alla morte di Cesare), XV (*instrumentum domesticum* di Roma), XVI (diplomi militari), XVII (miliari, in parte pubblicato, in parte in preparazione), XVIII (iscrizioni metriche, in preparazione; cfr. Schmidt, 1998, pp. 163-77).

I volumi del CIL, le loro nuove edizioni, le ristampe e i supplementi sono finora i seguenti (l'ordine numerico è legato esclusivamente all'ordine di pubblicazione):

I *Inscriptiones Latinae antiquissimae ad C. Caesaris mortem*, 1863 (oggi non si usa più e si consulta solo la seconda edizione = CIL, I^2)
I^2 *Inscriptiones Latinae antiquissimae ad C. Caesaris mortem*, editio altera
    pars I   *Fasti consulares ad a. u. c. DCCLXVI; Elogia clarorum virorum; Fasti anni Iuliani*, 1893 (rist. 1973)
    pars II, 1   *Inscriptiones Latinae antiquissimae*, 1918 (rist. 1974)
    pars II, 2   *Addenda; Nummi; Indices*, 1931 (rist. 1976)

FIGURA 3.1
I volumi del *Corpus* e le aree geografiche di pertinenza

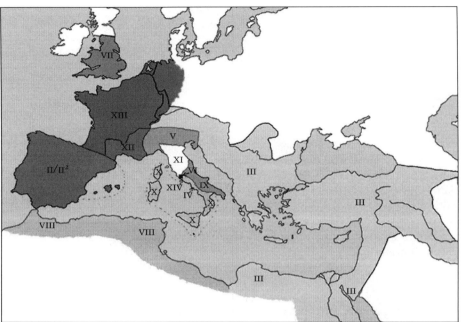

Fonte: Schmidt (2004, p. 133).

      pars II, 3   *Addenda altera; Indices*, 1943 (rist. 1976)
      pars II, 4   *Addenda tertia*; 1: *Textus*, 2: *Tabulae*, 1986
II   *Inscriptiones Hispaniae Latinae*, 1869 (rist. 1957, 1975)
      Supplementum, 1892 (rist. 1962, 1996)
II²   *Inscriptiones Hispaniae Latinae*, editio altera
      pars V   *Conventus Astigitanus*, 1998
      pars VII   *Conventus Cordubensis*, 1995
      pars XIV, 1   *Conventus Tarraconensis; Pars meridionalis conventus Tarraconensis*, 1995
III   *Inscriptiones Asiae, provinciarum Europae Graecarum, Illyrici Latinae*, 1873 (rist. 1958)
      pars I   *Inscriptiones Aegypti et Asiae; Inscriptiones provinciarum Europae Graecarum; inscriptionum Illyrici partes* I-V
      pars II   *Inscriptionum Illyrici partes* VI-VII*; Res gestae divi Augusti; Edictum Diocletiani de pretiis rerum; Privilegia militum veteranorumque; Instrumenta Dacica*
      Supplementum; Inscriptionum Orientis et Illyrici Latinarum supplementum
      pars I, 1-3   1889-93, 1902 (rist. 1961-63)
      pars II, 4-5 1902 (rist. 1967)

3. GLI STRUMENTI DI LAVORO

IV	*Inscriptiones parietariae Pompeianae, Herculanenses, Stabianae*, 1871 (rist. 1957)	
	supplementi pars I	*Tabulae ceratae Pompeiis repertae*, 1898 (rist. 1968)
	supplementi pars II	*Inscriptiones parietariae et vasorum fictilium*, 1909 (rist. 1968)
	supplementi pars III, 1-4	*Inscriptiones Pompeianae Herculanenses parietariae et vasorum fictilium*, 1952-70
V	*Inscriptiones Galliae Cisalpinae Latinae*	
	pars I	*Inscriptiones regionis Italiae decimae*, 1872 (rist. 1959)
	pars II	*Inscriptiones regionum Italiae undecimae et nonae*, 1877 (rist. 1959)
VI	*Inscriptiones urbis Romae Latinae*	
	pars I	*Inscriptiones sacrae, Augustorum, magistratuum, sacerdotum; latercula et tituli militum*, 1876 (rist. 1959, 1996)
	pars II	*Monumenta columbariorum; tituli officialium et artificium; tituli sepulcrales reliqui: A-Claudius*, 1882 (rist. 1961)
	pars III	*Tituli sepulcrales: Claudius-Plotius*, 1886 (rist. 1966)
	pars IV, 1	*Tituli sepulcrales: Plotia-Zozon; inscriptiones varii argumenti; fragmenta*, 1894 (rist. 1968)
	pars IV, 2	*Additamenta*, 1902 (rist. 1968)
	pars IV, 3	*Additamentorum auctarium*, 1933 (rist. 1967)
	pars V	*Inscriptiones falsae*, 1885 (rist. 1966)
	pars VI, 1	*Index nominum*, 1926 (rist. 1974)
	pars VI, 2	*Index cognominum*, 1980
	pars VI, 3	*Grammatica quaedam erroresque quadratarii et alias rationes scribendi notabiliores*
	pars VII, 1-4	*Indices vocabulorum*, 1974-75
	pars VII, 5-6	*Vocabula T-Z; Graeca; cognomina, cognomina acephala; vocabula acephala*, 1975
	pars VII, 7	*Notae numerorum; vocabula cum encliticis -que, -st, -ve composita; quibus locis inveniantur; additamenta titulorum voluminis VI Corporis inscriptionum Latinarum*, 1989
	pars VIII, 1-2	*Titulos et imagines coll. schedasque* *Titulos imperatorum domusque eorum thesauro schedarum imaginumque ampliato*, 1996
	pars VIII, 3	*Titulos magistratuum populi Romani ordinum senatorii equestrisque thesauro schedarum imaginumque ampliato*, 2000
VII	*Inscriptiones Britanniae Latinae*, 1873 (rist. 1959, 1996)	
VIII	*Inscriptiones Africae Latinae*, 1881 (rist. 1960)	
	pars I	*Inscriptiones Africae proconsularis et Numidiae*
	pars II	*Inscriptiones Mauretaniarum*
	supplementi pars I	*Inscriptiones Africae proconsularis*, 1891 (rist. 1966)
	pars II	*Inscriptiones provinciae Numidiae*, 1894 (rist. 1969)
IX	*Inscriptiones Calabriae, Apuliae, Samnii, Sabinorum, Piceni Latinae*, 1883 (rist. 1963)	
X	*Inscriptiones Bruttiorum, Lucaniae, Campaniae, Siciliae, Sardiniae Latinae*, 1883 (rist. 1963)	
XI	*Inscriptiones Aemiliae, Etruriae, Umbriae Latinae*	
	pars I	*Inscriptiones Aemiliae et Etruriae*, 1888 (rist. 1966)

  pars II, 1 *Inscriptiones Umbriae; viarum publicarum; instrumenti domestici*, 1901 (rist. 1968)
  pars II, 2 *Addenda ad partes priores et indicum capita tria*, 1926 (rist. 1976)
XII *Inscriptiones Galliae Narbonensis Latinae*, 1888 (rist. 1962, 1996)
XIII *Inscriptiones trium Galliarum et Germaniarum Latinae*
  pars I, 1 *Inscriptiones Aquitaniae et Lugudunensis*, 1899 (rist. 1966)
  pars I, 2 *Inscriptiones Belgicae*, 1904 (rist. 1966)
  pars II, 1 *Inscriptiones Germaniae superioris*, 1905 (rist. 1966)
  pars II, 2 *Inscriptiones Germaniae inferioris; miliaria Galliarum et Germaniarum*, 1907 (rist. 1966)
  pars III, 1 *Instrumentum domesticum, I*, 1901 (rist. 1963, 2001)
  pars III, 2 *Instrumentum domesticum, II: insunt signacula medicorum oculariorum*, 1906 (rist. 1966)
  pars IV *Addenda ad partes primam et secundam*, 1916 (rist. 1968)
XIV *Inscriptiones Latii veteris Latinae*, 1887 (rist. 1968)
  Supplementum Ostiense, 1930
  fasc. 2 *Indices topographici*, 1933 (rist. 1976)
XV *Inscriptiones urbis Romae Latinae. Instrumentum domesticum*
  pars I 1891 (rist. 1966)
  pars II, 1 1899 (rist. 1969)
XVI *Diplomata militaria*, 1936 (rist. 1974)
XVII *Miliaria imperii Romani*
  pars II *Miliaria provinciarum Narbonensis Galliarum Germaniarum*, 1986
  pars IV *Illyricum et provinciae Europae Graecae*
  pars IV, 1 *Miliaria provinciarum Raetiae et Norici*

Ai volumi del *Corpus* si affiancano anche due serie di *Auctaria*, destinate a integrare e completare alcuni punti o alcune tematiche dei volumi già editi. La prima serie è costituita da:
1. *Priscae Latinitatis monumenta epigraphica. Tabulae lithographae*, 1862 (rist. 1961, 1968);
2. *Accedunt Priscae Latinitatis epigraphicae supplementa quinque*, 1862-64 (rist. 1970);
3. *Exempla scripturae epigraphicae Latinae a Caesaris dictatoris morte ad aet. Iustiniani*, 1885 (rist. 1979);
4. *Inscriptiones Latinae liberae rei publicae (Imagines)*, 1965;
5. *Addenda bibliographica praecipue ad* CIL, 1965;
6. CIL XV *8017-8622. Signacula aenea Corporis inscriptionum Latinarum voluminis* XV *partis* II *fasciculo* II *destinata*, 1975;
7. H. Solin, *Die griechischen Personennamen in Rom. Ein Namenbuch*, 1982;
8. *Quibus locis inveniantur additamenta titulorum voluminis* VI *Corporis inscriptionum Latinarum. Seorsum expressum ex* CIL VI 7, 7, 1986;
9. *Inscriptionum lapidariarum Latinarum provinciae Norici usque ad annum* MCMLXXXIV *repertarum Indices* (ILLPRON *Indices*):

- *Catalogus*, 1986;
- *Index vocabulorum et index notarum numerorum*, 1987;
- *Thesaurus vocabulorum*, 1986-87.

La seconda serie, denominata *Series Nova* è invece costituita da:
1. A. Fassbender, *Index Numerorum. Ein Findbuch zum Corpus inscriptionum Latinarum*, 2003;
2. H. Solin, *Die griechischen Personennamen in Rom. Ein Namenbuch*, 2003 (2. Aufl.).

3.1.2. L'articolazione dei volumi

Secondo il progetto di Theodor Mommsen, ogni volume doveva essere così strutturato:
- indice generale dell'opera (*operis conspectus*);
- le fonti (*auctores*), ovvero quanti, in opere manoscritte o a stampa, abbiano riportato le epigrafi relative al comprensorio in esame, disposte in ordine alfabetico, con rimando alle pagine del volume o dei volumi in cui sono trattate in modo approfondito;
- le iscrizioni *falsae*, ovvero le falsificazioni su pietra e quelle "cartacee", cioè presenti in opere manoscritte o a stampa, e le iscrizioni *alienae*, cioè quelle autentiche ma provenienti da altre città e conservate nell'ambito considerato, dove sono giunte tramite il collezionismo o il commercio antiquario; di solito è possibile reperire queste iscrizioni anche nei volumi dedicati al loro luogo di provenienza;
- le iscrizioni. Nei volumi impostati su base geografica sono raggruppate per province o per regioni e, a loro volta, per singole città, procedendo da est verso ovest. Il capitolo dedicato a ogni città si apre con un'introduzione spesso ampia, dove si registrano in ordine cronologico tutti gli *auctores*, seguita da una documentata e rigorosa storia della città, con tutte le fonti letterarie che la menzionano e il riferimento alle epigrafi più significative. Seguono poi le iscrizioni, numerate progressivamente e ripartite secondo una classificazione gerarchica, che può essere più o meno articolata, a seconda dei vari volumi (un elenco delle varie classi del volume VI – Roma, che è quello che presenta maggiore varietà, è in Di Stefano Manzella, 1987, pp. 110-2). In linea generale sono classificate in sacre, imperatorie, relative a magistrati, sacerdoti, funzionari, servi pubblici, soldati, collegi professionali, mestieri, funerarie, cristiane in lingua latina. All'interno di ogni gruppo, l'ordinamento può essere cronologico, come nel caso delle iscrizioni degli imperatori, o alfabetico, come per le iscrizioni sacre o le funerarie; se un documento appartiene a più classi, viene collocato nel gruppo gerarchicamente più importante, mentre se è anonimo perché mutilo, viene collocato in fondo alla classe. Nei volumi monografici, i testi sono riuniti in ordine

cronologico (CIL, I, I², XVI) o per materiale e tipologia del supporto (CIL, XV); in quest'ultimo caso, all'interno di ogni gruppo essi vengono classificati in ordine alfabetico;
– i miliari, raggruppati in base alle *viae publicae* cui appartengono e ordinati cronologicamente;
– l'*instrumentum domesticum*, con i testi raggruppati in base al materiale, alla tipologia del supporto e, all'interno di ogni gruppo, con il criterio alfabetico;
– gli *Additamenta auctarium*, riservati a eventuali correzioni e integrazioni dei testi e alla pubblicazione delle iscrizioni rinvenute durante la stampa del volume; è una sezione molto importante, ma spesso trascurata da chi consulta il *Corpus*, con conseguenti errori, anche gravi;
– indici molto articolati, ripartiti in classi a loro volta suddivise in diverse sezioni; purtroppo gli indici dei vari volumi non sono fra loro omogenei (ad esempio il volume XI presenta solo quelli dei nomi, dei cognomi e degli imperatori, per cui bisogna ricorrere a quelli pubblicati nelle riviste "Epigraphica" e "Studi Romagnoli" e negli atti del Convegno *Cultura epigrafica dell'Appennino*, Faenza 1985 [cfr. AE, 1985, p. 395 e *Guide de l'épigraphiste*, Paris 2000, pp. 733-4]). Un asterisco segnala nomi e parole di lettura incerta, mentre una croce indica nomi e parole pertinenti ai cristiani; in alcuni volumi, come nel V, in appendice a una sezione vi possono essere integrazioni e correzioni, a cui bisogna prestare particolare attenzione; le iscrizioni false hanno un indice a parte, ordinato in base alla prima riga del testo. A titolo esemplificativo riporto gli indici del volume V, uno dei volumi redatti personalmente da Theodor Mommsen:
1. *Nomina virorum et mulierum*: i nomi delle persone ordinati alfabeticamente in base al gentilizio; l'onomastica è riportata per intero; le forme maschili precedono le femminili; i nomi mutili all'inizio sono collocati in coda, ordinati alfabeticamente in base alla prima lettera;
2. *Cognomina virorum et mulierum*: i cognomi disposti alfabeticamente; i testi mutili sono disposti in coda secondo gli stessi criteri dei nomi;
3. *Imperatores et domus eorum*: gli imperatori con le varie titolature e i membri della casa imperiale, disposti cronologicamente a partire da Cesare; i testi incerti sono alla fine;
4. *Reges*: nomi dei re e dei loro famigliari, entrati in contatto con il mondo romano e attestati epigraficamente;
5. *Consules aliaeque anni determinationes*: elenchi dei consoli, utili ai fini della determinazione della cronologia ufficiale; cronologie locali, di province e di città; indizioni;
6. *Honores alii publici populi Romani*: magistrature pubbliche dello Stato romano e personale addetto al servizio loro o degli imperatori, oppure all'amministrazione finanziaria in tutti i suoi aspetti, tasse e tributi compresi;

7. *Res militaris*: tutto ciò che riguarda l'esercito e la flotta, suddiviso per corpi, reparti e gradi; guerre e campagne militari, infrastrutture di carattere militare;
8. *Dii deaeque et res sacra*: nomi di dei e di dee in ordine alfabetico, feste religiose, oracoli, sacerdozi, elementi relativi alle religioni cristiana e giudaica;
9. *Populus Romanus, tribus Romanae*: menzioni del popolo romano e dei cittadini romani; elenco delle tribù in ordine alfabetico;
10. *Provinciae, civitates, pagi, vici*: le varie entità geografiche e topografiche, dalle più grandi alle più piccole; nomi di fondi, montagne, fiumi, villaggi;
11. *Res municipalis*: l'amministrazione delle città, organi di governo, magistrati, personale addetto, liberti e schiavi pubblici, flamini imperiali, seviri, augustali e seviri augustali, spettacoli pubblici;
12. *Collegia*: le organizzazioni professionali e le cariche collegiali;
13. *Artes et officia privata*: professioni e mestieri;
14. *Carmina*: le iscrizioni in versi, ordinate in base al primo verso;
15. *Litterae singulares notabiliores*: le abbreviazioni e le sigle presenti all'interno del volume, con il loro scioglimento; le indicazioni numeriche, pesi e misure;
16. *Grammatica quaedam*: tutti gli aspetti linguistici (grammaticali, sintattici, fonetici, ortografici) ritenuti degni di nota;
17. *Notabilia varia*: ogni aspetto degno di segnalazione che compaia nei testi considerati.

3.1.3. La scheda del *Corpus*

Nei volumi del CIL, a ogni iscrizione corrisponde una scheda, contraddistinta da un numero arabo progressivo (le iscrizioni false e aliene sono contraddistinte da un numero arabo seguito da un asterisco, ad esempio, CIL, V, 12*) e compilata seguendo uno schema, pressoché costante in tutta l'opera, che si articola in lemma, trascrizione, bibliografia, apparato critico, commento (cfr. FIGG. 3.2 e 3.3).

Lemma

Sulla base dell'autopsia condotta dall'editore della scheda o dei dati tratti dagli autori precedenti, sotto la voce "lemma" possono essere indicati, in modo per lo più generico, tipo e forma del supporto (*ara, basis, cippus*), materiale (*aes, lapis calcareus, marmor*) e descrizione della forma delle lettere e loro età (*litteris accuratis, litteris parum accuratis, litteris aetatis liberae rei publicae, litterae aetatis melioris, litteris infimi aevi*). Segue l'indicazione della località di rinvenimento e di quella di conservazione: se la prima non è nota, viene indicata solo la seconda. Se il reperto ha subito degli spostamenti, questi sono riportati in successione cronologica con il cognome, abbreviato e in maiuscoletto, dell'autore che li riporta; il termine RELIQUI indica tutti gli autori che si siano occupati dell'iscrizione, menzionati per esteso nella bibliografia. Se l'informazione di un autore è considerata inattendibile, compaiono espressioni come *errore, fraude, male, temere*. Bisogna inoltre tener sempre presente che nel corso del tempo il luogo di conservazione o il suo nome può essere mutato, o può essere stato malamente indicato nelle fonti oppure non rettamente inteso dall'editore della scheda.

Trascrizione

Le iscrizioni sono sempre trascritte in maiuscolo tondo (TVLLIVS), cercando di riprodurre l'impaginazione dell'originale e riproducendo persino, con caratteri appositamente realizzati, i nessi, le lettere speciali e i numerali; le eventuali integrazioni al testo sono in minuscolo corsivo (*abc*), mentre in maiuscolo corsivo (*TVLLIVS*) appaiono le lettere e le righe viste da precedenti autori ma in seguito scomparse. Le lettere scalpellate, ma leggibili, sono segnalate apponendovi sotto un punto, mentre se la scalpellatura è tale da rendere illeggibile il testo si ricorre a una serie di barre oblique (///////); le linee di frattura, segno di una lacuna del monumento e/o del testo, sono indicate con linee ad andamento irregolare. Errori del lapicida o anomalie sintattiche e grammaticali, così come le parole incomprensibili, sono indicate con un *sic* posto a lato.

L'apparato iconografico, quando presente e se viene descritto (ed è questa una delle principali mancanze del *Corpus*), è presentato in modo alquanto cursorio e spesso impreciso in minuscolo corsivo, cercando di riprodurne la posizione sul monumento, ovvero sopra, sotto o ai lati dell'iscrizione (cfr. FIG. 3.2).

I frammenti non contigui della medesima iscrizione si indicano con le lettere a, b, c ecc. in minuscolo tondo. Ogni cinque righe si indica la numerazione, ponendo il numero a sinistra del testo; se l'iscrizione è su più colonne, queste sono contrassegnate progressivamente con numeri arabi. L'eventuale datazione, espressa in anni dalla fondazione di Roma (*a. u. c.*) o dopo Cristo (*p. C.*), è fornita solo nei casi in cui sia desunta da precisi riferimenti cronologici, come la menzione della coppia consolare o, per gli imperatori, l'indicazione della *tribunicia potestas*, e viene posta a destra del testo.

Diversi sono i criteri adottati nella trascrizione dei testi falsi (quelli, come si è detto, il cui numero è seguito da un asterisco posto in alto) (cfr. PARR. 4.4.1 e 4.4.2); se il falso è cartaceo, il testo viene trascritto in minuscolo tondo, senza riprodurre la suddivisione in righe; se invece si tratta di un falso su pietra o su altro materiale, si riproduce l'impaginazione dell'originale in maiuscolo tondo.

3. GLI STRUMENTI DI LAVORO

Bibliografia

Se l'editore della scheda ha visto personalmente l'iscrizione, la bibliografia si apre con una formula che va valutata con grande attenzione, in quanto ci indica il grado di attendibilità della lettura del testo. Le più frequenti sono:
- ***contuli***: "ho controllato l'originale di un'iscrizione edita";
- ***contuli quae supersunt***: "ho controllato ciò che rimane di un testo già edito in forma più estesa";
- ***recognovi***: "ho visto, riscontrando lievi errori nelle letture precedenti, un'iscrizione edita";
- ***recognovi et emendavi***: "ho visto un'iscrizione edita e ho corretto i gravi errori di trascrizione degli editori precedenti";
- ***recognovi, quantum potui emendavi***: "ho controllato un'iscrizione già edita, correggendo gravi errori di trascrizione, per quanto mi fu possibile", formula impiegata nel caso di testi gravemente rovinati o mutili;
- ***frustra quaesivi***: "ho cercato invano un'iscrizione edita";
- ***descripsi***: "ho visto e schedato l'originale di un'iscrizione inedita";
- ***describere volui***: "ho visto e ho cercato di schedare l'originale di un'iscrizione inedita di difficile lettura".

Se non compare nessuna di queste formule, vuol dire che l'iscrizione segnalata dagli editori precedenti risulta irreperibile e che il testo va quindi accolto sulla fede degli autori che l'hanno tramandata, non senza averlo però sottoposto a un'attenta analisi di tipo filologico, riportata nell'apparato critico.

Seguono i riferimenti bibliografici in ordine cronologico, indicati per lo più con sigle e abbreviazioni, spesso così sintetiche da essere criptiche. Riferimenti più precisi si trovano nella sezione dedicata agli *auctores* all'inizio del volume o nelle introduzioni che precedono i capitoli dedicati alle città più importanti, dove si possono anche reperire informazioni di grande interesse sull'affidabilità dell'autore e sulla sua eventuale dipendenza da altri. Di particolare importanza sono gli elenchi presentati in CIL, II, pp. V-XXVI, XCII-CV; III, pp. XIX-XXXIV, LXXI-LXXXIII; IV, pp. V-XV; V, pp. XIII-XXIV; VI, pp. IX-LXVI; VIII, pp. XXIII-XXXIV; IX (e X), pp. XXV-LXIX; XII, pp. XIV-XXVII; XIV, pp. XI-XX. Spesso i redattori del *Corpus* si sono serviti anche di appunti o di schede redatte da eruditi locali: in questo caso si trova per lo più l'espressione *ex schedis* seguita dal genitivo del nome latinizzato dell'autore (ad esempio: *ex schedis Maffeii* = "dagli appunti di Scipione Maffei"), circostanza che nel caso di eruditi poco conosciuti rende a volte piuttosto faticoso risalire alla fonte. In questi casi, ci si può rivolgere ai cataloghi dei manoscritti delle varie biblioteche locali o ai loro schedari o agli indici elettronici, se sono stati approntati e se sono accessibili in rete.

Apparato critico

Se l'iscrizione non è più rintracciabile e se i precedenti editori tramandano testi anche lievemente discordanti, si elencano, secondo il metodo filologico, riga per riga, le varianti di lettura non accolte dall'editore della scheda, talora fornendo le motivazioni dell'espunzione.

Commento

Il commento compare solo nei casi di iscrizioni particolarmente significative; vi possono essere rimandi a fonti letterarie o ad altre iscrizioni e brevi notazioni di carattere antiquario o storico; raramente, e per lo più solo quando l'iscrizione appare di difficile lettura, l'editore della scheda fornisce una lettura interpretativa del testo, con gli scioglimenti e le eventuali integrazioni.

Come si è detto, uno dei limiti del *Corpus* è certamente la mancanza della riproduzione, grafica o fotografica, delle iscrizioni, fatto solo in parte legato alla necessità di ridurre i costi, ma soprattutto frutto della convinzione che tutta l'attenzione, tanto dell'editore quanto dei fruitori, dovesse essere concentrata sul testo. In questo modo, purtroppo, non solo si perde la visione d'insieme del monumento iscritto e dell'inscindibile rapporto che esiste fra l'iscrizione e il suo supporto, ma si facilita anche la tendenza, nei lettori meno

---

FIGURA 3.2
Un esempio di scheda di un'iscrizione di cui l'editore ha effettuato l'autopsia; si noti come venga descritto l'apparato iconografico

7109 Taurinis rep. m. Mart. a. 1830 extra portam *Palazzo*, extat in museo.

vir et uxor sedentes in raeda, quam trahit mula	V·F·L·SEVDO AELIANVS SIBI·ET·D·M ATILIAE 5 CHRESTES CONIVGIS CARISSIMAE	*vir et uxor sedentes, tenentes in genibus tabulam, quam vir sin. sustinet dextram attollens; mulier in tabula quiddam tenet*

Contuli. S. Quintino *Gazzetta Piemontese* 6 Mart. 1830; Gazzera ms. et *Bull. dell' Inst.* 1830, 209; Promis p. 154 n. 35.

Fonte: CIL., V, 7109, Torino.

FIGURA 3.3
Un esempio di scheda di un'iscrizione nota solo dalla tradizione manoscritta e di cui l'editore non ha effettuato l'autopsia

6430 Papiae in xysto S. Iuventii.

```
         C · FLAVI
         GENIALIS
         VI · VIRI
       AMIC·OPT·ET
   5   C · PETRONI
         THREpTIONIS
         PRIVIG · PIIss
```

Servavit Alciatus ms. Feae et Branc. Inde Cholerus f. 45; Apianus 56, 2; Grut. 410, 10 ex Apiano; Capsoni 1, 233 tab. 3 n. 4 a prioribus; Aldini p. 112 item.

4 AMIC Alc. (Feae), AMIO Alc. (Branc.) Chol., AMICO Ap. — 5 THREITIONIS Alc. (Feae) Chol. (manu pr.) Ap., THREICIONIS Chol. (ex. em.), Alc. (Branc.); em. Grut.

Fonte: CIL, V, 6430, Pavia.

esperti, ad accettare acriticamente le letture fornite dal *Corpus*, sottraendo inoltre la possibilità di un controllo immediato dell'esattezza delle trascrizioni. E tale lacuna non poté certo essere colmata dalla pubblicazione di due *auctaria*, i *Priscae Latinitatis monumenta epigraphica. Tabulae lithographae*, Berolini 1862 (rist. 1961, 1968) e gli *Exempla scripturae epigraphicae Latinae a Caesaris dictatoris morte ad aet. Iustiniani*, Berolini 1885 (rist. 1979), opere certamente di grandissima utilità, ma purtroppo contenenti solo le riproduzioni grafiche dei testi e non dell'intero monumento.

Un'inversione di tendenza si è registrata a partire dalla seconda metà del secolo scorso, quando per la seconda edizione del volume I si pubblicò prima un *auctarium* con le fotografie (*Inscriptiones Latinae liberae rei publicae. Imagines*, 1965) e poi un supplemento, il CIL, I², pars II, 4 (*Addenda tertia*; 1: *Textus*, 2: *Tabulae*, 1986), accompagnato da nitide tavole fotografiche. Qualche anno più tardi si corredarono con tavole di fotografie e con microfiches i primi fascicoli della seconda edizione del volume II (*Inscriptiones Hispaniae Latinae*). La vera svolta, però, è avvenuta a partire dal 1996 con la pubblicazione dei nuovi supplementi del volume VI (pars VIII, 1-3) e dei primi fascicoli del volume XVII. Come si può vedere dalla scheda qui riportata (cfr. FIG. 3.4),

FIGURA 3.4
Un esempio delle nuove schede in CIL, VI, pars VIII, fasc. II

40449 tit. honorarius imperatoris
Tabula marmorea undique fracta, in fronte expolita et paululum caelo dolata, a tergo levigata (17) × (38,5) × 5. Litt. circ. 7. Rep. in effossionibus in *Area Sacra di Largo Argentina* ⟨*Urbs* O 24⟩ institutis. Extat ibid. in repositis, ubi descripsit ALFÖLDY a. 1987.

[Vespa]siano
[Aug]usto

Im. phot. ex neg. *Comune* n. 604.
G. MARCHETTI LONGHI, *BCAR* 78, 1961/62 (1964), 57 n. 8; I. KAJANTO, in *Largo Argentina* I 102 n. 17 cum im. phot. tab. XXXIV 5 (*AE* 1981, 32).
Supplevi versus, qui certe concinne ordinati fuerunt. Unde patet ante v. 1 aut *[Imp. Caesari]* aut *[Imp. Tito Caesari]* aut *[Divo]* aut fortasse *[Divo Tito]* inscripta fuisse. – *[Imp. Caesari Divo Vespa]siano* | *[Aug]usto* MARCHETTI LONGHI, minus recte, cum Vespasianus et Titus titulis aut *Imp.* et *Caesar ... Augustus* aut *Divus* vel *Divus ... Augustus* appellati sint (cf. supra titulos n. 942. 944. 945), *[- - - Vespa]siano [- - - | - - - Aug]usto* KAJANTO.
Dedicatus inter a. 69 et 81 vel fortasse paulo postea, ex formis litterarum accurate insculptarum vix post Domitianum.   V. R.

Fonte: CIL, VI, 40449.

---

oltre alla fotografia nel lemma compare anche un'accurata descrizione del monumento.

3.1.4. Il *Corpus inscriptionum Latinarum* nella rete

Nel sito ufficiale del *Corpus inscriptionum Latinarum* (cil.bbaw.de; in lingua tedesca e inglese), oltre a numerose notizie sulla storia del *Corpus*, sulla sua struttura e sui lavori in corso, si può accedere a una serie di risorse di estrema utilità:

– *Archivum Corporis Electronicum*: permette, inserendo il numero del volume del *Corpus* e il numero di un'iscrizione, di accedere alla collezione di fotografie e di calchi, nonché ai dati bibliografici, conservati nell'archivio del *Corpus*;
– *Indices*: *Republikanische Inschriften* (CIL I², 2, 4), con una lista delle parole in ordine alfabetico e una guida all'indice del volume, ancora in stampa; *Meilensteininschriften* (CIL XVII, 4, 1): permette di consultare gli indici, non ancora pubblicati a stampa, del volume dedicato ai miliari;
– *Konkordanz – Findbuch zu den Addenda et Corrigenda innerhalb des* Corpus inscriptionum Latinarum: consente di scaricare gratuitamente in formato PDF gli aggiornamenti, relativi ai vari volumi e posteriori al 2003, di A. Fassbender, *Index Numerorum. Ein Findbuch zum Corpus inscriptionum Latinarum*, 2003 (lavoro fondamentale per l'aggiornamento e le correzioni da apportare a numerose iscrizioni edite nei vari volumi del *Corpus*) e di esaminare le concordanze delle iscrizioni edite nel *Corpus* sia con i numeri con cui sono pubblicate in alcune raccolte più antiche, come quelle di J. Gruter, Th. Reines, R. Fabretti, L. A. Muratori (cfr. CAP. 2), sia con quelle registrate nelle *Inscriptiones Regni Neapolitani Latinae* (IRN) di Th. Mommsen, nei *Carmina Latina epigraphica* (CLE) di F. Bücheler, negli *Exempla scripturae epigraphicae Latinae* di Ae. Hübner, nelle *Inscriptiones Christianae Urbis Romae* (ICVR) di A. Silvagni e nelle *Inscriptiones Latinae selectae* (ILS) di H. Dessau;
– *Glossar*: contiene due glossari, uno con i termini e le formule in latino usati attualmente nella compilazione delle schede del *Corpus* (con la traduzione in tedesco) e uno che, oltre alla provenienza e alla bibliografia relativa, riporta i nomi latini dei vari materiali lapidei impiegati e i corrispondenti in italiano e in inglese;
– *Anthologie*: contiene una scelta di iscrizioni metriche dell'Africa romana.

3.2
Il problema dell'aggiornamento del *Corpus*

Non solo le ricerche archeologiche, ma anche i lavori edili e di scavo nelle città e quelli agricoli nelle campagne hanno restituito e restituiscono pressoché quotidianamente nuove iscrizioni, rendendo quindi indispensabile aggiornare i vari volumi del *Corpus*, la gran parte dei quali, come si è detto, ha visto la luce nella seconda metà dell'Ottocento. Si tratta di un'esigenza che lo stesso Mommsen avvertì subito, tanto che fondò la rivista "Ephemeris Epigraphica", destinata ad accogliere le nuove iscrizioni e gli aggiornamenti alle singole città, e progettò una serie di fascicoli di *Supplementa* ai vari volumi del *Corpus*, dei quali vide la luce, nel 1888, solo quello dedicato al volume V, a cura di Ettore Pais, uno dei suoi allievi italiani. Negli anni seguenti, nacquero pressoché in ogni paese iniziative atte a pubblicare aggiornamenti del *Corpus*, sotto forma di riviste o, più frequentemente, di monografie. Anche la

Berlin-Brandenburgische Akademie der Wissenschaften procedette a un sistematico aggiornamento dei volumi del *Corpus*, nonostante i problemi attraversati dall'isolamento della Germania dopo la Prima guerra mondiale e dalla situazione politica nella Germania orientale dopo la Seconda guerra mondiale; con la riunificazione della Germania è aumentata la collaborazione con enti e studiosi di altri paesi e attualmente sono in preparazione e in parte pubblicati gli aggiornamenti dei volumi II, VI, IX e X. Ulteriori informazioni sono reperibili in rete all'indirizzo cil.bbaw.de/cil_en/dateien/forschung.html, dove alla voce *Broschüren* è possibile scaricare gratuitamente due file in formato PDF dedicati uno al *Corpus inscriptionum Latinarum* (articolato in due parti: storia dell'epigrafia e del *Corpus*, con presentazione dei criteri di edizione; lavori completati e lavori in corso dal 1995 al 2009) e l'altro alla raccolta di calchi dell'archivio del CIL: M. Schmidt, *Spiegelbilder römischer Lebenswelt*, disponibile anche in inglese (Schmidt, 2003).

3.2.1. Gli strumenti di aggiornamento di carattere internazionale

Non è possibile menzionare qui tutti i vari *corpora* di carattere nazionale e i loro eventuali supplementi, per i quali si può utilmente consultare la *Guide de l'épigraphiste*, Paris 2000, pp. 85-149 (cfr. PAR. 3.8), con i nove aggiornamenti dal 2002 al 2009 scaricabili gratuitamente dal sito www.antiquite.ens.fr/txt/dsa-publications-guidepigraphiste-fr.htm. Strumenti indispensabili, a livello internazionale, sono i seguenti.

Ephemeris epigraphica *(EphEp)*

Voluta da Theodor Mommsen, l'*Ephemeris epigraphica, Corporis inscriptionum Latinarum supplementum, edita iussu Instituti Archaeologici Romani* era concepita come un agile strumento di aggiornamento dei vari volumi del *Corpus*, con la pubblicazione di nuovi ritrovamenti o di iscrizioni o gruppi di iscrizioni che, per vari motivi, non erano stati editi nei volumi del *Corpus*. Dal 1872 al 1913 uscirono nove numeri, alcuni dei quali sono ancora utili, come il VI (1885), dedicato alle *glandes plumbae Latine inscriptae* (K. Zangemeister), il VII (1892), contenente gli *Additamenta ad corporis vol.* XIV (H. Dessau, pp. 355-84), l'VIII (1899), con gli *Additamenta ad corporis vol.* IX *et* XI (M. Ihm, pp. 1-221).

"L'Année épigraphique" (AE)

Nel 1888 René Cagnat diede vita a una pubblicazione annuale, che doveva raccogliere le più significative iscrizioni latine edite nel corso dell'anno, così da rappresentare un utile strumento di aggiornamento del *Corpus*. Allegata alla "Revue archéologique" fino al 1964, l'anno seguente divenne autonoma con il titolo "L'Année épigraphique", allargando il suo ambito e cercando di pubblicare in modo sistematico le iscrizioni, latine e greche di età romana, ritenute di una qualche importanza, sia quelle scoperte ogni anno, sia quelle già edite ma oggetto di nuove letture o di nuovi studi. La presentazione del testo, con la trascrizione interpretativa, è accompagnata dal rimando puntuale all'edizione originale e da un suo breve riassunto, mentre eventuali correzioni o commenti dei redattori sono posti entro parentesi quadre (cfr. FIG. 3.5). Negli ultimi anni si è manifestata la positiva tendenza ad accogliere il maggior numero di testi possibile, evitando di effettuare selezioni (Corbier, 2008, pp. 1282-3), mentre non sono presi in considerazione i frammenti che non contengano almeno un nome o un termine che possa essere inserito negli indici. Sono inserite anche le iscrizioni greche che contengano elementi riferibili al mondo romano.

Le notizie, numerate progressivamente con numero arabo, sono presentate secondo quest'ordine geografico:
– Roma;
– le regioni augustee d'Italia all'epoca della loro creazione;
– le province dell'Impero, secondo l'ordinamento del 150 d.C. e, per l'Africa, secondo quello di Giustiniano.

Le iscrizioni rinvenute fuori dai confini dell'Impero sono aggregate a quelle della circoscrizione amministrativa più vicina, mentre quelle di provenienza ignota sono collocate alla fine.

Ogni annata si apre con una sezione di *Généralités*, un utilissimo elenco di

FIGURA 3.5
Un esempio di scheda dell'"Année épigraphique"

> **616)** = *AE*, 1975, 449. Crémone *(Cremona)*. Nouvelle lecture.
> H. SOLIN, dans *Fluchtafeln* (supra n° 148), p. 123-126, n° 4.
>
> *Q. Domatius C. f. bonum tempus | mihi mea<e>que aetati. | Id ego mando remandata | quo is apud deos iferos ut pereant | et defigantur quo ego heres sim, | pupillus Corani(us) C. f., C. Poblici(us) populi l. | Aprodis(ius), L. Corneliu(s). Meo sumtu | defigo illos quo pereant.*
>
> L. 1 : le prénom *Quintus* est rare chez les *Domatii*. L. 2 : comprendre *mea aetas* avec le sens de « ma vie ». L. 3 : *remandata* est sans doute un lapsus pour *demandata*. L. 4 : *is* doit être compris comme un mot à l'ablatif ; la graphie *iferos* avec réduction du N est courante. L. 6 : *pupillus* est souvent utilisé pour désigner un jeune enfant. L. 7 : *Aprodisius* pour *Aphrodisius*.
>
> Date : ép. julio-claudienne, d'ap. l'écriture et l'onomastique.

Fonte: AE, 2004, p. 616, Cremona.

rimandi ad articoli, monografie, miscellanee e atti di convegni d'interesse epigrafico suddivisi per argomento (storia, istituzioni, diritto, esercito, onomastica, prosopografia, società, economia, religione, costruzioni pubbliche, monumenti e pratiche funerarie, cultura), mentre alla fine del volume vi sono gli indici, articolati in tredici sezioni, molto dettagliati e accurati, che, grazie all'aumento delle parole chiave, negli ultimi anni sono andati ulteriormente allargandosi.

Si tratta, quindi, di un indispensabile strumento di lavoro, anche se il divario, talora anche di due o tre anni, fra anno di pubblicazione della rivista e anno solare limita in parte la sua efficacia.

"Fasti Archeologici" (FA)

Nel 1946 l'International Association for Classical Archaeology pubblicò il primo numero della rivista "Fasti Archeologici. Annual Bulletin of Classical Archaeology", che intendeva raccogliere e divulgare ogni anno, nel modo più completo possibile, tutte le informazioni riguardanti l'archeologia classica. Nel 1997, dopo l'uscita del XLI volume, la pubblicazione venne sospesa e sostituita, a partire dal 2004, dalla rivista elettronica "Fasti Online" (consultabile e scaricabile gratuitamente dal sito www.fastionline.org), che offre schede e articoli di approfondimento su scavi archeologici effettuati, almeno per ora, in Italia.

Nella rivista in formato cartaceo è possibile reperire, con numerazione progressiva, segnalazioni di rinvenimenti di iscrizioni, con o senza trascrizione dei testi, mentre utili indicazioni bibliografiche sono presenti nei sottocapitoli intitolati *Epigraphy*, che compaiono all'interno delle varie sezioni in cui si articola la rivista. Un indice geografico e un indice per soggetto, molto dettagliato, facilitano la ricerca. Nel sito www.periodici.librari.beniculturali.it è possibile consultare e scaricare alcune annate.

Roman Military Diplomas (RMD)

Le nuove scoperte di diplomi militari (cfr. PAR. 8.6.4) incrementano annualmente e in numero significativo il numero di quelli riuniti sia in una sezione di CIL, III, 2 (*Privilegia veteranorum*) sia in CIL, XVI, il volume monografico a essi dedicato. Per questo motivo, dal 1978 Margaret Roxan ha pubblicato una serie di volumi che riuniscono i diplomi apparsi dopo l'edizione del *Corpus*. Sono finora usciti i volumi:
- I, *1954-1977*, London 1978;
- II, *1978-1984*, London 1985;
- III, *1985-1993*, London 1994;
- IV, *1994-2002*, London 2003 (uscito postumo a cura di Paul Holder).

3.2.2. Gli strumenti di aggiornamento per l'Italia

"Notizie degli Scavi di Antichità" (NotSc)

Fondata nel 1876 da Giuseppe Fiorelli con la collaborazione di Felice Barnabei, che ne fu il primo redattore responsabile, ed edita a partire dal 1877 come "Notizie degli scavi di antichità comunicate alla R. Accademia dei Lincei su ordine di S. E. il Ministro della Pubb. Istruzione", questa rivista aveva fin dall'inizio lo scopo di pubblicare anche le iscrizioni di recente scoperta. Fino al 1984 l'uscita ebbe cadenza annuale, per divenire poi biennale fino all'ultimo numero, pubblicato nel 2004-05 con un CD-ROM in allegato. I rinvenimenti sono presentati in base alle regioni augustee e, all'interno di queste, per singole località; le epigrafi possono essere presentate nell'ambito della pubblicazione dei materiali rinvenuti in uno scavo archeologico oppure autonomamente. La ricerca è facilitata da indici topografici, per materia e, talora, da indici epigrafici. È possibile consultare le annate dal 1876 al 1930 e scaricarle dal sito www.periodici.librari.beniculturali.it.

"Supplementa Italica" (SI)

Nel 1880 la Regia Accademia dei Lincei decise di affiancare alla pubblicazione della rivista "Notizie degli Scavi", anche una serie di "Annales epigraphici" che servissero da supplemento ai volumi del *Corpus* dedicati alle varie regioni d'Italia. L'impostazione doveva essere in tutto e per tutto simile a quella del *Corpus*, sia nella struttura, sia nell'organizzazione degli indici, sia nell'uso della lingua latina.

Purtroppo vide la luce solo il primo fascicolo, *Corporis inscriptionum Latinarum Supplementa Italica, consilio et auctoritate Academiae Regiae Lynceorum edita, Fasciculus I. Additamenta ad vol. V Galliae Cisalpinae, edidit Hector Pais, Romae 1884* (ma pubblicato nel 1888 in "Atti della R. Accademia dei Lincei", anno CCLXXXV, 1888, serie IV, Memorie della Classe di Scienze Morali, Storiche e filologiche, volume V), dedicato all'Italia settentrionale e curato da Ettore Pais, un allievo italiano di Theodor Mommsen. Lo studioso tedesco, poi, intervenne personalmente nella redazione dell'opera, correggendo e integrando con osservazioni e commenti molte delle schede che Pais gli sottoponeva. Nell'edizione a stampa, tali interventi, alcuni dei quali particolarmente significativi, compaiono in fondo alla scheda racchiusi fra parentesi quadre e contrassegnati dalla sigla Th. M.

"Inscriptiones Italiae" (InscrIt o IIt o II)

Nel 1931, l'Accademia d'Italia, in accordo con l'Unione Accademica Internazionale, diede vita alle "Inscriptiones Italiae", una collana di monografie destinate ad aggiornare i volumi italiani del *Corpus*. A ogni regione augustea del-

TABELLA 3.1
I fascicoli pubblicati delle "Inscriptiones Italiae"

Volume	Fascicolo	Città
IV	I	*Tibur*, editio altera emendata et aucta, 1952
VII	I	*Pisae*, 1953
IX	I	*Augusta Bagiennorum et Pollentia*, 1948
X	I	*Pola et Nesactium*, 1948
	II	*Parentium*, 1934
	III	*Histria septemtrionalis*, 1936
	IV	*Tergeste*, 1951
	V, 1-3	*Brixia*, 1984-86
XI	I	*Augusta Praetoria*, 1952
	II	*Eporedia*, 1931
XIII	I	*Fasti consulares et triumphales*, 1947
	II	*Fasti anni Numani et Iuliani*, 1963
	III	*Elogia*, 1937

l'Italia romana doveva corrispondere un volume composto da fascicoli destinati ognuno a una città e al suo territorio. Si doveva fornire una nuova edizione critica di tutte le iscrizioni, sia di quelle già edite nel *Corpus*, sia di quelle rinvenute posteriormente, seguendo in generale l'impostazione del *Corpus* e conservando l'uso della lingua latina, ma introducendo alcune innovazioni fondamentali, che segnarono una svolta nella pubblicazione delle sillogi epigrafiche. Nel lemma dovevano essere inserite tutte le notizie riguardanti il supporto, le iscrizioni dovevano essere trascritte con la lettura interpretativa (cfr. PAR. 5.3), facendo uso di appropriati segni diacritici, ma soprattutto doveva essere presente la riproduzione fotografica o, in sua mancanza, il facsimile o i disegni, se reperibili, tratti dalle edizioni precedenti. Purtroppo la difficile congiuntura degli anni precedenti e seguenti la Seconda guerra mondiale, la complessità del lavoro, l'impegno richiesto ai redattori dei vari fascicoli, molti dei quali non erano epigrafisti, e soprattutto i costi dell'opera, nonostante fosse finanziata dall'Unione Accademica Nazionale e pubblicata dall'Istituto Poligrafico dello Stato, hanno fatto sì che solo pochi fascicoli abbiano visto la luce. Questi ultimi sono riportati nella TAB. 3.1.

Supplementa Italica, nuova serie (SupplIt)

La constatazione che l'aggiornamento dei volumi del *Corpus* dedicati all'Italia era ferma alla fine dell'Ottocento o ai primi decenni del Novecento e che vi era una enorme discrepanza fra iscrizioni rinvenute ogni anno in Italia e iscrizioni pubblicate spinse l'Unione Accademica Nazionale, su iniziativa di Silvio Panciera, a dar vita a una collana di *Supplementi* che, riprendendo «nel nome, nello spirito» (Panciera, 1981, p. 10 = Id., 2006, p. 1762) i *Supplementa Italica* progettati proprio cent'anni prima dall'Accademia nazionale dei Lincei, colmassero tali lacune. Numerosi gli elementi innovativi: il lemma, la trascrizione e il commento devono tener conto dell'evoluzione degli studi epigrafici, per cui maggiore spazio viene dato alla descrizione del supporto; si è introdotto l'uso sistematico della riproduzione fotografica; si è adottata la trascrizione interpretativa (con l'introduzione di una più vasta gamma di segni diacritici), mentre per ogni iscrizione non databile attraverso elementi interni compare anche una proposta di datazione (cfr. FIG. 3.6). La lingua usata è l'italiano. Ogni capitolo relativo a una città si apre con l'aggiornamento delle notizie storiche e archeologiche, della storia degli studi e delle collezioni epigrafiche del centro interessato. Segue quindi l'aggiornamento delle iscrizioni già note ed edite in precedenti *corpora*, e infine i nuovi testi, ordinati progressivamente con numeri arabi. Chiudono ogni capitolo gli indici, articolati in sezioni e molto simili a quelli dell'"Année épigraphique", con l'indice delle particolarità sdoppiato in parole notevoli e cose notevoli.

Notizie sulla struttura dell'opera e sui segni diacritici impiegati sono fornite nelle introduzioni dei volumi 1 (1981) e 8 (1991), mentre i volumi 7 (1991), 14 (1997) e 21 (2006) sono riservati agli indici elaborati informaticamente. A partire dal volume 22 (2004) compaiono due nuove sezioni, dedicate l'una ai *Supplementorum Supplementa* e contenente gli aggiornamenti dei volumi precedenti, e l'altra a *Italia, Sicilia, Sardinia Epigraphicae*, una rassegna della bibliografica epigrafica relativa a queste aree. Per un elenco completo dei volu-

---

FIGURA 3.6
Un esempio di scheda dei *Supplementa Italica*, nuova serie

172. Stele centinata in calcare. 140 x 48 x 26; alt. lett. 3,5-6. - Non sono noti epoca e luogo di rinvenimento; attualmente è conservata nel Parco archeologico, nr. inv. 395.040. - Autopsia 1997.

Ovia Q. l.
Glucera
hic sita est.

Lettere dal tratto risalente, a r. 3 I montante; interpunzione regolarmente usata. - Iscrizione sepolcrale della liberta Ovia Glucera. - Per il gentilizio vd. i riferimenti in CIL, IX 438 e Monumenti, nr. 34. Il cognome grecanico Glucera, per un più corretto Glycera (Solin, Personennamen, p. 1537), non è altrimenti attestato localmente. - Datazione proposta: fine I a.C.-inizi I d.C., per la forma delle lettere, la tipologia monumentale e il formulario.

Fonte: SupplIt, 20, n. 172, Venosa (ed. M. Chelotti).

mi sinora pubblicati, con gli indici delle città analizzate, si rimanda al sito www.edizioniquasar.it/libri/supita.htm.

Supplementa Italica – Imagines (SupplIt Imagines)

Questa collana, promossa dall'Unione Accademica Nazionale e ideata e diretta da Silvio Panciera, si propone di corredare i volumi del *Corpus* riguardanti l'Italia con supplementi contenenti la riproduzione fotografica delle iscrizioni ivi edite; nel caso di testi non più reperibili si forniscono, quando possibile, disegni fedeli, ripresi dagli editori precedenti. La disposizione dei monumenti non segue quella del *Corpus*, ma è basata sulla tipologia dei monumenti e, al suo interno, sulla cronologia. I singoli pezzi sono accompagnati da brevi didascalie che aggiornano e completano le informazioni contenute nel *Corpus*. Chiudono i volumi indici particolarmente dettagliati.

Sono finora usciti:
– *Roma* (CIL, VI), 1, *Musei Capitolini*, 1999;
– *Roma* (CIL, VI), 2, *Musei Vaticani – Antiquarium del Celio*, 2004;
– *Latium Vetus* (CIL, XIV; *EphEpigr*, VII e IX), *Latium vetus praeter Ostiam*, 2005;
– *Roma* (CIL, VI), 3. *Le collezioni epigrafiche fiorentine*, 2008.

3.3
Altre sillogi epigrafiche

A partire dagli ultimi decenni del XIX secolo, sulla scia del *Corpus*, cominciarono ad apparire via via altre sillogi di iscrizioni, che raccoglievano testi provenienti da particolari aree geografiche, oppure di carattere tematico o, ancora, selezioni di testi. Riporto qui le principali, rinviando per le altre alle relative sezioni della *Guide de l'épigraphiste*, Paris 2000 (per la quale cfr. PAR. 3.8), in particolare alle pp. 85-149.

3.3.1. *Inscriptiones Latinae selectae* (ILS)

Sulla base del *Corpus*, Hermann Dessau preparò una silloge, le *Inscriptiones Latinae selectae*, I-III, Berolini 1892-1916, che contiene un'amplissima scelta di iscrizioni, degne di attenzione per il contenuto; sono raggruppate con criteri non omogenei, secondo il rango dei personaggi (indipendentemente dal fatto che siano sacre, onorarie o funerarie) o il tipo di monumento (come avviene per quelle relative a opere pubbliche) o l'affinità di contenuto. Le iscrizioni sono trascritte con la lettura interpretativa (cfr. PAR. 5.3), ma senza scioglimenti, mentre il lemma e il commento sono molto sintetici (cfr. FIG. 3.7). In ogni caso è un utilissimo e tuttora valido strumento di consultazione, sia se si ha necessità di esaminare rapidamente le fonti epigrafiche relative a un determinato argomento, sia perché nei volumi III, 1 e III, 2 compaiono indici

FIGURA 3.7
Un esempio di scheda delle *Inscriptiones Latinae selectae*

> **93** imp. Caesar divi f. Augustus | pontifex maximus, | imp. XIII, cos. XI, trib. potest. XV¹, | ex stipe, quam populus Romanus | anno novo apsenti contulit² | Nerone Claudio Druso | T. Quinctio Crispino cos.³, | Volcano.
> *Romae basis rep. in foro, est Neapoli (VI 437).* — 1) *A. 743/6.* — 2) *Cf. N. 92 not. 2.* — 3) *A. 745. Kalendis Ianuariis huius anni Augustum Roma absentem fuisse aliunde non constat.*

Fonte: ILS, 93.

estremamente articolati (diciannove capitoli, suddivisi in numerose sezioni), che facilitano moltissimo la ricerca.

3.3.2. *Carmina Latina epigraphica* (CLE)

Come si è detto, le iscrizioni in versi, oltre che essere presentate nei vari volumi del *Corpus* nell'ambito delle località di rinvenimento, saranno raccolte anche in un apposito volume, il XVIII, che è in preparazione. Nel frattempo si può utilizzare la raccolta pubblicata in *Anthologia latina sive poesis Latinae supplementum*, Leipzig 1894-1930, dove il volume II è dedicato ai *Carmina Latina epigraphica*: II, 1-2, 1895-97 (edidit F. Bücheler; I², 1930, edidit E. Lommatzsch), II, 3, *Supplementum*, 1926 (edidit E. Lommatzsch). Qui le iscrizioni sono considerate come testi poetici, la trascrizione è quella interpretativa e la scansione delle righe rispetta la disposizione dei versi; il commento presenta un apparato critico abbastanza approfondito sotto l'aspetto filologico. La consultazione, inoltre, è facilitata dall'uso delle concordanze, pubblicate in P. Colafrancesco, M. Massaro, *Concordanze dei* Carmina Latina Epigraphica, Bari 1986 e in M. L. Felle *et al.*, *Concordantiae in Carmina Latina Epigraphica*, Hildesheim 1988. Particolarmente utile è la ricerca in base al verso iniziale, servendosi di D. Schaller, E. Könsgen, *Initia carminum Latinorum saeculo undecimo antiquiorum*, Göttingen 1977.

3.3.3. *Inscriptiones Latinae liberae rei publicae* (ILLRP)

La silloge di A. Degrassi, *Inscriptiones Latinae liberae rei publicae*, Firenze, I, 1957 (2ª ed. 1965); II, 1963 (2ª ed. 1972), si basa sul volume I del *Corpus* e sui fascicoli già editi del volume I², contenenti le iscrizioni databili fino all'uccisione di Cesare, ai quali l'autore ha aggiunto tutti i testi di una qualche importanza che qui non compaiono, allargando inoltre l'arco cronologico al 31 a.C. Le iscrizioni sono raggruppate per argomento, mentre il lemma, estremamente dettagliato, contiene informazioni sul tipo di monumento (con le misure), sul materiale, sul luogo di rinvenimento e di conservazione (con le opportune indicazioni bibliografiche). La trascrizione è quella interpretativa, mentre il commento, riservato nelle note a piè di pagina, è volutamente stringato. La lingua impiegata è il latino. Pressoché completo per quanto riguarda i documenti importanti e con una larga selezione dei testi funerari e di quelli relativi all'*instrumentum inscriptum*, è uno strumento di consultazione fondamentale; l'unica vera lacuna, ovvero la mancanza di documentazione fotografica, è stata in seguito colmata con la pubblicazione di *Inscriptiones Latinae liberae rei publicae. Imagines*, sempre a cura di A. Degrassi (Roma 1965), un volume che grazie al grandissimo numero di iscrizioni presentate e all'eccezionale qualità delle immagini contribuisce in maniera determinante allo studio delle iscrizioni repubblicane. Altre 154 iscrizioni inedite d'età repubblicana sono raccolte in *Inscriptiones Latinae liberae rei publicae*, pubblicato in *Epigrafia*, Actes du Colloque International d'épigraphie latine en mémoire de Attilio Degrassi, Rome 1991, pp. 241-91.

3.4
Le riviste

Numerose riviste specializzate in storia antica o in archeologia classica pubblicano iscrizioni inedite o studi che hanno come oggetto le iscrizioni; un elenco è reperibile all'indirizzo www.rassegna.unibo.it/biblriv.html, dove compaiono anche i collegamenti con le riviste pubblicate in formato elettronico o che, pur continuando la pubblicazione cartacea, mettono a disposizione, in tutto o in parte, i propri materiali on line.

Le principali riviste internazionali specializzate in epigrafia sono:
– "Epigraphica, Rivista Italiana di Epigrafia" (Epigraphica), 1939-; gli indici, dal 1939 al 2000, sono consultabili all'indirizzo www.numismatica.unibo.it/epigraphica/epigraphica.html e, dal 2000 in poi, all'indirizzo www.antica.unibo.it/StoriaAntica/Ricerca/Pubblicazioni/Epigraphica.htm;
– "Zeitschrift für Papyrologie und Epigraphik" (ZPE), 1967-; gli indici sono consultabili all'indirizzo www.uni-koeln.de/phil-fak/ifa/zpe, dove è inoltre possibile scaricare gratuitamente numerosi articoli;
– "Minima Epigraphica et Papyrologica" (MEP), 1998-; indici e alcuni articoli sono consultabili e scaricabili gratuitamente dal sito www.archeogate.org/iura7rivista/17/minima-epigraphica-et-papyrologica.html.

3.5
Le banche dati

In rete esistono numerosi siti che contengono immagini di iscrizioni e/o testi di epigrafia (un elenco pressoché completo è nella sezione "fonti epigrafiche" della Rassegna degli strumenti informatici per lo studio dell'antichità classica: www.rassegna.unibo.it/epigrafi.html) e alcune banche dati. Fra queste ultime, tre sono di notevole importanza per il reperimento di iscrizioni e per ricerche basate su alcuni parametri, come il riferimento bibliografico, il luogo, antico e/o moderno, di rinvenimento, una o più parole del testo: l'Epigraphik-Datenbank Clauss-Slaby (EDCS), l'Epigraphische Datenbank Heidelberg (EDH) e l'Epigraphic Database Roma (EDR).

3.5.1. Epigraphik-Datenbank Clauss-Slaby (EDCS)

Raccoglie diverse centinaia di migliaia di iscrizioni, tratte dal *Corpus* e dai suoi supplementi, da numerose sillogi epigrafiche e dall'"Année épigraphique". Sono inoltre disponibili migliaia di fotografie. Vi si accede dal sito www.manfredclauss.de, e la ricerca, che si effettua tramite la maschera riportata in FIG. 3.8, disponibile anche in lingua italiana, può essere effettuata:
– nel database, operando la consultazione per pubblicazione, provincia, località e soprattutto per campo di ricerca, cercando un termine (anche in combinazione con documento/provincia/località) o due. In quest'ultimo caso è possibile selezionare se entrambi debbano essere presenti nell'iscrizione ("e") o se deve comparire uno dei due ("o"), oppure se un termine deve apparire (campo di ricerca 1) nell'iscrizione, mentre l'altro (campo di ricerca 2) non deve apparire;
– per *corpora*, ricercando i singoli volumi, in cui i testi sono indicati in successione numerica (ad esempio CIL 05, 05057 o AE 2004, 00614);
– per termini errati o senza scioglimenti. Nel primo caso è possibile ricercare grafie errate, mentre nel secondo si può cercare un termine abbreviato senza considerare eventuali scioglimenti, tenendo presente che tra le parole abbreviate deve essere inserita una spaziatura. Si tratta di un'opzione molto utile,

FIGURA 3.8
La maschera di ricerca dell'EDCS

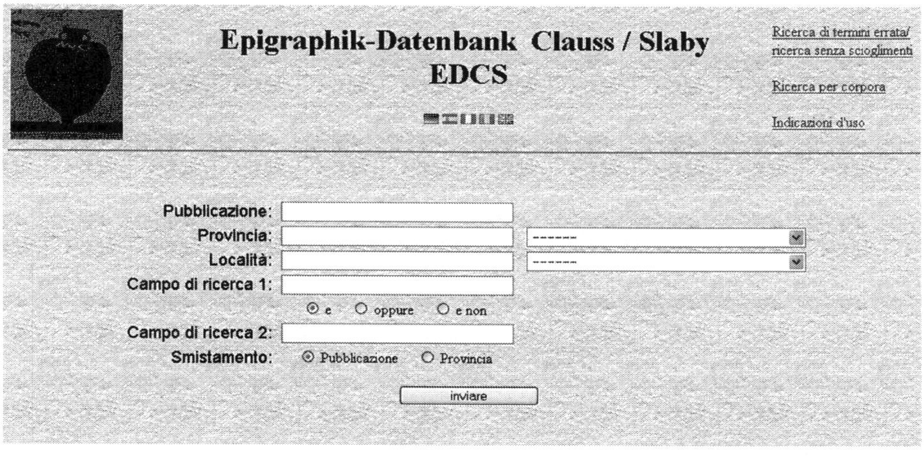

dato che talvolta lo scioglimento delle sigle potrebbe presentare delle ambiguità.

La consultazione è rapida e agevole: bisogna tuttavia tener sempre presente che non mancano comprensibili errori, sia nella collocazione topografica dell'iscrizione, sia nella sua trascrizione.

3.5.2. Epigraphische Datenbank Heidelberg (EDH)

Articolato in tre distinti database (epigrafico, bibliografico, fotografico), si prefigge lo scopo di rendere disponibili in Internet le iscrizioni latine e greche dell'antichità, secondo criteri standardizzati, supportati anche dalla Confederazione internazionale dei database epigrafici EAGLE (Electronic Archives of Greek and Latin Epigraphy; www.eagle-eagle.it). L'aspetto più significativo è che in questo database ogni iscrizione inserita è stata dapprima sottoposta a

FIGURA 3.9
La maschera di ricerca dell'EDH

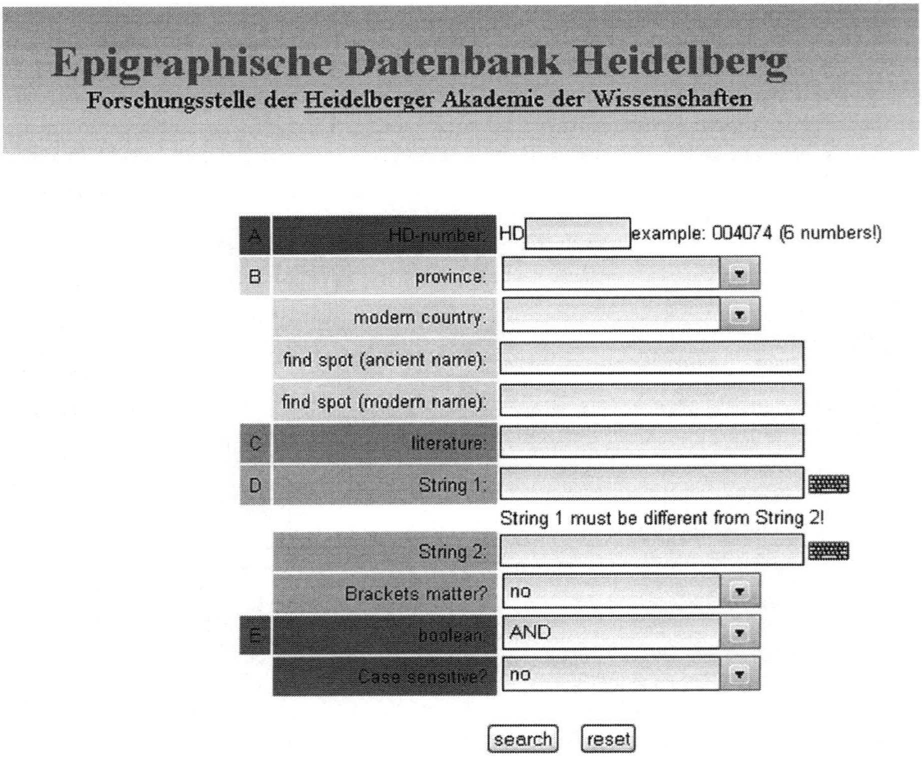

3. GLI STRUMENTI DI LAVORO

un'attenta revisione e che in molti casi si offre anche una buona riproduzione fotografica. Accedendo al sito, in tedesco e in inglese, uni-heidelberg.de/institute/sonst/adw/edh/index.html.de, si apre la maschera riportata in FIG. 3.9, che permette di effettuare una ricerca sul database secondo la provincia antica, la nazione moderna, il luogo di rinvenimento, antico e moderno, i riferimenti bibliografici, ma soprattutto attraverso la ricerca di un termine. In questo caso è possibile selezionare se uno o due termini debbano essere presenti nell'iscrizione ("and") o se deve comparire solo uno dei due ("or"). Spesso, se l'iscrizione è inserita anche nell'Epigraphic Database Roma (EDR), compare in alto a destra un link alla scheda relativa. Al momento, la banca dati contiene oltre 50.000 testi, ma il numero è in continuo incremento.

3.5.3. Epigraphic Database Roma (EDR)

Parte costitutiva della Federazione internazionale di banche dati epigrafiche (EAGLE: Electronic Archives of Greek and Latin Epigraphy; www.eagle-eagle.it), l'Epigraphic Database Roma (EDR; www.edr-edr.it) si prefigge il compito di schedare, secondo la migliore edizione esistente, ovvero quella derivante dalla conoscenza di tutta la bibliografia disponibile e, quando possibile, dalla

FIGURA 3.10
La maschera di ricerca dell'EDR

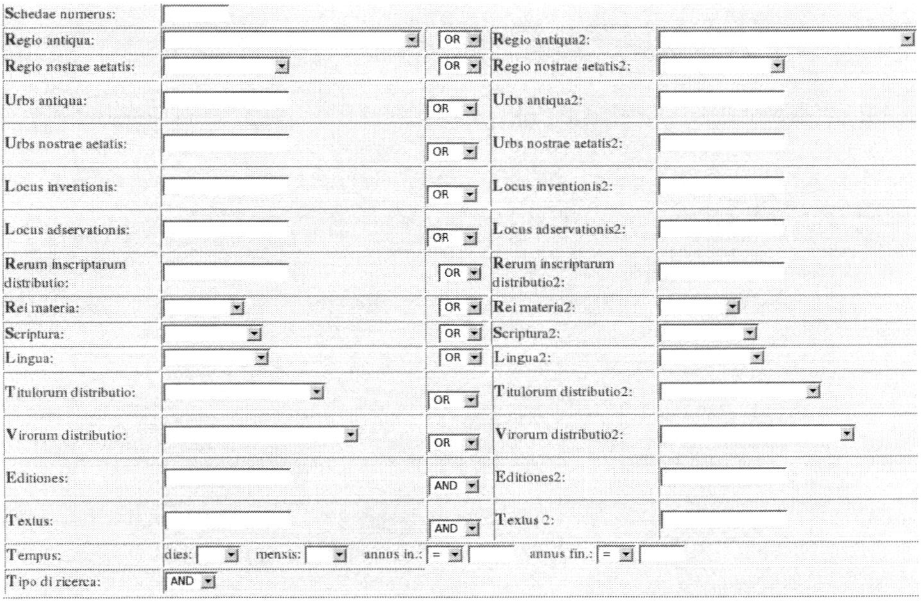

revisione diretta o tramite fotografia, tutto il materiale epigrafico di Roma, dell'Italia entro i suoi limiti antichi, della Sicilia, della Sardegna e delle isole minori incluse nei volumi italiani del *Corpus*. Sono escluse le epigrafi pubblicate nelle *Inscriptiones Christianae Urbis Romae* (ICVR), che sono confluite nell'Epigraphic Database Bari (EDB), mentre si tiene conto delle iscrizioni cristiane rinvenute in località diverse da Roma. La ricerca avviene mediante la maschera riportata in FIG. 3.10.

Grazie alle sue numerose voci in lingua latina, parecchie delle quali presentano un menù a tendina, che facilita la consultazione, la maschera consente non solo di effettuare la ricerca servendosi di una o più parole del testo, ma anche di restringere l'indagine in senso geografico (località antica o moderna) o cronologico, in base al tipo di monumento o al materiale impiegato, alla lingua, alla classe sociale, alle varie edizioni. Le iscrizioni finora consultabili sono 23.737, ma il loro numero è in costante aumento.

3.5.4. Epigraphic Database Bari (EDB) – Documenti epigrafici romani di committenza cristiana (secoli III-VIII)

L'esigenza di realizzare uno strumento informatico, che consentisse un'agevole consultazione dell'enorme patrimonio epigrafico raccolto nei dieci volumi già pubblicati delle *Inscriptiones Christianae Urbis Romae* (ICVR), ha portato alla creazione dell'Epigraphic Database Bari (EDB; www.edb.uniba.it), una banca dati federata sia con l'EDH che con l'EDR, nel quadro del progetto EAGLE (Electronic Archives of Greek and Latin Epigraphy; www.eagle-eagle.it). Attualmente contiene 25.625 documenti epigrafici, elaborati sulla base dell'edizione delle ICVR, dei quali 19.996 latini e 3.858 greci o con presenza contemporanea di vocaboli greci e latini, provenienti da Roma. La consultazione è possibile tramite una maschera di ricerca semplificata, aperta a tutti, e una maschera di secondo livello, che consente ricerche avanzate e accessibile dietro richiesta di iscrizione e rilascio di login e password.

3.6
I repertori prosopografici

3.6.1. *Prosopographia Imperii Romani* (PIR; PIR²)

Nata per iniziativa di Theodor Mommsen e dell'Accademia prussiana delle Scienze, la *Prosopographia Imperii Romani* prende in considerazione tutti i personaggi noti, di rango senatoriale e di rango equestre, insieme ai loro parenti, nonché gli imperatori e le loro famiglie, per un periodo che va dalla battaglia di Azio (31 a.C.) alla fine del III d.C. L'ordine col quale i personaggi sono presentati si basa sul gentilizio, in ordine alfabetico: di ognuno sono riportate le fonti che lo menzionano e vengono sinteticamente ricostruiti la vita, la carriera politica e militare, i legami di parentela. La lingua usata è il latino. Tra il

1897 e il 1898 l'opera venne pubblicata in tre volumi, curati da E. Klebs, H. Dessau e P. de Rohden (PIR). Nel 1915 si cominciò un'opera di revisione e di aggiornamento in base al progresso degli studi che portò a una seconda edizione profondamente mutata (PIR²); i volumi, curati da E. Groag, A. Stein, L. Petersen e K. Watchela, sono stati pubblicati fra il 1933 (lettere A e B) e il 1999 (lettere Q e R). Sul sito www.bbaw.de/bbaw/Forschung/Forschungsprojekte/pir/de/blanko.2005-02-17.2432643101 è possibile effettuare una ricerca nella banca dati. Quest'ultima comprende sia le voci aggiornate dei volumi finora pubblicati, sia le voci destinate a essere presentate nei volumi non ancora editi. La ricerca viene effettuata tramite una semplice maschera di ricerca, che richiede l'introduzione di un nome o di una parte (iniziale, centrale o finale) di esso. Inoltre, alcune integrazioni a PIR² (A-L) e a PIR (M-Z) sono in B. E. Thomasson, *Senatores procuratoresque Romani nonnulli quorum cursus honorum munerumve post volumina P.I.R. edita aut innotuerunt aut melius noti sunt quomodo rei publicae operam dederint breviter illustravit B.T.*, Göteborg 1975.

3.6.2. *The Prosopography of the Later Roman Empire* (PLRE)

The Prosopography of the Later Roman Empire (PLRE) rappresenta la continuazione cronologica della *Prosopographia Imperii Romani* ed è dedicata ai personaggi di rango del mondo romano vissuti dal 260 al 641 d.C., con esclusione degli ecclesiastici, in quanto questi sono raccolti nella *Prosopographie chrétienne du Bas-Empire*, I, Paris 1982, II, Roma 1999. È articolata in tre volumi a scansione cronologica: I (1971), dal 260 al 395; II (1980), dal 395 al 527; III (1992), dal 527 al 641.

Esistono poi numerosi altri repertori prosopografici, di carattere monografico, tra i quali segnalo, in ordine alfabetico, i seguenti (per un elenco completo rimando alla *Guide de l'épigraphiste*, Paris 2000, pp. 230-43):
– G. Alföldy, *Konsulat und Senatorenstand unter den Antoninen. Prosopographische Untersuchungen zur senatorischen Führungsschicht*, Bonn 1977;
– G. Barbieri, *L'albo senatorio da Settimio Severo a Carino (193-285)*, Roma 1952;
– T. R. S. Broughton, *The Magistrates of the Roman Repubblic*, I (509 b.C.-100 b.C.), New York 1951; II (99 b.C.-31 b.C.), New York 1952; III (Supplement), Atlanta 1986;
– M. Clauss, *Cultores Mithrae: die Anhängerschaft des Mithras-Kulte*, Stuttgart 1992 (riporta i nomi di tutti coloro che sono attestati nelle iscrizioni relative al culto del dio Mitra);
– S. Demougin, *Prosopographie des chevaliers romains julio-claudiens (43 av. J.-C.-70 ap. J.-C.)*, Rome 1992;
– H. Devijver, *Prosopographia militiarum equestrium quae fuerunt ab Augusto ad Gallienum*, Leuven, I-VI, 1976-2001;

- B. Dobson, *Die Primipilares: Entwicklung und Bedeutung, Laufbahnen und Persönlichkeiten eines römischen Offizierranges*, Köln-Bonn 1978;
- W. Eck, *Senatoren von Vespasian bis Hadrian. Prosopographische Untersuchungen mit Eischluß der Jahres- und Provinzialfasten der Statthalter*, München 1970;
- Th. Franke, *Die Legionslegaten der römischen Armee in der Zeit von Augustus bis Traian*, Bochum 1991;
- D. Kienast, *Römische Kaisertabelle. Grundzüge einer römischen Kaiserchronologie*, 2. Aufl., Darmstadt 1996 (dedicato agli imperatori e ai loro famigliari, da Augusto a Teodosio; è molto utile per datare le iscrizioni imperatorie, in quanto, oltre a indicare le date fondamentali del regno di ciascun imperatore, dalla salita al trono alla morte, fornisce, con chiare tabelle, la datazione dei consolati, delle attribuzioni della *tribunicia potestas*, delle acclamazioni imperiali);
- P. M. M. Leunissen, *Konsul und Konsularen in der Zeit von Commodus bis Severus Alexander, 180-235 n. Chr.: Prosopographische Untersuchungen zur senatorische Elite im römischen Kaiserreich*, Amsterdam 1989;
- F. Mora, *Prosopographia Isiaca*, Leiden 1990;
- C. Nicolet, *L'ordre équestre à l'époque républicaine (313-43 av. J.-C.)*, I (*Définitions juridiques et structures sociales*), Paris 1966; II (*Prosopographie des chevaliers romains*), Paris 1974;
- H. G. Pflaum, *Les carrières procuratoriennes équestres sous l'Haut-Empire romain*, Paris 1960-61;
- M.-Th. Raepsaet-Charlier, *Prosopographie des femmes de l'ordre sénatorial (Ier-IIe siècles)*, Louvain 1987 (da integrare con l'articolo in "Klio", 75, 1993, pp. 257-71);
- B. E. Thomasson, *Laterculi praesidum*, I-III, Gøteborg 1972-90 (da integrare con l'articolo in "Opuscula Romana", 20, 1996, pp. 161-75; contiene gli elenchi di tutti i governatori di provincia noti);
- T. P. Wiseman, *New Men in the Roman Senate. 139 b.C.-a.D. 14*, Oxford 1971.

3.7
I dizionari

Esistono due dizionari basati sui testi epigrafici; entrambi sono incompleti e la loro pubblicazione sembra essersi interrotta.

Il primo è G. N. Olcott, *Thesaurus linguae Latinae epigraphicae. A Dictionary of the Latin Inscriptions*, I (A-Aser), Rome 1904-12; II (Asturica-Avillinlanus), New York 1935; di carattere linguistico, si prefiggeva lo scopo di riportare e commentare tutte le parole che ricorrono nei testi epigrafici.

Il secondo è il *Dizionario epigrafico di antichità romane* (DE; DizEp). Fondato da Ettore De Ruggiero nel 1886, si proponeva «di rendere più stretti i legami tra lo studio dell'epigrafia latina e quello delle antichità romane». Vengono prese in considerazione solo le parole attestate nelle epigrafi, con l'esclusione dei nomi e dei cognomi, e accogliendo, fra i nomi propri, solo quelli geografici (città, popolazioni antiche, mari, fiumi, laghi), quelli di divinità e quelli degli imperatori e dei loro famigliari.

Sono finora usciti i volumi I-IV (*A-Lyttus*), 1886-1985 e i primi 17 fascicoli del V (*Ma-Mamma*), 1987-97.

3.8
Guide e risorse informatiche

Pubblicata la prima volta nel 1986 e giunta alla terza edizione (Paris 2000), la *Guide de l'épigraphiste. Bibliographie choisie des épigraphes antiques et médiévales* è un pratico strumento di lavoro perché propone un'ampia scelta di segnalazioni bibliografiche con un breve commento (2.608 nell'ultima edizione) relative alle iscrizioni greche e latine. Queste ultime sono suddivise in 11 sezioni, fra le quali segnalo la IV, dedicata alle iscrizioni latine fino all'epoca merovingia, la V, con i cataloghi dei musei, la VI, con le raccolte tematiche di iscrizioni latine e greche, e la VII, che presenta gli aggiornamenti alle grandi sillogi epigrafiche. La ricerca è facilitata dagli indici organizzati per autore, per località antiche e moderne e per termini significativi, indice questo che, essendo particolarmente dettagliato, è molto utile. Nell'ultima edizione si è tenuto conto anche delle risorse informatiche e delle pubblicazioni su supporto digitale. Dal 2001 sono apparsi nove supplementi che è possibile scaricare gratuitamente dal sito www.antiquite.ens.fr/txt/dsa-publications-guidepigraphiste-frhtm.

Per guanto riguarda le risorse informatiche, oltre ai siti fin qui ricordati, segnalo in particolare la sezione "fonti epigrafiche" della *Rassegna degli strumenti informatici per lo studio dell'antichità classica* (www.rassegna.unibo.it/epigrafi.html), dove si trovano numerosi link a decine di siti che si occupano in vario modo di epigrafia greca e latina, e il sito www.instrumentum-europe.org, del Groupe de travail européen sur l'artisanat et les productions manufacturées dans l'Antiquité, dove si può accedere a sezioni e link riguardanti anche l'*instrumentum inscriptum* (cfr. CAP. 9).

4
L'iscrizione come monumento

4.1
Dalla cava al monumento iscritto: la genesi delle iscrizioni lapidee

Ogni testo iscritto su pietra è frutto di un lungo lavoro che, attraverso varie fasi, segnate da faticosi interventi più o meno complessi, che richiedevano una notevole preparazione professionale, portava alla realizzazione dell'epigrafe, sintesi inscindibile, come si è detto, di monumento e documento. Conoscere tali momenti è importante non solo per approfondire alcuni aspetti dei processi produttivi nel mondo romano, e quindi della storia del lavoro, che, come ha scritto Gian Carlo Susini, è storia della cultura, ma, soprattutto, per poter correttamente inserire l'iscrizione nel contesto, cronologico e ambientale, che l'ha prodotta.

4.1.1. L'estrazione della pietra

I materiali lapidei, necessari a creare il supporto per l'iscrizione, sia nel caso dei pregiati calcari atti a essere levigati, come il marmo lunense o il proconnesio, sia nel caso dei numerosi calcari di origine locale o, ancora, degli altri litotipi di minore pregio, spesso di origine vulcanica ma ugualmente adatti a essere iscritti, come il travertino o la trachite, venivano estratti, in quasi ogni regione del mondo romano, in cave (*lapicaedinae*) coltivate a "cielo aperto" (a giorno o a gradini) o in galleria, scelte che dipendevano, come oggi, dalla posizione del sito, dalla profondità dei giacimenti, dal tipo e dalle proprietà dei materiali, dalla necessità di sprecare meno materiale possibile (cfr. FIG. 4.1).

Il sistema di coltivazione adoperato più spesso era l'estrazione a "cielo aperto": dopo la prospezione e i saggi per individuare la qualità e la consistenza del giacimento, si procedeva alla rimozione del manto di terra o di vegetali che lo ricopriva, quindi si esaminavano i piani di sedimentazione e delle loro inclinazioni e l'orientamento delle litoclasi, le fratture naturali prodottesi nella roccia, che nel gergo dei cavatori vengono chiamate "peli". Era un'operazione fondamentale, poiché dalla disposizione dei "peli" dipendeva l'orientamento del fronte della cava.

FIGURA 4.1
Le tecniche di coltivazione delle cave in età romana

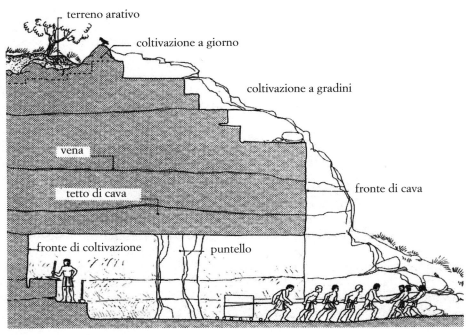

Fonte: Adam (1994, fig. 21).

Si procedeva poi all'estrazione della pietra, iniziando dalla testa del filone e procedendo dall'alto verso il basso, realizzando così dei terrazzamenti di facile accesso e creando sul fianco della montagna delle tagliate, dette *caesurae*, spesso di imponenti dimensioni. Nell'operazione di abbattimento dei blocchi si inserivano nei "peli", nei quali erano praticati alcuni profondi fori quadrangolari, dei cunei di legno secco, che venivano successivamente bagnati in modo che, gonfiandosi, provocassero il distacco dei blocchi dalla parete, distacco che poteva essere facilitato con l'introduzione di leve. Talora i cunei di legno erano sostituiti da cunei in ferro, oggi chiamati "punciotti", che venivano battuti con mazze fino a penetrare profondamente nei "peli" e provocare il distacco del blocco.

Se il giacimento era posto a una certa profondità o se si aveva l'intenzione di sfruttare una qualche cavità naturale, si ricorreva all'estrazione in galleria: il procedimento di distacco dei blocchi dalle pareti era sostanzialmente simile a quello praticato nelle cave a cielo aperto, anche se bisognava ricavare, all'interno della montagna, gallerie e cunicoli e aver cura di lasciare, a sostegno

FIGURA 4.2
Alcuni dei principali utensili impiegati nell'estrazione e nella lavorazione della pietra: 1. ascia bipenne; 2. piccone; 3. piccone con punta e taglio orizzontale; 4. mazzuolo; 5. subbia; 6. scalpello; 7. gradina; 8. sgorbia; 9. squadra

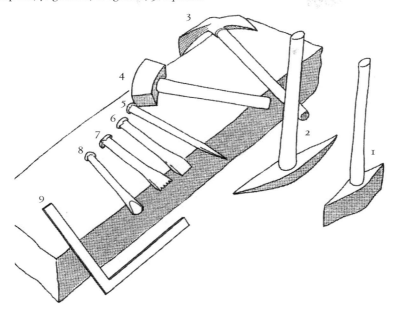

Fonte: Adam (1994, fig. 45).

della volta, dei piloni risparmiati nella roccia stessa. Di solito si preferiva non asportare i detriti di lavorazione, ma accumularli in settori già sfruttati e non più utilizzati.

Dopo l'estrazione, i blocchi venivano avviati sul piazzale di cava servendosi di rulli per i piani orizzontali e, forse, della "lizza", una slitta in legno frenata con funi e carrucole, per i piani inclinati; più rara era la possibilità che si utilizzasse il sistema della caduta lungo i pendii. Giunto sul piazzale di cava il materiale, che molto probabilmente era stato già estratto secondo moduli prestabiliti, subiva un primo lavoro di sbozzatura e di squadratura, destinato non solo a portare le misure alle eventuali specifiche richieste, ma anche a eliminare il peso inutile, che avrebbe inciso sui costi di trasporto.

La prima operazione consisteva nell'eliminare il materiale eccedente dalle superfici, servendosi di un particolare tipo di ascia a due penne uguali e poi di asce a taglio curvo. Ulteriori operazioni di rifinitura delle superfici venivano realizzate con mazza, scalpello e martellina (cfr. FIG. 4.2).

FIGURA 4.3
Nota di cava sulla testata di un blocco estratto dalle cave di Luni

Vi si legge: *Câes(aris) s(ervus). / CCCXLIIX*, ovvero la numerazione del blocco e l'indicazione del funzionario addetto, uno schiavo dell'imperatore.
Fonte: Dolci (1997, p. 21, fig. 8).

Sempre in questa fase si potevano ridurre le dimensioni del blocco per sezionatura, un procedimento che poteva essere realizzato con la sega, che per i materiali di una certa durezza, com'è il caso dei calcari, era costituita da un nastro privo di denti o da un filo di ferro che nel suo movimento trascinava sabbia mista ad acqua, oppure mediante cunei di ferro battuti con pesanti mazze. Inoltre, per consentire un più agile sollevamento dei materiali con gli argani o le gru, si ricavavano sulla superficie dei blocchi dei dadi sporgenti, detti "tenoni", ai quali venivano agganciate le funi, oppure si praticavano dei fori, le cui tracce rimangono evidenti su molti monumenti finiti, destinati a ospitare i *ferrei forfices*, o le olivelle. In questa fase, probabilmente, se non già nel momento stesso dell'estrazione, si contrassegnavano i blocchi, con vernice o con l'incisione a scalpello, con le "note di cava", destinate a fornire informazioni come il numero d'ordine del blocco, il settore della cava (*locus*), i nomi degli addetti all'estrazione o dei funzionari responsabili, il nome della cava e dell'ente proprietario (cfr. FIG. 4.3).

Talora già nell'ambito della cava o in officine specializzate che operavano nelle vicinanze, si procedeva alla semilavorazione o alla lavorazione pressoché

FIGURA 4.4
San Giorgio di Valpolicella (Verona), pieve romanica. Altare o cippo semilavorato, rinvenuto nell'ambito di una cava di calcare rosso ammonitico

Fonte: Buonopane (1987, p. 203).

completa dei materiali, come dimostrano i rinvenimenti nell'ambito delle cave non solo di elementi architettonici (colonne, capitelli, architravi) con un discreto grado di rifinitura, ma anche di monumenti destinati all'incisione, come cippi o altari.

Un'eccezionale testimonianza dei procedimenti di lavorazione e degli strumenti adoperati è costituita da un altare prelavorato e non finito, rinvenuto in una cava a San Giorgio di Valpolicella (cfr. FIG. 4.4): il blocco veniva squadrato e sagomato nelle sue parti fondamentali, servendosi di ascia, scalpello e squadra. Il fusto quadrangolare si otteneva definendo prima il piano lungo il perimetro mediante una scalpellatura a gradina, della quale si notano tracce evidenti, e abbassando la superficie all'interno della scalpellatura perimetrale, basandosi sul piano di quest'ultima. Superiormente e inferiormente si lasciavano due grosse bozze quadrangolari, dalle quali ricavare, con l'ausilio di pannelli o sagome, cimasa e zoccolo con le relative modanature, più o meno articolate, di raccordo al fusto. Tutta la superficie era poi trattata a martellina ed eventualmente rifinita a levigatura.

4.1.2. Gli addetti alla lavorazione della pietra

Nelle cave era attivo un vero e proprio cantiere (*officina*), diretto da un capocantiere (*officinator*), e strutturato in più squadre (*brachia*) corrispondenti ai fronti di taglio o alle gallerie. Gli operai avevano mansioni diverse e specializzate: vi erano i cavapietre (*exemptores*), gli addetti al taglio e alla segagione delle pietre e alla squadratura dei blocchi (*lapicidinarii, serrarii*), gli addetti alle macchine di sollevamento (*machinari*); nelle cave di proprietà imperiale tutto era posto sotto la responsabilità di un amministratore (*procurator*), che poteva essere un liberto dell'imperatore o, meno spesso, un funzionario appartenente all'ordine equestre, mentre in quelle appartenenti a una città, tali mansioni erano svolte da sovrintendenti delegati dai magistrati cittadini.

La condizione sociale del personale poteva essere estremamente varia: uomini liberi, schiavi e, nelle cave di proprietà pubblica, anche i condannati *ad metalla*, una delle pene più dure della legislazione romana che veniva inflitta alle persone di umile condizione che avessero commesso crimini particolarmente gravi e aberranti.

Nella maggior parte delle cave era presente anche una fucina per la fabbricazione e la manutenzione degli utensili.

4.1.3. L'officina epigrafica

Non sappiamo se esistessero officine specializzate esclusivamente nella realizzazione di monumenti iscritti o se le iscrizioni venissero realizzate nell'ambito di laboratori ove si lavorava genericamente la pietra; purtroppo, sia le due insegne di officine che conosciamo (cfr. FIGG. 4.5 e 4.6), sia i vocaboli latini che indicano le varie mansioni sono di poco aiuto.

Infatti vocaboli come *lapidecaesor, lapicida, lapidarius, marmorarius, sculptor*, oltre che essere poco attestati, si adattano sia a chi lavora genericamente i materiali lapidei, sia a chi vi incide dei testi, mentre anche i termini *epistaphista* e *quadratarius*, usati nel V secolo da Sidonio Apollinare (*Epistole*, I, 9,71 e III, 12,5), a una attenta analisi risultano anch'essi di carattere generico. Più calzante sembra invece esser il vocabolo *scriptor*, che ricorre nelle iscrizioni di propaganda elettorale dipinte sui muri di Pompei (cfr. PAR. 8.5.1 e Zaccaria, 2003, pp. 237-54), ma che per quanto riguarda le iscrizioni lapidee è attestato solo su un'epigrafe mutila di Roma, la cui lettura sembra abbastanza sicura: *Vitalis scri[ptor / ti]tulorum* (CIL, VI, 9557, cfr. *add.* p. 3470).

4.1.4. Le fasi della realizzazione di un monumento iscritto

La realizzazione di un monumento iscritto passava attraverso diverse fasi: la scelta del monumento, assai spesso fra pezzi prelavorati o semifiniti, da parte del committente; la proposta del testo da incidere, sempre ad opera del com-

FIGURA 4.5
Palermo, Museo archeologico nazionale. Insegna bilingue di un'officina lapidaria (CIL, X, 796 = IG, XIV, 297)

Vi si legge, in greco Στῆλαι ἔνθαδε τυποῦνται καὶ χαράσσονται ναοῖς ἱεροῖς σὺν ἐνεργείαις δημοσίαις e, in latino, *Tituli / heic / ordinantur et / sculpuntur / aidibus sacreis / cum operum publicorum* (!).

Fonte: Calabi Limentani (1991, p. 17, tav I).

FIGURA 4.6
Roma, Musei vaticani. Insegna di officina lapidaria (CIL, VI, 9556)

Vi si legge: *D(is) M(anibus). / Iitulos* (!) *scri/bendos vel, / si quid op[e]/ris marmor/ari opus fu/erit, hic ha/bes.*
Fonte: Di Stefano Manzella (1987, fig. 43).

FIGURA 4.7
Altino (Venezia), Museo archeologico nazionale. Stele prelavorata, pronta per ulteriori rifiniture e per accogliere l'iscrizione

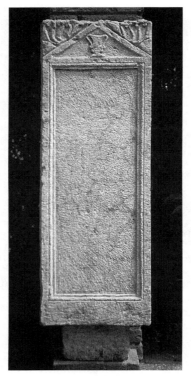

Fonte: Buonopane (1987, p. 205).

mittente, con la redazione di una minuta (*forma*; cfr. FIG. 4.9), approntata da quest'ultimo o da lui scelta consultando un prontuario o un album, oppure suggerita dal personale dell'officina; l'impaginazione del testo (*ordinatio*); l'incisione. Di queste, alcune erano essenziali, mentre altre potevano essere trascurate, per abbreviare i tempi e ridurre i costi.

La scelta del monumento

In ogni laboratorio, per esigenze produttive, doveva trovarsi un certo numero di monumenti già prelavorati, se non semifiniti, con le superfici sommariamente trattate e con le parti destinate a eventuali rilievi lasciate a bozza (cfr. FIGG. 4.7 e 4.13), che in seguito, a seconda del desiderio e della disponibilità economica del committente, potevano essere rifinite più o meno accuratamente.

Tale procedura, infatti, consentiva di accumulare una certa quantità di mo-

4. L'ISCRIZIONE COME MONUMENTO

numenti quasi pronti, che potevano essere realizzati nei "tempi morti" dei lavori in officina e aiutavano il cliente nella scelta. Probabilmente già in questa fase si provvedeva alla realizzazione dello specchio epigrafico, ovvero della parte del monumento riservata ad accogliere il testo e appositamente delimitata da cornici di varia fattura, da una semplice modanatura a listello e gola alle più raffinate cornici di tipo naturalistico, che imitavano modelli in bronzo. Diverse iscrizioni, poi, dimostrano che anche parti del testo, per lo più appartenenti al formulario di uso corrente, venivano incise in questa fase, com'è avvenuto per un altare dal *pagus* degli *Arusnates*, dove si vede chiaramente come la formula *v(otum) s(olvit) l(ibens) m(erito)* sia stata incisa da personale specializzato in una fase antecedente all'incisione del resto del testo (cfr. FIG. 4.8).

FIGURA 4.8
Verona, Museo archeologico al Teatro Romano (nr. inv. 22568). Ara con dedica a Vesta (CIL, V, 3919)

Vi si legge: *Vestae / Q(uintus) Cassius M(arci) f(ilius) / Varus / v(otum) s(olvit) l(ibens) m(erito)*. Si può notare il forte contrasto fra la formula VSLM, incisa regolarmente, e il resto del testo, tracciato disordinatamente da altra mano.
Fonte: Franzoni (1990, p. 78).

FIGURA 4.9
Minuta in corsivo incisa sul retro di una lastra funeraria, recante al diritto il testo definitivo inciso a solco triangolare in scrittura capitale (AE, 1985, 70)

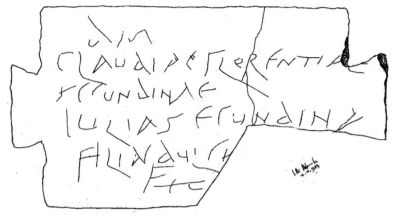

Vi si legge: *D(is) M(anibus)*. / *Claudiae Florentiae* / *Secundinae* / *Iulia Secundina* / *filiae dulcis[simae]* / *fec[it]*.
Fonte: apografo di I. Di Stefano Manzella, in Di Stefano Manzella (1987, fig. 153).

La proposta del testo

Scelto il monumento, si decideva il testo da incidere: le possibilità e gli interventi, sia del committente, sia del personale dell'officina, come si è detto po-c'anzi, erano vari; il fatto che in alcune classi di iscrizioni, come le funerarie, o in alcune aree geografiche, i formulari si ripetano con grande omogeneità ha fatto supporre l'esistenza di prontuari o di album, con una serie di esempi predisposti che si potevano facilmente adattare ai singoli casi. Si arrivava, comunque, alla redazione di un testo definitivo, che le maestranze dell'officina avrebbero provveduto a trasferire sulla pietra: per convenzione, i moderni la chiamano "minuta epigrafica", mentre i Romani, come ha dimostrato Di Stefano Manzella (1987, pp. 121-5), usavano il termine *forma*; di queste è rimasta qualche rara testimonianza, tra le quali, importantissima, quella riportata in FIG. 4.9.

L'impaginazione

Come si desume dall'insegna di Palermo (cfr. FIG. 4.5), l'azione di impaginare il testo, sia nella minuta, sia direttamente sulla pietra, era indicata con il verbo *ordinare*, dal quale si fa derivare il sostantivo *ordinatio*, che viene oggi convenzionalmente usato per indicare tale operazione; non è però possibile appurare se esisteva un operatore specializzato in questa fase, chiamato *ordinator*, o se, invece, impaginatore e incisore fossero la medesima persona.

L'impaginazione, che comportava la distribuzione armonica delle parole nello spazio disponibile, il calcolo delle distanze da interporre fra le righe e fra le parole, la posizione degli accapo e dei rientri delle righe, poteva essere "improvvisata" o "preordinata" (Di Stefano Manzella, 1987, p. 127); nel primo caso, l'operatore, sulla base della minuta, procedeva a occhio, confidando nella propria esperienza professionale, ma con il rischio di compiere gravi errori di valutazione, come dimostrano i numerosi esempi di iscrizioni con le lettere ammassate verso la fine della riga o incise addirittura sulla cornice dello specchio epigrafico. Nel secondo caso, procedeva a una serie di operazioni: tracciava dapprima a sgraffio con una punta acuminata – non si può nemmeno escludere in qualche caso l'uso del carbone, del gesso, del piombo o del colore – delle linee verticali che delimitavano la superficie atta a essere incisa (a volte si tracciava anche una linea centrale) e poi delle linee orizzontali, dette "linee guida", quasi sempre a coppia ("a binario"), che servivano per appoggiare le lettere. Quindi si procedeva al disegno del contorno delle lettere, a mano libera, o con l'ausilio di riga e compasso, con grande cura, come si può osservare in un'iscrizione funeraria da Este, che ha conservato sotto il testo iscritto le tracce nitidissime dell'*ordinatio* (cfr. FIGG. 4.10 e 4.60).

Oltre che riga e compasso si potevano anche impiegare delle sagome e del-

FIGURA 4.10
Este (Padova), Museo archeologico nazionale. Stele funeraria (SI, 537 = AE, 1988, 601)

Sono evidenti le tracce di *ordinatio*; si vedano, ad esempio, alla fine di r. 2 il disegno preparatorio della C e della S, oppure, in r. 3, il disegno preparatorio della S.
Fonte: Buonopane (1988, figg. 2, 3).

FIGURA 4.11
Ricostruzione di un kit di sagome e aste per tracciare le lettere e un esempio di come potevano essere applicate per ottenere più lettere in un'iscrizione da Cortemilia (Cuneo). Qui è possibile vedere che le V, le A e la M, così come le C, la O e la Q, sono state disegnate con la medesima sagoma

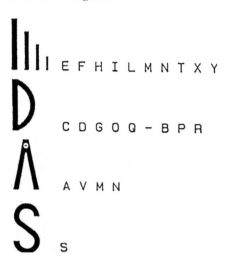

Vi si legge: Q(uinto) Valer/io C(ai) f(ilio) / Cam(ilia tribu) / v(ivus) f(ecit). / B(ene) v(aleas) l(ector) (?).
Fonte: Mennella (1993, figg. 5, 8).

le aste di lunghezza variabile, in legno o in altro materiale, che, adeguatamente posizionate, potevano essere usate per tracciare più lettere, come la V, la A e la M, oppure la C, la D, la O e la Q (Mennella, 1993, pp. 261-80; cfr. FIG. 4.11).

In alcuni casi il medesimo testo veniva impaginato e poi inciso sulle due facce opposte del supporto, specie quando si trattava di monumenti, come le basi di statua o gli altari, che spesso erano destinati a essere esposti in spazi aperti e a essere visibili da ogni lato. In tal caso il monumento viene definito "opistografo".

L'incisione

Si procedeva poi a incidere il testo, servendosi di mazzuolo e di scalpello, procedendo dall'alto verso il basso e dall'esterno verso l'interno, eseguendo volta per volta, con successivi passaggi, i tratti che formavano le singole lettere (aste e curve a semicerchio), con un'angolazione variabile dello strumento rispetto alla superficie (di solito e mediamente intorno ai 45°), in modo da ottenere un solco dalla sezione a V (sui vari tipi di solco cfr. PAR. 4.3.3), di profondità variabile, in base alla distanza che intercorreva fra le linee di contorno delle lettere (più questa è ampia più il solco tende a essere profondo).

Terminata questa operazione, si procedeva, eventualmente, alla colorazione del solco delle lettere, detta "rubricatura" (cfr. PAR. 4.3.5), per renderle più leggibili.

4.2
I tipi di monumento

Iscrizione e supporto costituiscono, come si è detto, un binomio inscindibile e quindi, se si vogliono evitare errori, spesso gravi, di interpretazione, vanno sempre esaminati insieme. Va inoltre tenuta presente la possibilità che un medesimo tipo di supporto possa servire per iscrizioni di genere differente: su un altare può essere incisa sia un'iscrizione sacra sia una funeraria, mentre un cippo quadrangolare può essere impiegato come segnacolo funerario, come base di statua o come termine. È perciò necessario da un lato esaminare con grande cura il testo iscritto per trarne ogni indicazione utile a individuarne la funzione e la destinazione e dall'altro raccogliere tutte le informazioni possibili sul contesto di provenienza del monumento.

Si presentano di seguito i monumenti iscritti più frequenti (un elenco completo e dettagliato è in Di Stefano Manzella, 1987, pp. 75-108).

4.2.1. Altare o ara

Anche se non sono sinonimi, i due termini vengono convenzionalmente impiegati per definire lo stesso genere di monumento, impiegato tanto nel culto agli dèi per celebrare sacrifici, elevare preghiere o, più frequentemente, per attestare lo scioglimento di un voto, quanto in ambito funerario per celebrare, durante le festività riservate ai defunti, i riti prescritti (cfr. FIG. 4.13). Viene posta in opera su una base quadrangolare, cui è unita da grappe metalliche, ma non mancano i casi in cui l'ara poggia su basamenti piuttosto articolati, spesso a gradini. Normalmente è composta da tre elementi, il fusto (di forma parallelepipeda, a sviluppo verticale o, più raramente, orizzontale, oppure cilindrica), lo zoccolo, che funge da base, e il coronamento, uniti al fusto da modanature (cfr. FIG. 4.12).

Di solito l'ara è monolitica, ma non mancano i casi in cui i tre elementi costitutivi (coronamento, fusto e zoccolo) sono stati eseguiti separatamente, anche in materiali diversi, e poi uniti insieme con perni o grappe metalliche. Vi sono anche are realizzate con un nucleo in conglomerato cementizio poi rivestito con lastre e cornici di marmo o di bronzo. Sulla parte superiore del coronamento si trova il *focus* (focolare), pianeggiante o incavato e spesso delimitato, sui lati lunghi, da due pulvini (la trasposizione in pietra dei due cu-

FIGURA 4.12
San Giorgio di Valpolicella (Verona), pieve romanica. Ara a fusto quadrangolare, con pulvini ai lati del *focus* (CIL, V, 3917)

Vi si legge: *Soli et Lunai / Q(uintus) Sertorius Q(uinti) f(ilius) / Festus, flamen*.
Fonte: Bassignano (1987, p. 331).

scini cilindrici in stoffa che, serrati da nastri al centro e alle estremità, da cui fuoriusciva un fiore, ornavano l'altare durante i riti); qui si accendeva, in bracieri portatili e non direttamente sulla pietra, la fiamma sacrificale. L'iscrizione compare sulla fronte dell'ara, di solito sul fusto, ma talora anche sullo zoccolo e sul coronamento; può essere inserita in una specchiatura delimitata da cornici, che si ripete anche sulle altre facce del fusto, oppure essere incisa su tutta la superficie.

In molti casi, le due facce laterali (e talora anche la fronte) presentano a rilievo gli strumenti impiegati nel sacrificio, come la patera, l'olpe, il coltello, la cassetta dell'incenso, oppure immagini della divinità (cfr. FIG. 4.14) o, ancora, scene relative ai riti praticati.

Singolare è il caso di alcune are, utilizzate nell'ambito del culto di Mitra, che hanno il fusto scavato all'interno e la fronte traforata, in modo da ottenere, durante i riti, suggestivi effetti luminosi inserendovi fiaccole o ceri accesi.

Un particolare tipo di altare, impiegato esclusivamente in contesto funerario, è l'ara ossuario, destinata a contenere i resti combusti del defunto; nel fusto si ricava una nicchia, chiusa da un coperchio, su cui può esservi l'*infundibulum*, l'apertura per far passare latte o vino o altre sostanze durante le prescritte libagioni.

4. L'ISCRIZIONE COME MONUMENTO

FIGURA 4.13
Santa Maria in Stelle (Verona), chiesa parrocchiale. L'ara funeraria dell'*alumna* Pomponia Aristoclia (CIL, V, 3706)

Il monumento non presenta nessuna differenza rispetto agli altari consacrati a divinità; si notino, inoltre, sul fianco destro sia la bozza rilevata, da cui si doveva ricavare un rilievo, poi non eseguito, sia l'incasso per la grappa metallica con cui doveva essere unita a una base.

Fonte: foto dell'autore.

FIGURA 4.14
Roma, Musei capitolini. La raffigurazione della matrona Claudia Quinta mentre trascina la nave che trasporta la statua della dea Madre sulla fronte di un'ara (CIL, VI, 492 = 30777)

Vi si legge: *Matri deum et Navisalviae / {salviae} voto suscepto / Claudia Synthyche / d(onum) d(edit)*.
Fonte: SupplIt Imagines, Roma, 1 nr. 8, 1-3.

FIGURA 4.15
Roma, Pantheon. L'epistilio con l'iscrizione M(arcus) Agrippa L(uci) f(ilius), co(n)s(ul) tertium, fecit (CIL, VI, 896)

M. Vipsanio Agrippa fu console per la terza volta il 27 a.C., ma l'iscrizione, come oggi la vediamo, risale al tempo di Adriano, che restaurò il monumento.

4.2.2. Architrave

Definito anche epistilio nella letteratura tecnica, è per lo più un monolite di forma parallelepipeda che poggia orizzontalmente su colonne o su pilastri in pietra, in muratura o in conglomerato cementizio rivestito con laterizi o con lastre in marmo; può, talora, essere anche composto da blocchi accostati e uniti fra loro da grappe metalliche (cfr. FIG. 4.15).

L'iscrizione, normalmente, compare sia nel fregio, sia nelle fasce sottostanti e non solo in monumenti pubblici di particolare importanza (archi, porte, templi, edifici pubblici), ma anche in edifici privati, soprattutto di carattere funerario. Talora può essere stata realizzata con un solco alveolato, destinato ad accogliere lettere metalliche (cfr. PAR. 4.3.3 e FIG. 4.50). Il genere dell'iscrizione è legato al tipo di monumento e al contesto in cui è inserito, per cui oltre a trovarsi su opera pubblica, può essere di carattere onorario, sacro, funerario.

4.2.3. Base

Di norma è destinata a sorreggere una statua, ma può sorreggere anche altri manufatti, talora a carattere votivo (e in questo caso è facile confonderla con un'ara); può poggiare su un basamento di altezza variabile, cui è solidale me-

FIGURA 4.16
Ordona (*Herdonia*), Foggia. La base della statua per la sacerdotessa di un'imperatrice (AE, 1967, 94 = Silvestrini, 1999, pp. 74-5)

Questo il testo: *Arreniae / Felicissimae, / sacerdoti / [[- - - - - / - - - - -]] / Aug(ustae), / L(uci) Arreni Men/andri fil(iae), coll(egium)/ iuvenum ob me/rita eius. / L(ocus) d(atus) d(ecreto) d(ecurionum). // Ded(icata) Kal(endis) Iun(is).*
Si notino le righe 4 e 5 scalpellate per effettuare la *damnatio memoriae* dell'imperatrice.

Fonte: Silvestrini (1999, p. 75).

diante l'uso di grappe metalliche. Il fusto è per lo più di forma parallelepipeda, a sviluppo verticale per le statue pedestri (cfr. FIG. 4.16) od orizzontale per statue equestri o gruppi scultorei, ma non mancano casi di forma cilindrica o troncopiramidale o prismatica.

Può essere monolitica, ma anche in conglomerato cementizio, poi rivestito di lastre in marmo o in bronzo. L'iscrizione si trova sulla fronte, riquadrata da una cornice, mentre anche le due facce laterali presentano delle specchiature. Sopra il coronamento spesso compaiono gli incassi in cui erano inseriti e bloccati con colatura di piombo fuso i tenoni di fissaggio delle statue.

FIGURA 4.17
Verona, anfiteatro. Blocco impiegato nelle strutture murarie, sul quale si è ricavata a rilievo una tabella ansata con il numero *XVII* (CIL, V, 3455), indicante uno dei punti di accesso all'edificio

Fonte: foto dell'autore.

4.2.4. Blocco

È un corpo monolitico di forma parallelepipeda impiegato in strutture murarie (cfr. FIG. 4.17), che può presentare un'iscrizione sulla faccia "a vista", soprattutto nei casi in cui sia inserito in un'arcata (di ponte, ad esempio), nella pavimentazione di un'area pubblica, come i fori, nella gradinata della cavea di un edificio per spettacoli, nel basamento di un altare, in un edificio funerario.

Se è inserito in strutture a pianta circolare, come nel caso dei sepolcri a tumulo, presenta andamento curvilineo sul piano orizzontale. A volte, in particolare quando è ancora posto in opera nel contesto originario, il blocco può essere confuso con la lastra (cfr. PAR. 4.2.8), da cui si distingue per lo spessore notevolmente maggiore.

4.2.5. Cinerario

Chiamato anche ossuario o urna nella letteratura specialistica e destinato a contenere le ceneri del defunto raccolte in un'olla o semplicemente deposte all'interno, il cinerario presenta un'estrema varietà di forme e di dimensioni. Si va infatti dai tipi più semplici, in pietra locale, a cassetta parallelepipeda o a fusto cilindrico scavato internamente, per lo più posti in opera all'aperto, chiusi da un coperchio che può andare dalla liscia lastra orizzon-

FIGURA 4.18
Urbana (Padova), municipio. Cinerario cilindrico, con base parallelepipeda e coperchio recante due leoni affrontati a una piramide

Il testo è: *Ossa // Sex(ti) Lolli Ti(beri) f(ili) /, Rom(ilia tribu), / signiferi leg(ionis) XI*.
Fonte: Bassignano (2001-02, p. 168).

tale all'elaborata stele architettonica con ritratti, a preziosi manufatti in marmo destinati a essere alloggiati all'interno degli edifici sepolcrali. Alcuni cinerari hanno forma cilindrica di grandi dimensioni, lisci o decorati (cfr. FIG. 4.18), mentre altri, di piccole dimensioni, riproducono in pietra una cesta in vimini.

A Roma sono molto diffusi dei cinerari prodotti in grande serie, che hanno forma di cassetta e coperchio a doppio spiovente: sono decorati con proto-

FIGURA 4.19
Colonia, collezione privata. Cinerario a cassetta, con coperchio a doppio spiovente, proveniente da Roma (CIL, VI, 14008)

Vi si legge: *D(is) M(anibus). Caesiae / Libadi fec(it) / b(ene) m(erenti) M. Ulpius / Ianuarius uxor(i) / karissimae et si(bi).*
Fonte: Sinn (1987, tav. 32, d).

mi di ariete e ghirlande e con altre raffigurazioni connesse con le credenze funerarie (cfr. FIG. 4.19); altri ancora riproducono, in marmi pregiati, raffinati vasi in metallo prezioso.

In questo tipo di monumento l'iscrizione può essere sia in campo aperto, sia in uno specchio delimitato da cornici, sia in una tabula ansata.

4.2.6. Cippo

Il termine designa un monumento polifunzionale, caratterizzato da sviluppo verticale o, più raramente, orizzontale, che trova impiego in ambiti diversi:
– funerario, per contrassegnare la presenza di una sepoltura o di un recinto funerario; in questo caso sul cippo possono comparire oltre al nome del defunto o dei defunti, ma anche separatamente o indifferentemente da questi, le dimensioni del sepolcro (cfr. FIG. 4.20); talora in letteratura vengono definiti

FIGURA 4.20
Verona, Museo lapidario maffeiano (nr. inv. 28408). Cippo funerario proveniente dal territorio di Rovigo con l'indicazione delle misure del sepolcro (CIL, V, 2454)

Vi si legge: *In fr(onte) / p(edes) XXXX / retr(o) / p(edes) XXXX*.
Fonte: ALEUVR.

cippi alcune stele di forma parallelepipeda che recano le misure di un sepolcro: un criterio per distinguere stele e cippo è dato dallo spessore, limitato nelle stele, pari o di poco inferiore alla larghezza nel cippo;
– sacro, per indicare l'appartenenza di un luogo o di un edificio o di un manufatto a una divinità o a un contesto cultuale;
– segnaletico, per indicare il possesso di un fondo, un diritto di transito concesso nelle sue varie forme, o il suo divieto (cfr. FIG. 4.21), il passaggio di un confine o di una strada, la presenza di un manufatto stradale, come un ponte, l'esistenza di una suddivisione agraria. In quest'ambito sono da segnalare i cippi cosiddetti graccani, che rappresentano un'interessante testimonianza dell'attività dei *triumviri agris dandis adsignandis* creati con la

FIGURA 4.21
Vicenza, collezione da Schio. Cippo indicante l'esistenza di una *via privata* (CIL, V, 3159 = AE, 2000, 592)

Vi si legge: *Via priv(ata) / P(ubli) (et) C(ai) Atilio/rum*.
Fonte: foto dell'autore.

legislazione di Tiberio Gracco (cfr. FIG. 4.22), e i cippi gromatici, solitamente di forma parallelepipeda, con una croce incisa nella parte superiore, che segnalano, nell'ambito di una centuriazione, l'incrocio di un *kardo* con un *decumanus*, riportandone il numero e la posizione nell'ambito del reticolato.

Talora non è facile distinguere un cippo da un altare, specie quando quest'ultimo reperto sia stato segato o mutilato per un reimpiego e quindi non siano più individuabili gli elementi caratteristici, come il coronamento o i pul-

FIGURA 4.22
Atena Lucana (Salerno). Cippo graccano del 131 a.C. (CIL, I², 639 = ILLRP, 470 = *InscrIt*, III, 1, 277)

Sulla sommità compare la figura gromatica indicante l'incrocio fra *kardo* e *decumanus* per posizionare correttamente il cippo. Lungo una delle due linee vi è l'iscrizione *d(ecumanus)*. Sul corpo si legge: *C(aius) Sempronius Ti(beri) f(ilius), / Ap(pius) Claudius C(ai) f(ilius), / P(ublius) Licinius P(ubli) f(ilius) / IIIvir(ei) a(gris) i(udicandis) a(dsignandis)*. Sul lato opposto – qui non visibile – dall'alto in basso: *k(ardo) VII*.

Fonte: InscrIt, III, 1, 277.

vini; in tal caso può essere d'aiuto l'analisi del testo e la sua destinazione, e la presenza o meno di apparato decorativo di carattere sacro.

4.2.7. Supporto di erma

L'erma è una testa o un busto, in bronzo o in pietra, che poggia su un supporto troncopiramidale rovesciato o parallelepipedo, di solito inserito in una base o parzialmente interrato oppure tra due transenne; il nome deriva dal fatto che in origine il ritratto raffigurava il dio Hermes, cui era consacrata. Considerata di valore apotropaico, come dimostra la frequente presenza di un fallo eretto (erma itifallica), spesso scalpellato in età moderna, in epoca romana era collocata all'aperto in vie, giardini, palestre o all'interno di abitazioni

FIGURA 4.23
Verona, Museo lapidario maffeiano (nr. inv. 28431). Supporto di erma, rinvenuto a Brescia e dedicato al *Genius* e all'*Honos* di tre seviri augustali (CIL, V, 4449 = *InscrIt*, X, V, 238 = AE, 2004, 161)

Vi si legge: *Gen(io) / et Hon(ori) / Primi Pam/pili* (!) *Secundi / et L(uci) Atili / Exorati, / VIvir(orum) Aug(ustalium) duorum), êt / M(arci) Vettidi / Aquilei[e](n)sis, / VIvir(i) Aug(ustalis) / quinquen(nalis), / êt inomnib(us)* (!) *coll(egiis) / magisterio per/functus, d(atis) intutel(am)*(!) */ HS n(ummis) M, [P]o[b(licius?) A]rtemi/sius qui et [- - -]asco, / Ortensius Firmian(us), / Valerius Surian(us) et / Publilius Vitalis et / Adiacius Primian(us), / qui magister(io) eor(um) / offic(io) functi sunt. / Magistri s(upra) s(cripti), titu/lo honoris usi, / datis in tutelam / HS n(ummis) M, / ut ex usur(is) eor(um) / quodann(is) die / III Id(us) April(es) per / officiales sa/crificetur et / oleo et prop(inatione) / dedicaver(unt).*

Fonte: *InscrIt*, X, V, 238.

private o di associazioni professionali e poteva raffigurare divinità, filosofi, personaggi storici, ma anche individui comuni. Spesso è dedicata al *Genius* di privati cittadini (cfr. FIG. 4.23).

L'iscrizione compare sulla fronte del supporto e può avere funzione di didascalia, se si tratta di un personaggio celebre, oppure riportare il nome e la carriera nel caso di un privato.

4.2.8. Lastra

Elemento di solito monolitico, di spessore ridotto, la lastra può essere posta in opera all'esterno o all'interno degli edifici, inserita sulla parete, con grappe o perni (cfr. FIG. 4.24), o collocata sul pavimento.

FIGURA 4.24
Roma, mausoleo di Cecilia Metella. Lastra curvilinea inserita nelle strutture murarie dell'edificio (CIL, VI, 1274 = 31584)

Vi si legge: *Caeciliae / Q(uinti) Cretici f(iliae) / Metellae Crassi* (scil. *uxori*).
Fonte: foto dell'autore.

FIGURA 4.25
Verona, Museo lapidario maffeiano (nr. inv. 28471). Lastra proveniente da Roma, con iscrizione racchiusa in una *tabula ansata* (CIL, VI, 9515, cfr. p. 3895)

Vi si legge: *P(ublius) Cornelius Celadus / librarius ab extr(a) porta / Trigemina. Vix(it) an(nos) XXVI.*
Fonte: ALEUVR.

Viene inoltre utilizzata per rivestire altari e basi in pietra, in laterizio o in conglomerato cementizio, o per chiudere o coprire la chiusura della nicchia di un colombario.

L'iscrizione può comparire in campo libero oppure in uno specchio delimitato da una cornice a rilievo o da graffiti. Talora sui lati corti dello specchio compaiono due anse, per lo più triangolari con vertice verso l'interno, a imitazione delle tavole in metallo (*tabula ansata*; cfr. FIG. 4.25).

Nell'esaminare una lastra bisogna, ai fini della corretta interpretazione del monumento e, quindi, dell'iscrizione, anche considerare la possibilità che non si tratti di una lastra vera e propria, bensì della parte frontale di un altro tipo di monumento, un sarcofago, ad esempio, o un'ara, segata in età antica o moderna in vista di un reimpiego o di una sua collocazione museale; nei casi in cui fosse ancora posta in opera, invece, bisogna prestare attenzione a non confonderla con un blocco (cfr. PAR. 4.2.4), da cui si distingue per il limitato spessore.

4.2.9. Mensa

Si tratta di un ripiano in pietra, di forma quadrangolare o circolare, posto in opera orizzontalmente su due supporti detti trapezofori, spesso rifiniti con pregevoli bassorilievi. L'iscrizione, che può essere di contenuto funerario o sacro, può essere incisa sulla superficie o lungo il bordo. In alcuni casi i due

FIGURA 4.26
Verona, Museo lapidario maffeiano (nr. inv. 28544). Mensa podiale da Roma (CIL, VI, 7930)

Vi si legge: *D(is) M(anibus) Seriae Tryphae/nae Q(uintus) Cosconius / Crescens / coniugi b(ene) m(erenti) fec(it)*.
Fonte: ALEUVR.

supporti sono uniti da una lastra verticale su cui compare l'iscrizione oppure possono essere iscritti essi stessi sui due lati interni.

Un tipo particolare di mensa, impiegata in ambito funerario, è la mensa podiale, posta orizzontalmente a chiusura di un bancone contenente le urne con le ceneri dei defunti; sulla superficie compare l'*infundibulum* per le libagioni rituali (cfr. FIG. 4.26).

4.2.10. Miliario

Detto anche pietra miliare o cippo miliario, il miliario, il cui nome deriva da *milia passuum*, ha, almeno in origine, lo scopo di indicare ai viaggiatori le misure, espresse in miglia romane (1 miglio = 1.480 metri circa), delle distanze fra due località oppure della distanza già percorsa a partire dal luogo di par-

FIGURA 4.27
Bologna, Museo civico archeologico. Il miliario della via Emilia con il nome di M. Emilio Lepido, console nel 187 a.C., che la tracciò da Piacenza a Rimini (Livio, XXXIX, 2, 10: *viam* [...] *a Placentia* [...] *Ariminum perduxit*). Vi sono indicate le distanze del miliario da Roma e da Bologna, quest'ultima probabilmente aggiunta in un secondo momento (CIL, XI, 6642 = I², 617 = ILLRP, 450)

Vi si legge: M(arcus) Aemilius M(arci) f(ilius), M(arci) n(epos), / Lepidus co(n)s(ul) / CCLXIIX, XV.
Fonte: *Imagines*, 189.

FIGURA 4.28
Adria, Museo archeologico nazionale. Miliario in forma di tabella appartenente alla strada fatta tracciare da P. *Popillius Laenas*, console nel 132 a.C. (CIL, V, 8007 = I², 637 = ILLRP, 453 = AE, 2002, 512)

Vi si legge: *P(ublius) Popillius C(ai) f(ilius) / co(n)s(ul) / LXXXI.*
Fonte: *Imagines*, 191.

tenza oppure, ancora, della distanza che restava da percorrere per raggiungere la città più vicina: *intervalla viae fessis praestare videntur / qui notat inscriptus millia crebra lapis* scrive Rutilio Namaziano (*Il ritorno*, II, 7-8). Vi compare, al nominativo, il nome del magistrato che ha curato la realizzazione della strada o il suo restauro. Col tempo il miliario perse in gran parte la sua funzione di indicatore stradale per trasformarsi in uno strumento della propaganda imperiale: in questo caso il nome dell'imperatore è in dativo e il miliario diviene un vero e proprio monumento onorario. La forma principale è quella cilindrica o troncoconica (cfr. FIGG. 4.27 e 4.29), a volte con un significativo sviluppo in altezza, ma non mancano i casi di miliari a forma parallelepipeda o di lastra (cfr. FIG. 4.28).

4. L'ISCRIZIONE COME MONUMENTO

Possono essere infissi direttamente nel terreno oppure essere inseriti in una base in pietra. In età tarda, quando le sostituzioni di miliari divengono frequenti per i motivi propagandistici cui accennavo poc'anzi, si impiegano o si reimpiegano, come supporto, colonne originariamente destinate o appartenenti a edifici. L'iscrizione, che nei manufatti di migliore fattura può essere inserita in uno specchio epigrafico corniciato, compare di solito in campo aperto. In alcuni casi l'iscrizione non era incisa, ma dipinta (Rebuffat, 1995, p. 25), quindi non deve stupire il fatto che molti miliari non rechino l'indicazione delle miglia, forse apposta con vernice al momento della posa in opera. I miliari di età tarda possono presentare casi di iscrizione reincisa per modificarne il testo, oppure di iscrizioni plurime, spesso sull'estremità opposta e capovolta, oppure sul retro, segno di un ripetuto reimpiego del supporto da parte di imperatori diversi.

FIGURA 4.29
San Lorenzo/Sankt Lorenz (Bolzano/Bozen). Miliario con l'iscrizione di M. Opellio Macrino e di M. Opellio Diadumeniano (CIL, III, 5728 = XVII, 148)

Vi si legge: *Imp(erator) Caes(ar) / M(arcus) Opellius Severus / Macrinus pius, felix / Aug(ustus), pont(ifex) max(imus), trib(unicia) p(otestate) II, / p(ater) p(atriae), co(n)s(ul), proco(n)s(ul) et M(arcus) / Opellius Antoninus / Diaduminianus* (!), / *nobiliss(imus) Caes(ar), / princ(eps) iuvent(utis), / providentissimi Aug(usti duo) fece(runt). / Ab Ag(unto) m(ilia) p(assuum) / LVI.*

Fonte: ALEUVR.

4.2.11. Sarcofago

Destinato ad accogliere il corpo di un defunto, il sarcofago si articola in due elementi: cassa e coperchio. La cassa ha forma parallelepipeda, può essere monolitica oppure realizzata accostando quattro lastre verticali di adeguato spessore. Può essere priva di decorazioni oppure presentare un apparato figurativo (a bassorilievo o ad altorilievo) anche molto complesso, che si dispiega sulla fronte o sulla fronte e sui lati (meno frequentemente anche sul retro). L'iscrizione compare di norma sulla fronte, inserita in una specchiatura, talora conformata a *tabula ansata* (cfr. PAR. 4.2.8), a volte sorretta da eroti funerari (cfr. FIG. 4.30). In alcuni casi, l'interno della cassa presenta bassorilievi o nicchie per accogliere elementi del corredo od offerte rituali. Rari sono i casi di casse destinate ad accogliere i corpi di due individui (sarcofago bisomo). Il coperchio presenta foggia e dimensioni molto varie, dalla lastra incastrata o appoggiata e fissata con grappe metalliche a quella a doppio spiovente, a forma di tetto, su cui sono riprodotti le tegole e i coppi con acroteri agli angoli; talora sul coperchio compare la raffigurazione del defunto adagiato sul letto funebre; ritratti dei defunti possono essere scolpiti anche negli acroteri (cfr. FIG. 4.30).

FIGURA 4.30
Treviso, Museo civico. Sarcofago a cassa con tetto a doppio spiovente; agli angoli acroteri con i ritratti dei defunti; l'iscrizione è incisa in una *tabula ansata* sorretta da due eroti (AE, 2002, 553)

Vi si legge: *D(is) M(anibus) s(acrum). P(ublio) Acculeio Apo / lausto, marito be / nemerenti, Accu / leia Zosime fecit et / sibi.*
Fonte: Galliazzo (1982, p. 225).

4. L'ISCRIZIONE COME MONUMENTO

Non molto frequenti sono i sarcofagi di dimensioni ridotte, per cui si pone, talora, il problema se non si tratti piuttosto di cinerari (cfr. PAR. 4.2.5) o di osteoteche. Poiché in età medievale e moderna i sarcofagi sono stati reimpiegati per la sepoltura di santi o di personaggi illustri, non sono rari i casi in cui l'iscrizione di epoca romana sia stata scalpellata oppure sostituita o affiancata da una più recente: per tale motivo, in fase di autopsia, bisogna prestare particolare attenzione all'individuazione, anche con l'uso della luce radente, di tali testimonianze.

4.2.12. Stele

Con questo termine, traslitterato dalla lingua greca, poiché non esiste il corrispondente in latino e in italiano, si indica uno dei più diffusi monumenti funerari, costituito da una lastra di spessore non elevato e a sviluppo verticale,

FIGURA 4.31
Innsbruck, Tiroler Landesmuseum Ferdinandeum. Stele centinata proveniente da Riva del Garda (Brescia; *InscrIt.*, X, V, 1077)

Vi si legge: *L(ucio) Tinnavio / Robiae, Viviro / Brixiae, / L(ucius) Tinnavius Quart(us) / et Lubiamus filii / fac(iundum) cur(averunt)*.
Si noti il massiccio dente d'incasso nella parte inferiore del monumento.
Fonte: *InscrIt*, X, V, 1077.

FIGURA 4.32
Stele architettoniche "a pseudoedicola": tipologia base

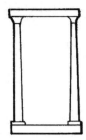  

Fonte: Pflug (1989, tav. II).

FIGURA 4.33
Campalano di Nogara (Verona), chiesa parrocchiale. Stele architettonica "a pseudoedicola", con i ritratti dei due defunti, inserita nella facciata della chiesa (CIL, V, 3783)

Vi si legge: *L(ucius) Truttedius / P(ubli) f(ilius) Pub(lilia tribu) sibi et / Secundae / Baebiae C(ai) f(iliae) / v(ivus) f(ecit)*.
Fonte: foto dell'autore.

destinato a essere infisso nel terreno o direttamente, facendo spesso passare attraverso un foro pervio praticato nella parte inferiore un elemento stabilizzatore, oppure inserendo un dente d'incasso, ricavato nella parte inferiore, in una base di pietra, di laterizi o di conglomerato cementizio (cfr. FIG. 4.31).

FIGURA 4.34
Esempi di stele rettangolare semplice (*a*), centinata (*b*), a cuspide (*c*)

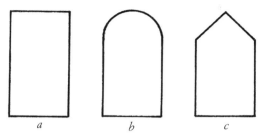

a *b* *c*

Fonte: Pflug (1989, tav 1).

FIGURA 4.35
Verona, Museo lapidario maffeiano (nr. inv. 28350). Stele centinata con acroteri da Peschiera del Garda (CIL, V, 4018 = CLE, 203)

Vi si legge: *Septumiae L(uci) l(ibertae) / Severae / L(ucius) Poblic(ius) Abascañt(us). / Pro meritis parum, / pro facultate satis.*
Fonte: ALEUVR.

In alcuni casi essa è incastrata in un recinto funerario, agli angoli della balaustra o al suo interno, oppure addossata a una parete, all'interno di un edificio, e fissata con grappe o perni. La tipologia è estremamente varia e articolata, ma si possono individuare due gruppi principali.

Il primo è costituito dalle stele architettoniche, dette "a pseudoedicola" (cfr. FIG. 4.32). Queste sono spesso di dimensioni notevoli e possono recare in apposite nicchie i ritratti dei defunti (cfr. FIG. 4.33) e, nella parte inferiore, scene ispirate alla vita quotidiana o all'attività che il defunto esercitava in vita,

FIGURA 4.36
Adria (Rovigo), Museo archeologico nazionale. Stele antropomorfa

Vi si legge: T(iti) Sagareni / M(arci) f(ili); si notino alla fine di r. 1 le due lettere nane N e I sovrapposte, incise per ovviare a un errato calcolo dello spazio disponibile da parte del lapicida.
Fonte: Bonomi, Sigolo (2006, p. 15).

oppure raffigurazioni che si richiamano alle credenze funerarie. Talora sono impiegate come copertura di cinerari a cassetta (cfr. PAR. 4.2.5).

Il secondo gruppo è costituito dalle semplici stele rettangolari, talora terminanti con una centina o una cuspide (cfr. FIG. 4.34), a volte affiancate da acroteri, non decorate o con apparato figurativo ridotto e spesso assai schematico (cfr. FIG. 4.35).

In alcune aree, come in Campania o in Veneto, nel territorio di *Atria* (Adria, Rovigo), la stele può assumere aspetto antropomorfo (cfr. FIG. 4.36), talora con la capigliatura sommariamente scolpita sul retro.

L'iscrizione, che compare di solito sulla fronte della stele, può essere incisa all'interno di uno specchio delimitato da cornice, che può essere molto semplice, a listello o a listello e gola, oppure piuttosto ricercata, con *kymatia* ionici o lesbii, che imitano gli esemplari in metallo. Spesso la medesima cornice dello specchio epigrafico circonda anche tutto il profilo anteriore della stele e anche, nel caso delle stele architettoniche, alcuni elementi, come il timpano. In letteratura queste stele sono definite "corniciate" (tedesco *profilgerahmte*) (cfr. FIG. 4.37).

FIGURA 4.37
Esempi di stele "corniciate"

Fonte: Pflug (1989, tav. III).

In alcuni casi la stele presenta uno specchio epigrafico "aperto", ovvero ha la cornice priva del lato inferiore; questo fenomeno può essere legato alla necessità, da parte dell'officina epigrafica o del committente, di riservarsi la possibilità di aggiungere altri elementi del testo in momenti successivi, un fenomeno che si verifica talora anche in quelle iscrizioni delimitate da uno specchio epigrafico chiuso, dove l'iscrizione viene incisa nella parte alta, lasciando al di sotto molto spazio vuoto.

FIGURA 4.38
Padova, Museo civico. Uno dei *termini* che segnavano il confine fra il territorio dei *Patavini* e quello degli *Atestini*, posti nel 141 o, meno probabilmente, nel 116 a.C. (CIL, V, 2492, cfr. p. 922 = I², 634 = ILLRP, 476, cfr. *add*. p. 333)

Il testo, inciso nel senso dell'altezza, è: *L(ucius) Caicilius Q(uinti) f(ilius) / pro co(n)s(ule) / terminos / finisque ex / senati consolto / statui iusit inter / Patavinos / et Atestinos.*

Fonte: ILLRP, *Imagines*, 201 a-b.

4.2.13. Termine

Ha la funzione di segnalare la presenza di un confine tra proprietà pubblica e proprietà privata, fra due o più proprietà private, fra aree appartenenti a comunità limitrofe (cfr. FIGG. 4.38 e 8.37). La forma è varia (parallelepipeda, troncoconica, cilindrica) e non mancano i casi in cui l'iscrizione è stata tracciata su un masso o su una parete rocciosa, proprio là dove passa il confine. Talora in bibliografia vengono confusi con i cippi che segnalano l'estensione di un'area funeraria o con i cippi che indicano servitù di passaggio o, ancora, con i cippi gromatici (cfr. PAR. 4.2.6).

4.2.14. Le iscrizioni su metallo

La genesi delle iscrizioni su metallo, bronzo soprattutto, di carattere ufficiale o sacro (per quelle di carattere magico o commerciale su altri metalli come il piombo, cfr. PARR. 8.1.2 e 9.8) è in parte diversa, soprattutto nella fase di incisione. Fatta eccezione per i casi in cui anche il testo è stato ricavato durante il procedimento di fusione, come la celebre tavola contenente l'ultima parte della *lex de imperio Vespasiani* (CIL, VI, 930 = 31207 = AE, 2005, 165) (cfr. FIG. 8.36), normalmente si impiegavano lastre di bronzo, ricavate mediante fusione e probabilmente prodotte in grande serie, su cui si tracciavano "a sgraffio" sottili linee guida, che servivano per appoggiare le lettere. Queste venivano realizzate con un bulino, attenendosi a una minuta con il testo già impaginato

FIGURA 4.39
Trento, Museo del Castello del Buonconsiglio. Parte superiore della tavola in bronzo con l'editto di Claudio, nota come "tabula Clesiana" (CIL, V, 5050)

Si notino l'impaginazione "paragrafata", ovvero allineata a sinistra con il rientro del testo rispetto alla prima riga di ogni paragrafo, le incertezze nella distribuzione delle parole nello spazio disponibile e qualche esitazione nell'esecuzione di alcune lettere.

Fonte: Chisté (1971, fig. 108).

FIGURA 4.40
Trento, Museo del Castello del Buonconsiglio. Piccola base di statua con lettere incise con la tecnica della punteggiatura (*SupplIt*, 6, pp. 217-8, nr. 7)

Vi si legge: *C(aius) Cassius / Valens / v(otum) s(olvit) l(ibens) m(erito)*. Si noti che in r. 3 chi ha eseguito le lettere ha provato a riunire i puntini con un solco a bulino, rinunciandovi poi, forse per l'effetto poco gradevole.
Fonte: *SupplIt*, 6, nr. 7.

(come dimostra l'allineamento a sinistra e l'uso dei rientri presente in molte iscrizioni di questo genere), ma procedendo a mano libera, apparentemente senza una fase preparatoria, come dimostrerebbe sia il fatto che spesso le lettere sono via via più fitte verso la fine della riga, sia la presenza di numerosi errori non sempre emendati (cfr. FIG. 4.39).

In monumenti di carattere non ufficiale, soprattutto su quelli destinati ad ambiti sacri, come basi di statuette votive o armi (la corazza di Faleri, ad esempio: AE, 1991, 312), le lettere potevano essere incise con la tecnica a punti, di più facile esecuzione, realizzandole con un bulino o un punzone (cfr. FIG. 4.40).

4.3
Scrittura e tecniche di scrittura

4.3.1. L'alfabeto delle iscrizioni

Fino alla metà del I secolo a.C. l'alfabeto latino era costituito da 21 lettere, come ricorda anche Cicerone (*La natura degli dèi*, II, 93: *innumerabiles unius et viginti formae litterarum*), con la seriazione ABCDEFGHIKLMNOPQRSTVX, che

FIGURA 4.41
Pompei. Alfabetario con le 21 lettere canoniche, graffito sulla parete di un edificio (CIL, IV, 5487)

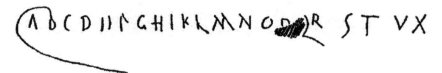

Fonte: CIL, IV, 5487.

rimase quella tradizionale per un lungo periodo, dato che è attestata anche dai numerosi alfabetari graffiti su laterizi, su ceramica e soprattutto sui muri di Pompei (cfr. FIG. 4.41) e che ancora Quintiliano (*Istituzione oratoria*, I, 4, 9) scrive: x *nostrarum litterarum ultima*.

Nell'uso epigrafico, però, fin dagli inizi del I secolo a.C., con la sempre più massiccia introduzione di vocaboli e di nomi greci, si inserirono due nuove lettere, la Y e la Z, che nella serie alfabetica furono collocate dopo la X. Nel 47-48 d.C. l'imperatore Claudio, in qualità di censore (Tacito, *Annali*, XI, 13), introdusse tre lettere del tutto nuove, dette "lettere claudiane": un digamma inverso, simile a una F capovolta e retroversa, per indicare la V semivocalica in parole come *alveus, uiuus, uulnus* (cfr. FIG. 4.45); un segno simile a una H priva della seconda asta per indicare l'oscillazione di suono fra *i* e *u*, come in *maxumus/maximus, optumus/optimus*, ma che di fatto, almeno nelle iscrizioni, sostituì la Y; un segno detto antisigma, probabilmente simile a un C retro-

FIGURA 4.42
L'evoluzione grafica delle lettere dell'alfabeto latino dai secoli IV-III a.C. (*a*) ai secoli III-II (*b*), II-I (*c*) e I a.C. (*d*)

Fonte: Muess (1989, p. 10 con modifiche).

verso (ovvero alla lettera S dell'alfabeto greco, detta "sigma lunato", inverso), per esprimere i suoni *bs* e *ps*. L'uso di queste lettere – solo le prime due sono attestate nelle epigrafi – non andò oltre la morte di Claudio (54 d.C.).

4.3.2. La scrittura capitale e la scrittura corsiva

Nelle iscrizioni si possono trovare due tipi di scrittura, la capitale e la corsiva.

La prima, che è tipica dell'epigrafia monumentale, ma non solo, trae il suo nome – di origine moderna – dal fatto che in seguito venne impiegata per disegnare nei manoscritti le lettere iniziali (*capita*) di una pagina o di un capitolo; è una scrittura "posata", ovvero frutto di un'azione dello scrivere lenta e accurata, che si attiene a regole e a schemi precisi e codificati, con l'uso di appositi strumenti (cfr. PAR. 4.3.3), che si sviluppa gradualmente dal IV secolo a.C. fino all'età augustea (cfr. FIGG. 4.42 e 4.43).

Ne risultano lettere armoniche, con tendenza alla geometrizzazione delle forme, con angoli retti e con regolare proporzione fra altezza e larghezza, con eleganti apicature (cfr. PAR. 4.3.4) e ricerca di gradevoli effetti chiaroscurali (cfr. PAR. 4.3.4), lettere che, soprattutto in età augustea, possono essere idealmente inserite in un quadrato, tanto da essere definite *litterae quadratae* (così Petronio, *Satyricon*, 29: *quadrata littera scriptum* CAVE CANEM; cfr. FIG. 4.43).

FIGURA 4.43
Trento, chiesa di sant'Apollinare. Lastra con iscrizione di età augustea (CIL, V, 5027 = *SupplIt*, 6, pp. 133-4, ad nr.; 23-22 a.C.)

Vi si legge: *Imp(erator) Caesar Divi f(ilius) / Augustus, co(n)s(ul) XI, trib(unicia) / potestate dedit. / M(arcus) Appuleius Sex(ti) f(ilius), leg(atus), / iussu eius fac(iundum) curavit.*
Fonte: foto dell'autore.

FIGURA 4.44
Le variazioni di lieve entità che intercorrono fra la scrittura capitale di età augustea, traianea e costantiniana

ABCDEFGHILMNOPQRSTVX

ABCDEFGHILMNOPQRSTVX

ABCDEFGHILMNOPQRSTVX

Fonte: Bloch (1969, p. 18, con modifiche).

Nel corso dei primi secoli dell'Impero, questo tipo di scrittura, soprattutto nel caso di iscrizioni ufficiali, subì leggeri cambiamenti, manifestando solo la tendenza a realizzare lettere allungate (cfr. FIG. 4.44).

Su influenza della scrittura impiegata per redarre gli *acta* quotidiani – con pennello e vernice sulle pareti degli edifici, com'è il caso delle iscrizioni elettorali di Pompei (cfr. PAR. 8.5.1); con l'inchiostro su papiro e pergamena o su tavolette di legno; con lo stilo sulle tavolette cerate (*tabulae ceratae*) –, a partire dal I secolo d.C., prima su documenti pubblici di bronzo, come i diplomi militari (cfr. PAR. 8.6.4), e poi sui monumenti lapidei, compare l'uso di una scrittura capitale detta *actuaria*. Definita talora "capitale rustica", è caratterizzata da lettere allungate e sottili, angoli arrotondati, linee curve morbide, tratti discendenti delle aste che si allargano a spatola verso la base, chiaroscuro molto accentuato (cfr. FIGG. 4.45 e 4.46); ha goduto di particolare diffusione soprattutto dal III secolo d.C.

La scrittura corsiva (cfr. FIG. 4.47), tipica di alcune classi di iscrizioni quali le tavolette cerate o i graffiti (cfr. PARR. 8.5.2 e 8.6.8), trae il suo nome dal verbo *curro*, indicante un'azione scrittoria veloce e non curata (*currenti stilo* si legge in un'iscrizione metrica da Köln: CIL, XIII, 8355 = CLE, 219), e porta a realizzare lettere irregolari e spesso tanto deformate da rendere difficile la lettura.

La sua esecuzione può essere influenzata dal supporto su cui si scrive (pietra, intonaco, legno, metallo, ceramica), dal contesto in cui si trova sia chi scrive, sia la superficie da incidere (edifici pubblici, privati, spazi aperti o luoghi chiusi), dallo strumento impiegato (scalpello, stilo o altro utensile appuntito, anche estemporaneo), dal grado di cultura e di alfabetizzazione di chi scrive e dal suo stato d'animo, dal tempo a sua disposizione, dalle consuetudini

FIGURA 4.45
Pompei. Un esempio di scrittura *actuaria* nelle prime righe dell'iscrizione CIL, X, 797 = AE, 2000, 243

SP·TVRRANIVS·L·F·SP·N·L·PRO·N·FAB PROCVLVS·GELLIANVS· PRAEF·FABR·II·PRAEF·CVRATORVM·ALVEI TIBERIS·PRAEF·PRO·PR·I·D·IN·VRBE·LAVINIO

Vi si legge: *Sp(urius) Turranius L(uci) f(ilius), Sp(uri) n(epos), L(uci) pron(epos), Fab(ia tribu), / Proculus Gellianus, / praef(ectus) fabr(um) II, praif(ectus) curatorum al((v))ei / Tiberis, praif(ectus) pro pr(aetore) i(ure) d(icundo) in urbe La((v))inio*. Si noti nelle parole *alvei* e *Lavinio* l'uso della lettera claudiana "digamma inverso".

Fonte: Hübner (1885, nr. 135).

FIGURA 4.46
Mentana (Roma), Lapidario Zeri. Lastra funeraria in scrittura *actuaria* (AE, 1984, 116)

Vi si legge: *D(is) M(anibus) / P(ublio) Aterio Mar/ciano fecit / coiux (!) Cratti/a Tatiane / bene meren/ti coiugi (!) sanc/tissimo*.

Fonte: *Il lapidario Zeri* (1982, tav. LIX).

FIGURA 4.47
Le forme di lettere in scrittura corsiva maggiormente attestate a Pompei

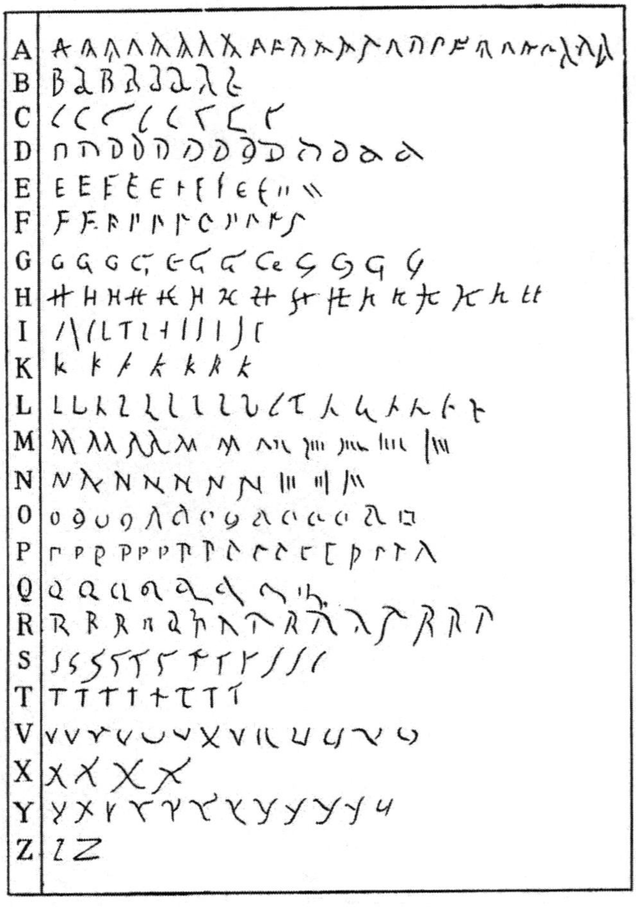

Fonte: Cagnat (1914, p. 7).

scrittorie della località in cui si trova. Per questo motivo la forma delle singole lettere può essere molto varia come si può vedere, a titolo esemplificativo, dalla tavola riprodotta in FIG. 4.47.

Nelle iscrizioni su pietra sono rarissimi i casi in cui un testo sia interamente inciso con questa scrittura: di solito si tratta di "graffiti di officina" (cfr. Di Stefano Manzella, 1987, pp. 144-5 e FIG. 4.9), ovvero di appunti o di esercitazioni scrittorie del lapicida o di trascrizioni di una minuta (cfr. PAR. 4.1.4), mentre non mancano gli esempi di uso di qualche carattere cor-

FIGURA 4.48
Mannheim, Reiss-Enghelhorn-Museen. Stele funeraria di due *peregrini*, con numerose lettere (A, E, F, L) in scrittura corsiva (CIL, XIII, 6393)

Vi si legge: *D(is) M(anibus). / Peto Atici (filio) a(nnorum) LXXX / et Meddile, / coniugi a(nnorum) LX, / Fortio, filius, / f(aciundum) c(uravit).*
Fonte: Walser (1988, p. 265).

sivo, soprattutto la A (Λ), la E (II) e la F (I') all'interno di testi incisi in scrittura capitale (cfr. FIG. 4.48).

4.3.3. Tecniche di scrittura

Le tecniche impiegate nell'eseguire l'incisione di un testo dipendono da vari fattori, come il tipo di monumento e la sua destinazione, la disponibilità economica o i desideri del committente, il materiale da incidere, le capacità professionali del personale dell'officina epigrafica.

Solco a sezione triangolare ("a V")

È la tecnica più comune, perché è relativamente facile da realizzare, non necessita di strumenti particolari (basta uno scalpello di passo appropriato), consente ottimi risultati sul piano della leggibilità e della resa estetica. Si realizza partendo prima dal contorno esterno delle lettere con un angolo di almeno 45° rispetto alla superficie fino a raggiungere la profondità voluta, poi da quello interno ripassando più volte i tratti delle lettere.

Solco a cordone ("a U")

È una tecnica meno diffusa e si riscontra soprattutto in iscrizioni di età repubblicana o realizzate da personale non specializzato; si impiega lo scalpello o, preferibilmente, la subbia o la sgorbia, seguendo il disegno della lettera e realizzando un solco abbastanza largo e poco profondo.

A punti

È una tecnica caratteristica delle iscrizioni su metallo, ma non mancano, anche se sono rari, esempi su materiali lapidei (cfr. Di Stefano Manzella, 1987, p. 139); le lettere vengono eseguite incidendo una serie di punti ravvicinati con lo scalpello o con il trapano.

Lettere mobili

Questa tecnica consiste nell'incidere sulla superficie lapidea un solco largo e profondo per ogni lettera ("lettere alveolate", secondo la definizione di Di Stefano Manzella, 1987, p. 139), all'interno del quale si fissano con cemento o mediante piombatura o stagnatura lettere mobili realizzate in metallo (bronzo, bronzo dorato, ma anche oro); per facilitarne l'allettamento, spesso all'interno del solco si praticano dei fori ciechi, in cui inserire i tenoni incorporati nelle lettere.

È una tecnica impiegata per iscrizioni da collocare in edifici pubblici di particolare prestigio o da inserire nelle pavimentazioni di vie e piazze pubbliche, come in un esempio del foro di *Scolacium* riportato in FIG. 4.49.

Anche se nel medioevo e nell'età moderna le lettere metalliche sono state asportate, grazie alla presenza del solco è possibile leggere il testo (cfr. FIG. 4.50) o, nei casi in cui la superficie sia stata abbassata mediante scalpellatura, ricostruirlo, sia pure faticosamente, in base alla posizione dei fori ciechi.

Una variante poco frequente, definita "a caratteri applicati" (Di Stefano Manzella, 1987, pp. 141-2), consiste nell'applicare i caratteri metallici muniti di tenoni direttamente sulla superficie, servendosi solo dei fori ciechi, senza tracciare il solco per alloggiare le lettere.

FIGURA 4.49
Scolacium (Roccelletta di Borgia, Catanzaro). L'iscrizione in lettere mobili di bronzo applicate su due blocchi della pavimentazione del foro (AE, 1999, 542)

Vi si legge: *L(ucius) Decimius Secundio / gradus via s(ua) p(ecunia) f(ecit)*.
Fonte: Spadea (2000, tav. VIIIa).

FIGURA 4.50
Villafranca (Verona). Il primo blocco di una grande iscrizione dedicata a Tiberio redatta con lettere alveolate (CIL, V, 8845 = AE, 2000, 251)

Si notino all'interno dei solchi i fori ciechi per alloggiare mediante piombatura i tenoni delle lettere metalliche.
Fonte: foto dell'autore.

4.3.4. Tratteggio, apicature, ombreggiatura

Ogni lettera è composta da tratti, che durante la fase di incisione il lapicida eseguiva separatamente e ripassava più volte con lo scalpello, fino a ottenere la lettera completa; sono definiti con vocaboli appositi, per lo più desunti dal lessico tipografico (per approfondimenti cfr. Di Stefano Manzella, 1987, pp. 148-9; cfr. anche Cagnat, 1914, pp. 11-24), e vengono impiegati per descrivere le lettere o quanto resta di esse:
– arco (o curva): tratto curvilineo di C, D, G, Q, S;
– asta: tratto rettilineo, che può essere verticale (B, D, E, F, H, K, L, N, P, R, T), montante (A, M), discendente (M, N, V);
– braccio: tratto rettilineo orizzontale (E, F, L, T, Z) – il tratto centrale della E e della F si chiama anche cravatta –, o discendente (Y);
– coda: tratto curvo o rettilineo di K, R, Q;
– occhiello: spazio delimitato da un arco nelle lettere B, P, R, può essere chiuso o aperto (in particolare nella P);
– traversa: tratto orizzontale di A e H.

Apicature e ombreggiatura

Si definiscono apicature (il termine "apice" è errato, mentre è accettabile "grazia", derivato dal lessico tipografico) le punte con cui terminano i tratti delle lettere nella scrittura capitale; possono essere particolarmente accentuate, in profondità e in estensione, per ottenere un effetto esteticamente gradevole.

L'ombreggiatura è caratteristica delle più accurate realizzazioni della scrittura capitale; si ottiene allargando al centro e restringendo verso il basso e verso l'alto i tratti curvi delle lettere, in modo che la luce possa creare, con il chiaroscuro, un gradevole effetto ottico.

4.3.5. Le lettere

Lettere montanti e nane

Nelle iscrizioni, normalmente, le lettere mantengono tutte, riga per riga, lo stesso modulo, ovvero lo stesso rapporto altezza/larghezza, sia pure con leggere variazioni. In numerosi casi, tuttavia, il lapicida, per ovviare a un errore o a una omissione, per risparmiare spazio o per ottenere un effetto graficamente gradevole, ricorre all'uso di lettere di modulo superiore, dette sormontanti (o ascendenti), che di solito sono le I, le T e le Y, e di lettere di modulo inferiore, dette nane. Queste ultime possono anche essere inserite all'interno di un'altra lettera, ad esempio una I dentro una C ("lettere incluse"), o nello spazio tra una lettera e un'altra oppure alla fine di una parola o, ancora, nello spazio interlineare. Negli ultimi tre casi si tratta quasi sempre di lettere aggiunte in un secondo momento per correggere un errore (cfr. FIGG. 4.51 e 4.52).

FIGURA 4.51
Mentana (Roma), Lapidario Zeri. Esempi di lettere sormontanti, nane e incluse in una lastra funeraria (AE, 1984, 126)

Vi si legge: *L(ucio) Cincio Fructo / et / P(ublio) Brittio Stabili / Cincia Prisca / posuit*. Si noti lo specchio epigrafico a forma di *tabula ansata* e, ai quattro angoli esterni, dall'alto in basso, le raffigurazioni di un'ascia, di una raspa, di un compasso e, forse, di uno scalpello.

Fonte: *Il lapidario Zeri* (1982, tav. LXIX, 2).

FIGURA 4.52
Verona, Museo lapidario maffeiano (nr. inv. 28507). Lastra funeraria da Roma con la menzione di alcuni liberti di una donna (CIL, VI, 12352)

Vi si legge: *T(itus) Arquitius T(iti) l(ibertus) / Castus / aedi(ficium) ded(it) sodali su(o) / L(ucio) Tampio ((mulieris)) l(iberto) Vitalis* (!) *et / Tampia ((mulieris)) l(iberta) Myrsine, Vitali* (!) *l(iberta)*. Si notino in rr. 4 e 5 l'uso della C retroversa, in r. 3 l'uso di una lettera nana, nonché le forme errate *Vitalis* per *Vitali* in r. 4 e *Vitali* per *Vitalis* in r. 5.

Fonte: ALEUVR.

FIGURA 4.53
Verona, Museo lapidario maffeiano (nr. inv. 28463). Lastra funeraria di un pretoriano (CIL, VI, 2721)

Vi si legge: *D(is) M(anibus) / T(ito) Sattio Sato[- - -], / Mediolani, mil(iti) [coh(ortis)] / VIIII pr(aetoriae), ((centuriae)) Sabin[i, mil(itavit)] / ann(os) VII, vix(it) ann(os) [- - -] / h(eres) b(ene) m(erenti)*. Si noti in r. 4 la parola *centuria* indicata con una C retroversa stilizzata.

Fonte: ALEUVR.

Lettere speciali

Oltre alle tre "lettere claudiane", cui si è accennato in precedenza (cfr. PAR. 4.3.1) e che ebbero vita effimera, esistono altre lettere che per forma o per orientamento acquistano nel linguaggio epigrafico il valore di sigle. Le principali sono:
– Ɔ = *mulier*, impiegata per indicare che un individuo è liberto di una donna (cfr. FIG. 4.52) oppure, nelle iscrizioni di soldati, seguita da un gentilizio o da un cognome al genitivo, come abbreviazione di *centurio* e di *centuria*. In quest'ultimo caso si può ricorrere anche a una C retroversa stilizzata simile a una > oppure a un 7 o a una S (cfr. FIG. 4.53 e Di Stefano Manzella, 1987, figg. 181-183);
– Ⱳ = *mulier*, di uso poco frequente; un esempio interessante è su un'iscrizione da Adria (Bonomi, Sigolo, 2006, p. 57): FVLVIA Ⱳ L ELEV/SIS SIBI ET SVIS, da leggersi *Fulvia ((mulieris)) l(iberta) Eleu/sis sibi et suis*;
– Θ = *theta nigrum*; così i latini chiamavano questa lettera greca, che è l'iniziale del greco θνητός (thnetós = "morto"). Derivata probabilmente dai ruolini militari, dove in tale maniera si contrassegnavano i soldati caduti in battaglia o deceduti durante il servizio, compare nelle iscrizioni funerarie, contrapposta alla sigla V = *v(ivus)*, ma soprattutto negli albi di collegi, professionali o religiosi, negli elenchi di militari, nei graffiti di gladiatori, nei *fasti* (cfr. FIG. 4.54).

FIGURA 4.54
Virunum (Zollfeld). Le prime due colonne di una grande tavola in bronzo che ricorda il restauro del tempio di Mitra e riporta l'elenco degli adepti (AE, 1998, 1016)

Si noti la presenza della lettera Θ davanti ai nomi di *Trebius Zoticus* (r. 4), *Sentius Hermes* (r. 12), *Rufius Fuscus* (r. 19), *Varius Secundus* (r. 25), *Atticius Sextus* (r. 27).

Fonte: Piccottini (1994, fig. 15).

Vocali geminate

In alcune iscrizioni di epoca repubblicana, per contrassegnare la quantità prosodicamente lunga delle A, delle E e delle V si ricorre alla loro geminazione. L'attestazione più antica è costituita dalla celebre "lapide di Polla" del 132 a.C. (cfr. FIG. 4.55), mentre tale uso sembra non andare oltre la prima metà del I secolo a.C. (cfr. FIG. 8.23).

Nessi e legature

Il nesso (talora chiamato impropriamente "legatura", per cui cfr. *infra*) è costituito dall'unione di due o più lettere aventi in comune almeno un tratto e, di solito, si usa per incidere un numero inferiore di lettere, per risparmiare

FIGURA 4.55
Polla (Salerno). Le ultime tre righe della "lapide di Polla" (132 a.C.) con l'attestazione, in fondo alla penultima riga, di una A geminata (CIL, X, 6950 = I², 638 = ILLRP, 454 = *InscrIt*, III, 1, 272)

Vi si legge: *Primus fecei ut de agro poplico / aratoribus cederent paastores, / forum aedisque poplicas heic fecei.*

Fonte: rielaborazione digitale da calco in gesso conservato a Polla (Salerno).

FIGURA 4.56
Alcuni esempi di nessi

Fonte: Muess (1989, fig. 36, con modifiche).

spazio, per ovviare a errori od omissioni (cfr. FIG. 4.56). Talora le soluzioni grafiche adottate sono particolarmente efficaci e il risultato è esteticamente gradevole, tanto da far pensare a una precisa scelta del committente o dell'operatore più che a una soluzione improvvisata ed estemporanea. Una particolare forma di nesso è il monogramma, che può riunire tutte le lettere di una parola (cfr. FIG. 9.21) o le iniziali di gruppi di parole, come il noto *chrismon*. Non costituisce nesso, anche se impropriamente viene definito tale, il caso in cui una lettera nana viene racchiusa all'interno di un'altra lettera, ad esempio una I dentro una C, una D o una O: in tale caso si tratta di "lettere incluse" (cfr. FIG. 4.51).

La legatura, invece, consiste nell'aggiungere dei tratti per unire una lettera all'altra, rendendole così solidali: è tipica della scrittura corsiva, mentre nella capitale compare di rado, per lo più quando il lapicida, per errore, incide parte della linea guida di base oppure accosta troppo le singole lettere. Talora può costituire l'interessante prova di un'*ordinatio* tracciata col pennello.

La "rubricatura"

Con questo termine s'intende la pratica di colorare in rosso, soprattutto con il minio e con il cinabro (Fedeli, Stangherlin, 2008, p. 649, tav. 32), ma anche con altri colori, i solchi delle lettere per renderli più evidenti, pratica che è documentata oltre che dalle fonti letterarie (Plinio, *Storia naturale*, XXXIII, 122 e, forse, Sidonio Apollinare, *Carmi*, XXIV, 5-7), anche dalle non molte testimonianze giunte fino a noi (alcuni esempi in Buonopane, 2008, p. 269). Talora, quando il materiale lapideo su cui era praticata l'incisione era di colore scuro, si coloravano le lettere con il bianco o si riempivano con una pasta bianca. Non è nemmeno escluso, anche se non documentato finora dai ritrovamenti, l'uso dell'oro, testimoniato indirettamente da un'iscrizione dell'Africa (CIL, VIII, 6892; Hübner, 1885, p. XXXIII) in cui compare l'espressione *litterae auro inluminatae*, anche se potrebbe riferirsi a lettere mobili rivestite di lamina d'oro, come quelle dell'iscrizione di *Intercisa* (Dunaujvaros), in Pannonia (AE, 2002, 1180 = 2005, 1246).

Col termine "rubricatura" s'intende anche l'uso, frequente in età moderna, di colorare con vernice rossa i solchi delle iscrizioni, col rischio di alterare il testo originale, specialmente quando presenta lettere evanide o di difficile lettura.

4.3.6. Segni d'interpunzione

Collocati a mezza altezza i segni di interpunzione separano le parole di un testo; la forma più comune è quella triangolare, ma non mancano i segni a forma di virgola, di parentesi acuta, di spina, di foglia d'edera (*hedera distinguens*), di palmetta. In età repubblicana, possono essere due o tre allineati verticalmente o avere forma circolare o quadrata. In alcuni casi, il segno d'interpunzione separa le sillabe all'interno delle singole parole (retaggio della sillabazione caratteristica di alcune lingue prelatine) oppure, quando una parola è collocata da sola al centro della riga, possono precederla e seguirla, con evidente valore esornativo. Forme singolari di punto o una sua collocazione al piede della lettera possono indicare che l'iscrizione non è di età romana oppure che si tratta di un falso (cfr. PAR. 4.4.2).

4.3.7. Apex e sicilicus

L'*apex* è un segno simile a un accento acuto che secondo i grammatici latini, in particolare Nigidio Figulo, serviva per distinguere le vocali lunghe, soprattutto nei casi in cui sussistesse la possibilità di confondere due parole uguali ma di caso o di significato diverso. Nelle iscrizioni, però, l'*apex*, pur essendo molto diffuso, dal I secolo a.C. al III d.C. non sembra rispettare questa regola: viene infatti apposto anche su vocali brevi, su dittonghi e su consonanti. Non è quindi improbabile che il suo uso fosse regolato da qualche norma che non conosciamo. Il *sicilicus*, che deve il suo nome al fatto di essere simile a una piccola C retroversa, così da richiamare nella forma un falcetto (*sicilis*, in latino), secondo Isidoro, *Etimologie*, I, 27, 29 (*veteres non duplicabant litteras, sed supra sicilicos adponebant, qua nota admonebatur lector geminandam esse litteram*) serviva a indicare che una consonante singola andava letta come doppia. I pochi esempi noti sembrano confermare almeno in parte questa possibilità, mentre è stato notato che spesso *apex* e *sicilicus* presentano una forma e un uso molto simile, fatto questo che si spiegherebbe ipotizzando la derivazione di un solo segno che tanto sulle consonanti quanto sulle vocali indicava che dovevano essere raddoppiate le prime e allungate le seconde.

4.3.8. Soprallineatura e barratura

Talora singole lettere o gruppi di lettere sono sormontati da una linea orizzontale, che serve per indicarne al lettore il carattere di abbreviazione, come in $\overline{D}$ = *d(ominus)*, $\overline{COS}$ = *co(n)s(ul)*, o per distinguere alcune sigle rispetto ad altre, come potrebbe essere il caso di $\overline{N}$ = *n(oster)*. Uguale funzione dovrebbe aver avuto l'uso della barra mediana orizzontale (sono anche noti, pur se rari, casi di barra verticale e obliqua) che taglia alcune lettere o gruppi di lettere, come in B̶F̶ = *b(ene)f(iciarius)* o S̶S̶ = *s(e)s(tertii)* (sull'impiego della soprallineatura e della barratura con i segni numerali cfr. PAR. 4.3.9).

4.3.9. I segni numerali

Per indicare i numeri i latini usano i segni riportati in FIG. 4.57, molti dei quali sono graficamente simili a lettere (ma non sono lettere), derivati da segni numerici dell'alfabeto greco ed etrusco. In base al contesto in cui sono inseriti

FIGURA 4.57
I segni per i numerali romani

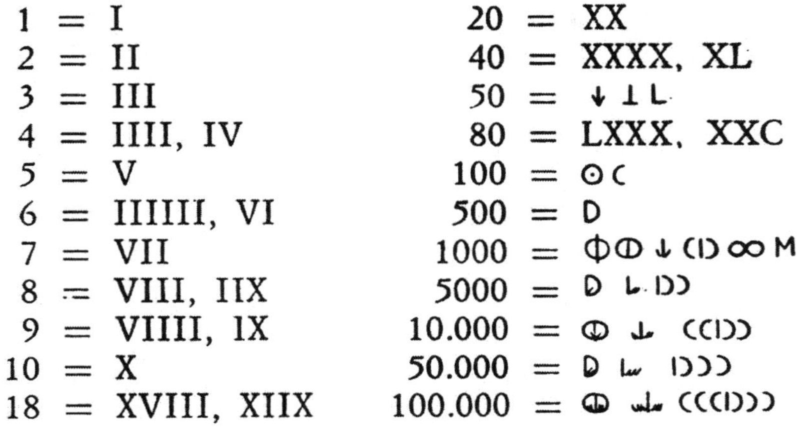

1	= I	20	= XX
2	= II	40	= XXXX, XL
3	= III	50	= ↓ ⊥ L
4	= IIII, IV	80	= LXXX, XXC
5	= V	100	= ⊙ C
6	= IIIIII, VI	500	= D
7	= VII	1000	= ⊕ Φ ↓ CI) ∞ M
8	= VIII, IIX	5000	= D L I))
9	= VIIII, IX	10.000	= ⊕ ⊥ CCI))
10	= X	50.000	= D L I)))
18	= XVIII, XIIX	100.000	= ⊕ ⊥ CCCI)))

Fonte: Calabi Limentani (1991, p. 128).

possono corrispondere a un numero cardinale, a un ordinale o a un avverbio numerale.

La formazione dei numeri avveniva in base al metodo additivo, ovvero ogni numero corrisponde alla somma dei singoli segni numerici usati (I + I = II = 2; V + I + I = VII = 7; D + C + L + X + I = DCLXI = 661 e così via); più raramente si impiegava il metodo sottrattivo, ovvero si sottraeva a sinistra il numero scritto di un altro a lui superiore (I − X = IX = 9; X − C = XC = 90); ovviamente i due metodi si potevano combinare, come in X − L + I + I = XLII = 42.

Dalla metà del I secolo a.C., la moltiplicazione per 1.000 si poteva indicare con una linea sopra il numerale ($\overline{X}$ = 10.000), mentre quella per 100.000 con una soprallineatura accompagnata da due aste verticali ai lati del numero ($\overline{|X|}$ = 1.000.000).

Per indicare le frazioni i Romani si servivano dell'asse e dei suoi sottomultipli, come nella FIG. 4.58, ove si tiene conto anche del rapporto dell'*as* con l'*uncia*; nella terza colonna sono riportati i simboli con cui compaiono nelle iscrizioni.

Nelle parole composte da numerali e da lettere, come IIIIVIR o VIVIR, il numerale può essere attraversato da una barra mediana (I̶I̶I̶I̶VIR, V̶IVIR), oppure soprallineato ($\overline{\text{IIII}}$VIR, $\overline{\text{VI}}$VIR); sempre una barra mediana caratterizza il simbolo del denario (X̶) o del sesterzio (H̶S). Quest'ultimo simbolo in realtà, poiché corrisponde a due assi e mezzo, nasce dai segni che indicano i due assi (II) e da quello che indica il mezzo asse, detto *semis* (S).

FIGURA 4.58
L'asse, i suoi sottomultipli e i segni usati nelle iscrizioni per indicarli

	As	Uncia	
As	1	12	I
Deunx	11/12	11	S ≡ ≡ −
Dextans	5/6	10	S ≡ ≡
Dodrans	3/4	9	S ≡ −
Bes	2/3	8	S ≡
Septunx	7/12	7	S −
Semis	1/2	6	S
Quincunx	5/12	5	≡ ≡ −
Triens	1/3	4	≡ ≡
Quadrans	1/4	3	≡ −
Sextans	1/6	2	− Z
Sescuncia	1/8	1 1/2	£ −, Σ −
Uncia	1/12	1	−, •, ∪, ∾
Semuncia	1/24	1/2	£, Σ, ϵ
Duella	1/36	1/3	22, ɯ
Sicilicus	1/48	1/4	Ɔ
Sextula	1/72	1/6	℈
Dimidia sextula	1/144	1/12	℈
Scripulum	1/268	1/24	Ɔ, Ƒ
Siliqua	1/1728	1/144	»

Fonte: Cagnat (1914, p. 33, con modifiche).

Per indicare le moneta base (*as*) e i suoi sottomultipli, nelle iscrizioni si utilizzavano i segni riportati in FIG. 4.59.

4.3.10. Gli errori e la loro correzione

Le iscrizioni presentano spesso casi di scritture "anomale", genericamente chiamate errori, ma definite "errori grafematici" dai glottologi (gli epigrafisti parlano di *vitia lapidariorum*). Della variegata serie di motivazioni sociolinguistiche, neurologiche, psicologiche, ambientali e storiche (per le quali cfr. Watcher, 1992, pp. 17-31 e Marchesini, 2004, pp. 197-205) le più frequenti sono:
– l'incomprensione della minuta, così che alcune lettere non vengono comprese o sono fraintese, soprattutto nei casi di minuta in corsivo (spesso la E viene incisa II, proprio com'è in corsivo);

4. L'ISCRIZIONE COME MONUMENTO

FIGURA 4.59
L'asse e i suoi sottomultipli

	ASSE	
As	1	X
Dupondius	2	⊣⊢
Sestertius	2 ½	H-S
Quinarius	5	∀
Denarius	10	⨉

Fonte: Calderini (1974, p. 76).

– l'incomprensione o il fraintendimento delle lettere tracciate sulla lapide in fase di impaginazione (si incide una P al posto di una R, oppure si incidono le linee di guida come parte di una lettera, per cui I diventa L);
– la diversità linguistica di chi incide il testo, con conseguenti episodi d'interferenza, o il suo grado di alfabetizzazione;
– l'ipercorrettismo, con l'introduzione di forme ritenute, a torto, più corrette di quelle correnti e usuali;
– l'influsso della lingua parlata;
– fattori momentanei, come la stanchezza, la distrazione, la noia.

Gli errori più comuni sono dunque l'omissione di una o più lettere (molto frequente quando si susseguono più lettere uguali o simili, come in VIVVS, spesso inciso VIVS (cfr. FIG. 6.2), oppure BRVTIVS per BRVTTIVS), duplicazione di lettere, incisione di una o più lettere, se non addirittura di una parola, al posto di altre, oppure incisione di lettere capovolte, inserzione di lettere estranee, scambio di lettere adiacenti e non adiacenti (POSIVT per POSVIT), ripensamenti ed erasioni a scalpello, forme anomale sotto il profilo ortografico, grammaticale e sintattico (CVM BASIM per CVM BASI).

Quando l'operatore o il committente si accorgevano di un errore cercavano di correggerlo, operando con tecniche ora raffinate, ora grossolane, delle quali spesso è rimasta traccia sulla lapide. Il sistema usato più di frequente è quello della scalpellatura, con la quale si cancella la lettera o le lettere errate, abbassando la superficie dello specchio e, dopo averla levigata, incidendo il testo corretto; un altro sistema impiegato era quello di coprire con gesso o stucco l'errore, levigare la superficie e poi procedere alla correzione, magari rinforzando l'effetto col colore (cfr. FIG. 4.60).

All'omissione di lettere o di parte del testo si poteva supplire inserendo le parole con modulo ridotto nello spazio interlineare, con la creazione di

FIGURA 4.60
Este (Padova), Museo archeologico nazionale. Un esempio di correzione mediante scalpellatura in una stele funeraria (SI, 537 = AE, 1988, 601; cfr. anche FIG. 4.10)

Si noti come nella prima riga il testo errato, GRATAS, è stato corretto scalpellando profondamente la S e incidendovi sopra un segno d'interpunzione triangolare, mentre nella seconda riga, la V è stata corretta in I, attuando una profonda scalpellatura e poi incidendo la lettera esatta; in entrambi i casi il dislivello deve essere stato riempito con gesso o stucco.

Fonte: Buopane (1988, fig. 3, rielaborata).

FIGURA 4.61
Verona, Museo lapidario maffeiano (nr. inv. 28339). Iscrizione dal *pagus Arusnatium* con un errore, poi corretto (CIL, V, 3977)

Il lapicida aveva inciso *Verius* anziché *Valerius* e ha quindi provveduto a correggere l'errore, incidendo la A mancante in nesso con la V e inserendo in alto, nello spazio fra le lettere A e E, una L nana. Da notare, inoltre, che l'iniziale del prenome *C(aius)* è stata incisa due volte – è perciò difficile pensare a un *lapsus* – con la lettera G, ovvero riflettendo la sua pronuncia corrente.

Fonte: ALEUVR.

nessi o di lettere incluse o con l'impiego di lettere nane, come nell'iscrizione di FIG. 4.61.

4. L'ISCRIZIONE COME MONUMENTO

Sono poi abbastanza frequenti i casi in cui gli errori commessi o in fase d'impaginazione o in fase d'incisione, o in entrambe, siano tanti e tali da portare il lapicida, autonomamente o su pressione del committente, ad approntare una nuova redazione del testo, spesso servendosi della medesima lapide, opportunamente rovesciata. Si dà così vita a un monumento opistografo che presenta due testi simili o con lievi differenze, uno dei quali con errori e l'altro sostanzialmente corretto.

Quando si procede alla trascrizione interpretativa, eventuali forme anomale sotto il profilo ortografico grammaticale e sintattico vanno indicate con il segno (!) (nel *Corpus*, invece, l'editore usa la parola *sic*, in caratteri corsivi), evitando di intervenire nel testo e riservando le proprie correzioni e la loro giustificazione all'apparato critico; se proprio si vuole sostituire la lettera o la parola giudicata errata con le forme ritenute corrette, si deve inserirla fra due mezze parentesi quadre superiori ⌐ ¬; le lettere ripetute per errore vanno segnalate includendole fra parentesi graffe { }, mentre le parole o le lettere omesse per distrazione (e non per ragioni linguistiche o fonetiche) dal lapicida vanno racchiuse fra parentesi acute < >.

4.3.11. La *damnatio memoriae*

Un caso particolare di intervento operato in una fase successiva su un testo già ultimato, anzi già esposto, è rappresentato dalla *damnatio memoriae*, ovvero la cancellazione, spesso postuma, accompagnata anche dall'abbattimento delle statue o dall'eliminazione del ritratto, mediante scalpellatura dalla superficie della lapide del nome di un individuo – di solito un imperatore, ma in qualche caso anche un magistrato o un funzionario –, non solo e non tanto per annullarne la memoria (*abolitio memoriae*), quanto per conservarne nel tempo la valutazione negativa (Donati, 2003, p. 521). La scalpellatura può essere effettuata lettera per lettera, e in questo caso non è particolarmente difficile ricostruire il testo originario, oppure può essere molto profonda ed estesa, con un sensibile abbassamento della superficie della lapide e l'eliminazione di alcune righe (cfr. FIG. 4.62). Non mancano i casi in cui, dopo alcuni anni, mutata la temperie politica, si attui una riabilitazione del personaggio condannato, facendo incidere un'altra volta i testi erasi in precedenza: l'esempio più noto è quello di Commodo, che venne riabilitato da Settimio Severo e il cui nome fu fatto iscrivere nuovamente sui monumenti (CIL, XI, 6053; AE, 1922, 53-54).

Quando si procede alla trascrizione interpretativa (cfr. PAR. 5.3.1), le parole scalpellate vanno racchiuse entro due coppie di parentesi quadre; al loro interno, poi, si possono impiegare tutti i segni diacritici eventualmente necessari: ad esempio [[*Fulvio Plautiano*]] se le lettere sono leggibili nonostante la scalpellatura, ma [[[*Fulvio Plautiano*]]] se nessuna lettera è più leggibile e l'integrazione si basa sul confronto con altri testi (cfr. FIG. 4.62).

FIGURA 4.62
Ostia, caserma dei vigili. La *damnatio memoriae* del *praefectus* dei *vigiles Fulvius Plautianus* mediante scalpellatura del nome (CIL, XIV, 4380 = AE, 1968, 8a)

Vi si legge: *Imp(eratori) L(ucio) Septimio Se/vero Pertinaci / Caesari Aug(usto), / pont(ifici) max(imo), trib(unicia) pot(estate) II, / imp(eratori) V, co(n)s(uli) II, pro co(n)s(uli), p(atri) p(atriae), / cohortes VII vig(ilum) / [[[Fulvio Plautiano]]] praef(ecto) vig(ilum), Cassio / Ligure, tribuno, praeposito vexillationis.*

Fonte: ALEUVR.

4.4
Iscrizioni false e copie

L'uso di creare iscrizioni false su pietra per manipolare i fatti era praticato già in età repubblicana: Tito Livio (IV, 16, 4), infatti, allude a un *falsum* [...] *titulum* confezionato da un *L. Minucius* e da lui posto sotto il proprio ritratto per dimostrare che era stato cooptato come undicesimo tribuno della plebe. Iscrizioni false, o ampiamente interpolate, compaiono anche in alcune opere letterarie, come la *Storia Augusta* (*Gordiano*, XXXIV, 2-3; *Probo*, XXI, 4). È tuttavia in età moderna che tale pratica ha trovato particolare favore, dando vita a un'intensa produzione di falsi su carta, pietra, metallo e argilla.

4.4.1. Falsi "cartacei"

Con l'espressione "falsi cartacei", coniata da Di Stefano Manzella (1987, p. 195), s'intendono le falsificazioni presenti in opere manoscritte o a stampa; create da spregiudicati eruditi, soprattutto fra Seicento e Settecento, per fornire appoggio

4. L'ISCRIZIONE COME MONUMENTO

FIGURA 4.63
L'iscrizione CIL, X, 48* (*Grumentum*), non trovata da Mommsen e quindi inclusa fra le false, e il corrispettivo su pietra, rinvenuto nel 1969 e oggi conservato presso il Museo archeologico nazionale dell'Alta Val d'Agri (Grumento Nova, Potenza), che ne ha consentito la riabilitazione

48* [= 101*] Saponarae.

d. o. m | mercurius | ergasta | filio b. m.
f | u. a. iiii d. xuii

Roselli p. 126.

Vi si legge: *D(is) M(anibus). / Mercurius / [E]rgasto, / filio b(ene) m(erenti), f(ecit). / V(ixit) a(nnos) IIII, d(ies) XVII.*
Fonte: Buonopane (2007, pp. 320-1).

alle proprie tesi o per confutare quelle degli avversari, oppure per conferire una patente di antichità a una famiglia, a una località, a un culto, sono redatte copiando elementi tratti da altre iscrizioni oppure da opere letterarie oppure ancora affidandosi alla pura invenzione. Se il falsario ha una buona cultura e un'ottima conoscenza dell'epigrafia latina, l'iscrizione è difficilmente smascherabile e può, quindi, essere entrata come genuina nelle varie raccolte, con gravi danni sul piano scientifico. È questo uno dei motivi per cui Scipione Maffei, prima, e Theodor Mommsen, poi, hanno applicato un principio estremamente severo ma sostanzialmente ineccepibile: se un autore riporta un falso accertato, tutte le iscrizioni da lui fornite e non riscontrabili devono essere considerate false o almeno devono essere ritenute sospette. È altresì vero che in qualche caso, piuttosto raro, la scoperta dell'originale su pietra ha portato alla riabilitazione di un testo espunto come falso da Mommsen (cfr. FIG. 4.63).

4.4.2. Falsi su pietra, metallo, argilla

Sono confezionati incidendo su un supporto lapideo o metallico, più raramente di argilla (cfr. Buonopane, 1985, pp. 150-1, n. 6), solitamente antico e anepigrafe, un testo copiato, integralmente o meno oppure con qualche modifica, da un'iscrizione genuina, oppure tratto da più epigrafi genuine mescolate fra di loro, oppure completamente inventato. Pur non escludendo che in alcuni casi le motivazioni siano identiche a quelle che stanno alla base della creazione dei falsi cartacei, lo scopo della produzione di falsi di questo genere è sempre stato (ma lo è anche oggi) essenzialmente commerciale, ovvero è mirato alla realizzazione

FIGURA 4.64
Verona, Museo lapidario maffeiano (nr. inv. 28560). Un esempio di falso lapideo, eseguito presumibilmente nel XVIII secolo (CIL, V, 416*)

Le prime due righe del testo, come accade spesso nei falsi epigrafici, sono copiate da un'iscrizione genuina (CIL, VI, 2068, r. 17; cfr. anche VI, 36841).

Fonte: Buonopane (1985, fig. 1).

FIGURA 4.65
Un esempio di falso su supporto metallico, realizzato alla fine del Novecento e proveniente dal mercato nero dell'ex Jugoslavia

È una *tabula ansata* in bronzo con iscrizione tratta dalle prime tre righe di un'epigrafe genuina, conservata presso il Museo di Belgrado (CIL, III, 8141).

Fonte: Weber (2001, p. 470).

4. L'ISCRIZIONE COME MONUMENTO

di oggetti che possano essere immessi sul mercato antiquario tramite commercianti senza scrupoli e venduti a collezionisti. Può essere interessante notare che questo fenomeno sembra concentrarsi in particolari periodi, come la fine del Seicento e la prima metà del Settecento (quando gli studi epigrafici e il collezionismo di iscrizioni conobbero un rinnovato fervore e gli eruditi facevano a gara nel procurarsi iscrizioni per le proprie collezioni) o in seguito a periodi di crisi politica, militare ed economica manifestatisi in alcune aree, come sul finire del Novecento nella ex Jugoslavia (Weber, 2001; cfr. FIGG. 4.64 e 4.65).

L'analisi delle tecniche e delle tracce lasciate dagli strumenti impiegati per incidere il testo, l'esame del contenuto e l'escussione della bibliografia possono essere utilmente impiegati per accertare la genuinità di testi dubbi, che pur essendo generalmente più riconoscibili dei falsi cartacei, possono in alcuni casi generare dubbi non sempre risolvibili.

4.4.3. Copie

Sono iscrizioni ricopiate su un supporto antico o moderno, eseguite per preservare gli originali dal deperimento o dai furti, per collezionismo o per motivi didattici e, a volte, anche per scopi politici, com'è avvenuto per la copia della celebre tavola bronzea di Polcevera (CIL, V, 7749 = I², 584 = ILLRP, 517), fatta realizzare nel 1595 (Mennella, 2003). Nel *Corpus* le copie di questo genere sono normalmente definite *exemplum recens* (cfr. CIL, V, 3544) e sono di grande importanza qualora l'originale sia andato perduto, com'è il caso di un miliario (CIL, V, 8046) da Asola (Mantova), il cui testo ci è conservato da un *exemplum recens*, inciso su una lastra oggi all'interno della chiesa di Sant'Andrea nella medesima località.

4.5
I calchi

Sono copie realizzate con colatura, in uno stampo ricavato direttamente dall'originale, di gesso liquido o, più recentemente, di resine epossidiche, lattice di gomma o gomma siliconica, per disporre di duplicati utili ai fini didattici o di studio o, ancora, per la tutela degli originali o per finalità espositive all'interno di musei e collezioni. Come gli *exempla recentia* e alcuni calchi in gesso eseguiti nei secoli passati, si rivelano preziosi per lo studio quando gli originali sono andati perduti o sono danneggiati.

4.6
Il reimpiego

Il reimpiego di monumenti iscritti, così come di quelli anepigrafi, che diventano oggetto di manipolazioni anche profonde, come tagli con la sega per ricavarne lastre o scalpellature delle parti in aggetto per facilitarne l'impiego, si

FIGURA 4.66
Verona. Una stele funeraria iscritta, reimpiegata capovolta, insieme ad altro materiale anepigrafe, nelle mura di Teodorico

Fonte: Bolla (2000, fig. 65).

diffonde fin dal III secolo d.C. nonostante l'emanazione di numerosi ma inefficaci provvedimenti legislativi che cercavano di contrastarlo (cfr. Coates-Stephens, 2002). I tipi di reimpiego sono fondamentalmente tre: funzionale, ornamentale e ideologico. Nel primo caso, il monumento iscritto viene reimpiegato in quanto offre la disponibilità di materiale lapideo già tagliato e lavorato, oppure adattabile con pochi interventi, a costi nulli o bassi, soprattutto in zone dove è di difficile e costoso reperimento, semplicemente spogliando edifici in rovina o necropoli abbandonate. È questo il caso dei materiali riutilizzati spesso disordinatamente in opere di difesa – come le mura di Aquileia del 238 d.C. oppure, a Verona, le mura di Teodorico (le cosiddette "mura di Gallieno"; cfr. FIG. 4.66) – o nelle strutture murarie di edifici civili, ma soprattutto ecclesiastici, come architravi, basi, capitelli, pietre angolari, lastre pavimentali, oppure per ricavare abbeveratoi, vasche, vasi da fiori, frantoi, pile per l'acquasanta.

Il reimpiego ornamentale si verifica quando il monumento iscritto è in ma-

FIGURA 4.67
Trieste, cattedrale di San Giusto. Una grande stele funeraria, menzionante alcuni personaggi appartenenti alla *gens Barbia* (CIL, V, 579 = *InscrIt*, X, IV, 94 = AE, 1978, 372), segata longitudinalmente e impiegata come stipite della porta principale. Alcuni ritratti, poi, sono stati "esorcizzati" e trasformati in santi, come in questo caso, dove uno dei defunti è stato trasformato in san Sergio ricavando un'aureola dal piano di fondo e aggiungendo l'alabarda

Fonte: foto dell'autore.

teriale lapideo di pregio oppure presenta elementi decorativi o iconografici tali da suggerirne una collocazione di notevole impatto visivo, talora creando eccentrici *pastiches*, con la sovrapposizione di pezzi diversi, in piazze, giardini, palazzi signorili, chiese.

Il reimpiego ideologico, invece, può essere motivato sia dalla consapevolezza dell'antichità del reperto e dal desiderio di segnare una continuità con il passato, quasi riappropriandosene – è il caso, ad esempio, della Loggia a Brescia, nella cui facciata vennero fatte inserire numerose iscrizioni di età romana – oppure, nel caso di edifici di culto cristiano, da un sentimento di vittoria nei confronti del paganesimo, tant'è che in questo caso le iscrizioni vengono inserite capovolte, oppure "esorcizzate" con simboli cristiani, come la croce o il *chrismon*, oppure poste in posizione tale, alla base di una colonna o come capitello, da far percepire ai fedeli il senso della vittoria del cristianesimo (cfr. FIG. 4.67).

4.7
I palinsesti epigrafici

Talora un testo (*titulus prior*) viene completamente eraso mediante abbassamento a scalpellatura della superficie del supporto, per incidere un'altra iscrizione (*titulus posterior*): si parla allora di palinsesto epigrafico, con un termine,

FIGURA 4.68
Aquileia (Udine). Base di statue con due iscrizioni incise in momenti differenti

La prima iscrizione (*titulus prior*), attribuibile al II secolo d.C., con il seguente testo *Concordiae / Aquileiensium et / Concordiensium / - - - - - -* , nel IV secolo d.C. è stata coperta con gesso o stucco e fra le sue righe è stata inserita una seconda epigrafe (*titulus posterior*): *Septimius Theodolus, v(ir) c(larissimus), / correc(tor), ornavit*.

Fonte: Zaccaria (2001, fig. 1).

preso a prestito dalla filologia classica, che significa "raschiato di nuovo". Di solito il *titulus prior* viene scalpellato con estrema cura ed è difficile recuperarne la lettura; in alcuni casi, come in quello della FIG. 4.68, invece che cancellare il *titulus prior* si preferisce sfruttare lo spazio interlineare per incidere il nuovo testo e occultare il vecchio con materiale coprente.

Questa pratica, che nasce dalla necessità di approntare un'iscrizione sfruttando un monumento già pronto, trova soluzioni alternative nell'incisione sulla faccia opposta, realizzando così un opistografo, oppure, come accade per i miliari, rovesciando il monumento e incidendo in varie posizioni la nuova epigrafe (tutta la casistica è approfondita da Di Stefano Manzella, 1987, pp. 200-1).

5
L'iscrizione come documento
Rilievo, schedatura, edizione

Il rilievo e la schedatura di un'iscrizione, basati entrambi sull'esame diretto e personale (autopsia), costituiscono un procedimento complesso, che mira alla raccolta più completa e accurata possibile dei dati, tenendo conto contemporaneamente delle caratteristiche del monumento, della scrittura e del testo. Per tali motivi deve essere articolato in almeno tre fasi.

5.1
Prima fase: la raccolta della documentazione

Fondamentale è l'escussione di tutta la bibliografia reperibile sull'iscrizione da schedare, cominciando dalla consultazione delle opere a stampa, ovvero delle sillogi epigrafiche e i relativi supplementi (cfr. PARR. 3.1-3.3), delle monografie o degli articoli scientifici dedicati specificamente all'iscrizione presa in esame o al territorio ove sia stata rinvenuta o da cui provenga, delle carte archeologiche, delle opere divulgative di carattere locale, che, qualsiasi valore scientifico abbiano, sono sempre preziose, dei quotidiani, specialmente locali, dei notiziari e dei bollettini, sia di enti pubblici (regione, provincia, comune), sia di enti e di associazioni private, civili e religiose. Si procede poi all'esame della documentazione manoscritta, partendo da quella citata nella bibliografia raccolta nelle schede delle sillogi epigrafiche e passando poi alle raccolte di iscrizioni o agli studi dedicati a località o a edifici sacri del territorio redatti da eruditi locali e rimasti inediti; può anche essere utile la consultazione degli epistolari di intellettuali e di notabili locali (cfr. FIG. 5.1).

Infine non bisogna trascurare le ricerche negli archivi e negli schedari delle Soprintendenze per i Beni archeologici e per i Beni monumentali e storici competenti per territorio e dei musei locali, dove si potrebbero trovare disegni, foto e schede eseguite nel passato, nonché degli enti di ricerca che eventualmente abbiano operato sul territorio. Utile potrebbe essere anche la ricerca negli archivi comunali e parrocchiali e in quelli privati, specie appartenenti a famiglie di notabili.

FIGURA 5.1
Verona, Biblioteca civica. Una scheda manoscritta redatta sul finire dell'Ottocento da Pietro Sgulmero (1850-1906)

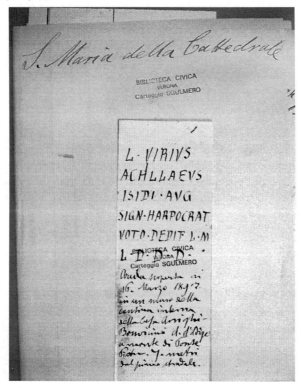

L'iscrizione, scoperta nel 1897, rimase inedita fino al 1946 (AE, 1946, 137). Vi si legge: L(ucius) Virius / Achillaeus / Isidi aug(ustae) / sign(um) Harpocrat(is) / voto dedit l(ibens) m(erito). L(ocus) d(ato) d(ecreto) d(ecurionum).
Fonte: ALEUVR.

5.2
Seconda fase: la documentazione grafica

5.2.1. La fotografia delle iscrizioni

L'avvento della fotografia digitale ha reso molto più semplice questo procedimento e i risultati, soprattutto con fotocamere di qualità medio-alta, sono di solito più che soddisfacenti. La foto digitale consente infatti di eseguire riprese anche in ambienti scarsamente illuminati, permette di realizzare a costo nullo un numero infinito di scatti, dà modo, infine, di controllare immediatamente sul luogo, sul monitor della fotocamera o, meglio, su un computer, se i risultati ottenuti siano soddisfacenti o se sia necessario cambiare illuminazione o inquadratura o altri parametri.

Per ottenere un buon risultato è utile procedere come segue:
– eliminare delicatamente erbe, muschi e altre incrostazioni da tutta la superficie, facendo attenzione a non distaccare parti del monumento;
– pulire accuratamente il monumento con una spazzola morbida, con setole vegetali o animali, evitando, se possibile, il lavaggio con acqua, operazione per la quale, lavorando all'interno di uno scavo archeologico o di un museo, bisogna ottenere il permesso (in ogni caso, non usare nessun tipo di detersivo);
– collocare una scala metrica, a quadretti di 1 cm bianchi e neri alternati, di lunghezza appropriata alle dimensioni del monumento (da 10 a 50 cm), prestando attenzione a non coprire parte del testo o delle eventuali decorazioni, ricorrendo eventualmente, per il fissaggio su superfici verticali, a nastro biadesivo, a plastilina o prodotti simili;
– illuminare l'iscrizione con luce radente (nel caso di iscrizioni all'aperto attendere una favorevole posizione del sole o, possibilmente, le ore serali), collocando un riflettore portatile, dotato di una lampada di potenza media (circa 500 watt), posto su un sostegno a una distanza di almeno tre metri e orientato a 45° rispetto al soggetto. Il faro può essere sostituito con un flash elettronico munito di diffusore, posto anch'esso su sostegno e orientato a 45°, comandato da una fotocellula o collegato con l'apposito cavo, soluzione questa che è particolarmente utile nei luoghi in cui non vi sia la possibilità di collegarsi alla rete elettrica. In alternativa si può impiegare un faro da 12 volt, collegato a una piccola batteria da motocicletta;
– impostare la fotocamera in modo da ottenere la massima definizione possibile dell'immagine, selezionando nel menù la voce "qualità dell'immagine" e poi l'opzione "fine";
– neutralizzare l'automatismo del flash;
– porsi di fronte all'iscrizione e inquadrarla perfettamente al centro, controllando che la macchina sia parallela all'iscrizione, per evitare che si verifichino deformazioni trapezoidali del soggetto;
– impiegare possibilmente un cavalletto;
– avvicinarsi o allontanarsi dall'immagine, servendosi dello zoom ottico e non di quello elettronico, che tende a deformare le immagini;
– inserire il dispositivo di messa a fuoco automatica;
– eseguire diversi scatti, modificando leggermente distanza e angolazione della sorgente luminosa;
– controllare immediatamente il risultato, in particolare la messa a fuoco, la leggibilità del testo, l'equilibrata illuminazione, senza dare eccessivo peso a luminosità, contrasto, fedeltà o saturazione dei colori, sui quali si può intervenire successivamente in fase di elaborazione elettronica;

– trasferire subito le immagini su un computer, in una cartella apposita, dando un nome preciso e identificativo alle singole immagini, in modo da renderne sempre facile il reperimento con gli appositi programmi di ricerca;
– trasferire per sicurezza le foto anche su un supporto mobile (CD-ROM, penna USB, hard disk portatile).

5.2.2. L'elaborazione digitale delle immagini

È un'operazione che si può eseguire immediatamente oppure, nel caso del rilievo di più iscrizioni, alla fine di una serie di riprese. Scaricate le immagini sul computer, bisogna procedere alla loro elaborazione elettronica, al fine di correggere eventuali difetti e ottenere una resa migliore. Si attua in pochi semplici passi:
– effettuare una copia di sicurezza di tutte le immagini in una cartella a parte: ogni modifica, infatti, se registrata con il medesimo nome, comporta la perdita dell'originale;
– aprire la cartella servendosi di un programma di visione delle immagini, sia commerciale sia gratuito, come *Xnview* o *Irfanview* (scaricabili gratuitamente dai siti www.xnview.com; www.irfanview.com), che consentono di vedere in rapida successione tutte le immagini di una cartella, con la possibilità di ingrandirle con il semplice scorrimento della rotella del mouse. Si può in questo modo effettuare una scelta delle foto da rielaborare, eliminando le foto non riuscite o quelle non soddisfacenti;
– aprire il file della foto con un programma di elaborazione delle immagini: il più usato è un programma commerciale, *Adobe Photoshop©*, che esiste in varie versioni, alcune delle quali sono fornite gratuitamente, anche se con molte limitazioni, insieme alla fotocamera. Sono comunque reperibili in rete molti programmi gratuiti dalle caratteristiche analoghe o molto simili, come www.gimp.org;
– ritagliare (non scontornare!!) la fotografia, eliminando gli elementi non necessari;
– passare dalla modalità colori alla modalità bianco e nero;
– migliorare la foto agendo sulla luminosità e sul contrasto, tenendo presente che un contrasto elevato consente una migliore leggibilità dell'iscrizione, ma tende a "bruciare" i particolari;
– ridimensionare la foto, portandola ad almeno 300 pixel di definizione e a un formato di cm 10 × 15;
– se il testo fosse di difficile lettura, soprattutto nei casi di lettere evanide o graffiti, buoni risultati si ottengono applicando l'inversione dei colori (in pratica l'immagine appare come il negativo di una pellicola) o servendosi di qualcuna delle opzioni presenti sotto la voce "filtro", come l'effetto rilievo o la solarizzazione o, ancora, dell'opzione che consente di orientare virtualmente un fascio di luce;

– memorizzare la foto sia in formato TIFF, per conservarne con esattezza tutte le caratteristiche, sia in formato JPEG, che riduce molto il peso del file ma può eliminare particolari utili a una corretta lettura;
– darle un nome che la renda facilmente identificabile (riferimento del *Corpus*, parola chiave del testo, luogo di rinvenimento ecc.).

Ulteriori utili informazioni si possono reperire oltre che sul libretto di istruzioni della fotocamera e sul manuale del software impiegato, anche su un buon manuale di elaborazione di immagini digitali, come R. C. Gonzalez, R. Woods, *Elaborazioni delle immagini digitali*, Pearson Ed. Italia, Milano 2008 o R. Celano, *Fotografia e ritocco digitale*, Mondadori, Milano 2008.

La ripresa fotografica va sempre effettuata, soprattutto ai fini di una completa documentazione, ma talora può non essere sufficiente a riprodurre in modo chiaro e fedele il testo, specie nei casi in cui il reperto sia in cattivo stato di conservazione oppure, per la sua collocazione, non sia possibile illuminarlo adeguatamente, oppure quando l'epigrafe sia incisa su una superficie curva non fotografabile interamente, come un'ara a fusto cilindrico o un miliario. Bisogna poi tenere sempre presente che l'uso della luce radente consente di riprodurre solo una parte dei dettagli (quelli che il fotografo ha voluto, o potuto, mettere in luce), dando luogo a una riproduzione parzialmente "soggettiva".

Per tali motivi la fotografia va integrata con altri sistemi di riproduzione, fra i quali i più utili sono il disegno, il calco, il ricalco.

5.2.3. Il disegno

Il disegno, diretto o indiretto, ha in campo epigrafico un'antichissima tradizione; il risultato è generalmente buono, a volte esteticamente gradevole, ma bisogna tener presente che è sempre una rappresentazione soggettiva, legata non solo all'abilità di chi lo esegue, ma anche alle sue conoscenze epigrafiche.

Il disegno "diretto", ovvero realizzato come copia dal vero, è inoltre notevolmente influenzato dalle condizioni ambientali in cui avviene, soprattutto dalla luminosità e dalla collocazione del monumento. Il disegno "indiretto", invece, realizzato sulla base di una foto, dipende ovviamente dalla qualità della ripresa; può essere particolarmente utile quando si vogliano presentare integrazioni di epigrafi frammentarie o rendere meglio leggibile un'iscrizione. In entrambi i casi il disegno va eseguito con molta cura e possibilmente dall'epigrafista stesso o sotto il suo controllo. I casi di lettere fraintese, interpolate od omesse dai disegnatori, anche professionali, sono molto frequenti. È comunque utile, in ogni caso, per poter disporre della maggiore documentazione possibile, realizzare sul posto alcuni schizzi del monumento, con varie prospettive, e dell'iscrizione da allegare alla scheda.

5.2.4. Il calco

Si può effettuare con vari materiali e varie tecniche, anche molto sofisticate. Qui si esporranno solo i metodi che si possono applicare sul campo, in maniera semplice, non invasiva e speditiva: non si accennerà quindi né ai calchi in gesso a colata, né a quelli ottenibili con gomma siliconica, lattice di gomma, resine epossidiche.

Il calco cartaceo

Vanta una consolidata tradizione ed era il metodo preferito da Theodor Mommsen e dai suoi collaboratori, tanto che nell'archivio dell'Accademia di Berlino ve ne sono diverse migliaia, eseguiti durante i lavori preparatori del *Corpus* e consultabili in rete all'indirizzo cil.bbaw.de/cil_en/dateien/datenbank_entg.php (cfr. Schmidt, 2003). Una notevole collezione di calchi di iscrizioni latine si trova anche a Cleveland, presso il Center for Epigraphical and Paleographical Studies dell'Ohio State University (epigraphy.osu.edu).

Per ottenere buoni risultati bisogna procedere in questo modo:
– procurarsi dei fogli non piegati di carta priva di collagene, una spazzola con setole animali abbastanza rigide, una bacinella grande abbastanza per immergervi il foglio, una bottiglia di plastica con spruzzatore, corde elastiche, plastilina, spilli;
– riempire la bacinella d'acqua e stendere il foglio, irrorandolo abbondantemente e lasciando almeno un'estremità asciutta per estrarlo e maneggiarlo senza strapparlo;
– pulire accuratamente la superficie iscritta e bagnarla abbondantemente con lo spruzzatore;
– adagiare il foglio ben inumidito e, se il piano è verticale, fissarlo con le corde elastiche o con palline di plastilina o di prodotti analoghi;
– battere la carta con la spazzola, iniziando dal centro verso l'esterno, battendo con colpi decisi, così che la carta aderisca bene senza spostarsi e penetri nei solchi delle lettere, e prestando attenzione a non provocare lacerazioni; nel caso si formassero delle bolle d'aria, bisogna forare la carta con uno spillo e far uscire l'aria con leggeri colpi della spazzola;
– attendere che il foglio si asciughi o, se non è possibile, toglierlo molto lentamente e adagiarlo su una superficie rigida, evitando di esporlo alla luce del sole o a fonti di calore, che potrebbero causare delle deformazioni;
– una volta asciutto riporre il foglio orizzontalmente in una scatola rigida oppure arrotolarlo (con la parte in rilievo rivolta verso l'esterno) e inserirlo in un contenitore rigido per disegni.

Questo tipo di calco consente di ottenere una documentazione molto fedele, dato che si tratta di un vero facsimile dell'iscrizione e permette di studiare il monumento anche lontano dal luogo in cui esso si trova (cfr. FIG. 5.2). Offre inoltre la possibilità di realizzare buone fotografie nella quiete dello studio

FIGURA 5.2
Il calco cartaceo di un miliario (CIL, V, 8080) realizzato nell'Ottocento

Vi si legge: [D(omino) n(ostro) imp(eratori) Caesari Fl(avio) C]on[stantino Maximo] / p(io), f(elici), victor[i Aug(usto), pont(ifici) max(imo) trib(unicia) pot(estate)] / XXIII, imp(eratori) XXII [co(n)s(uli) VII] / hum[a]narum [rerum optimo] / principi, divi Con[stanti filio] / bono rei publi[cae nato].

Fonte: Ferrero (1887-88, tav. III, 6).

e di ottenere risultati a volte eccezionali ai fini della lettura, fotografandone la parte in rilievo (ovvero il retro) a luce radente.

Non è però consigliabile nel caso di iscrizioni su materiali lapidei in pessimo stato di conservazione, oppure per loro natura molto delicati o porosi, sfaldabili, soggetti a fenomeni di distacco di noduli. Presenta inoltre qualche difficoltà di esecuzione nel caso di superfici molto ampie, per le quali bisogna ricorrere all'impiego di più fogli di carta, che vanno sovrapposti con precisi punti di riscontro, oppure di superfici non levigate o corrose. Bisogna inoltre tener presente che, almeno in Italia, essendo considerato un metodo invasivo, gli enti preposti alla conservazione e alla tutela (Soprintendenze archeologiche, Direzioni dei musei), concedono raramente il permesso di eseguirli.

Un particolare tipo di calco cartaceo è il *frottage*, ovvero il calco ottenuto con lo strofinamento di grafite o di altre sostanze coloranti, come erba, terra, carta carbone, su sottile foglio cartaceo disposto sulla superficie da rilevare. È un metodo assolutamente da evitare, non tanto perché i risultati sono di solito pessimi, ma soprattutto perché le possibilità che il foglio si laceri e che la sostanza colorante si trasferisca sulla superficie del monumento, danneggiandolo seriamente, sono altissime. Parimenti da evitare è il *frottage* su piccole iscrizioni con lettere a rilievo (marchi su terra sigillata, laterizi, anfore, lucerne), eseguito strofinando la punta di una matita su un foglio di carta velina, poiché si corre il grave rischio di provocare distacchi di parte delle lettere.

Il calco con materiali plastici per modellazione (plastilina, pongo, DAS)

Era una pratica molto usata in passato, soprattutto per riprodurre iscrizioni di piccole dimensioni con lettere a rilievo, come i marchi di fabbrica su *instrumentum* (in particolare su anfore, lucerne, laterizi, terra sigillata). Dapprima si cosparge la superficie dell'iscrizione con talco, poi si pressa sopra il materiale plastico e, infine, si procede al distacco. Si ottiene così l'iscrizione al negativo e, se si desidera, si può riempire lo stampo ricavato con gesso liquido, gomme siliconiche o resine epossidiche, per ottenere una copia molto fedele. È anche questo un metodo poco consigliabile, perché i risultati sono buoni solo in caso di lettere ben rilevate, mentre la possibilità di danneggiare il reperto, provocando il distacco di parte della superficie, è altissima.

5.2.5. Il ricalco su acetato

È una tecnica non invasiva che offre buoni risultati nel rilievo di iscrizioni su superfici curve, come i miliari, o molto danneggiate, o nel caso di lettere evanide. Si fissa sulla superficie del monumento con nastro adesivo o plastilina un foglio di acetato o di altro materiale plastico semitrasparente di spessore medio, e con un pennarello nero con inchiostro indelebile si ricalca, lentamente e con particolare attenzione alla distinzione fra segni casuali della pietra e segni dello scalpello, il solco delle singole lettere o, in alternativa, il loro profilo (cfr. FIG. 5.3). Si stacca poi il foglio e lo si arrotola su un supporto cilindrico rigido, cercando di evitare le stropicciature; rivolgendosi a un laboratorio specializzato, si possono ottenere dall'originale, cui si deve apporre in basso a destra una scala in centimetri, fotocopie in scala ridotta. Da queste si ricava il disegno da unire alla scheda e già pronto per un'eventuale pubblicazione.

Si tratta in ogni caso di una riproduzione soggettiva, che è particolarmente influenzata dai fattori ambientali e dall'abilità e dall'esperienza di chi esegue il rilievo, sia durante il ricalco sulla lapide, sia durante la rielaborazione grafica, e il risultato ottenuto deve essere sempre controllato con molta cura sull'originale.

FIGURA 5.3
Jesolo (Venezia). Il ricalco su foglio di acetato di un'iscrizione su un frammento interno di miliario (AE, 1987, 435) e la sua restituzione grafica

Vi si legge: [I]mp(eratori) [Caesari d(omino) n(ostro)] / [G]rat[iano pio, fe]/[li]ci, sem[per] aug(usto), div[i] / [Va]lenti-niani / [A]ug(usti) filio / - - - - - - ?.

Fonte: Buonopane, Grossi, Guarnieri, Pirotti (2006, fig. 5 a-b).

5.2.6. Il rilievo con il laser scanner

La ricerca di nuovi sistemi di rilievo per ottenere una ricostruzione fedele e inalterabile dei monumenti iscritti ha suggerito in anni recenti l'uso del laser scanner, uno strumento elettronico di scansione tridimensionale impiegato normalmente e con ottimi risultati nell'ingegneria civile e nel rilievo topografico e architettonico.

Il rilievo di un'epigrafe con il laser scanner consente di restituire una rappresentazione tridimensionale oggettiva e completa, perché le riproduzioni sono prive delle interpolazioni del fotografo o del rilevatore; inoltre, i risultati possono essere visualizzati su qualsiasi piattaforma hardware ed essere memorizzati su ogni supporto digitale (CD, DVD, HD fisso e portatile), mantenendo l'informazione inalterata nel tempo. A tutto questo si aggiungono poi i vantaggi della modellazione tridimensionale: possibilità di effettuare misure ad altissima precisione sul monumento e sulle lettere (dimensione e profondità dell'incisione, ad esempio) e di rendere più agevole la lettura del testo tramite rotazione dei punti luce nello spazio 3D, ingrandimento di particolari, multiutenza (più utenti possono effettuare on-line elaborazioni diverse sullo stesso oggetto nello stesso momento e confrontare i risultati).

FIGURA 5.4
La scansione tridimensionale delle prime due righe del miliario del console *Sp(urius) Postumius Albinus* (CIL, V, 8045 = I², 624 = ILLRP, 452) ottenuta con il laser scanner

Fonte: ALEUVR.

Una sperimentazione, condotta su un miliario della via Postumia (CIL, V, 8045 = I², 624 = ILLRP, 452; cfr. FIG. 5.4) in collaborazione fra l'Università di Verona e l'Università di Padova (Centro interdipartimentale di topografia, fotogrammetria, SIT), ha dato risultati particolarmente incoraggianti (Buonopane, Grossi, Guarnieri, Pirotti, 2006, pp. 373-88; un video con le fasi del rilievo e una presentazione in PDF possono essere scaricati gratuitamente sul sito www.cirgeo.unipd.it/cirgeo/gallery.html#bertinoro).

Al momento attuale, l'unico aspetto veramente negativo è rappresentato dal costo delle apparecchiature, che è tuttavia destinato ad abbassarsi, e quello per l'impiego di un operatore qualificato o per la formazione di un addetto alla scansione e all'elaborazione.

5.2.7. La documentazione delle iscrizioni non più reperibili

Se l'iscrizione che si deve schedare risulta dispersa o, per vari motivi, non reperibile o non accessibile al momento dell'autopsia, è necessario esaminare tutta la documentazione disponibile. Oltre a sondare gli archivi dei musei e delle Soprintendenze, di cui si è detto in precedenza (cfr. PAR. 5.1), dove potrebbero essere conservati disegni e foto eseguiti in passato, può essere utile un attento esame della documentazione bibliografica, a stampa e manoscritta. Nel primo caso, infatti, non è escluso che la pubblicazione sia stata corredata con foto e disegni; mentre se l'iscrizione è stata riportata in un codice, è possibile reperire anche qualche disegno, spesso nemmeno segnalato nella bibliografia delle grandi sillogi come il *Corpus*. Questi disegni, pur non essendo sempre fedeli, sono comunque di notevole importanza per conoscere tipo di monumento, apparato iconografico, scansione in righe del testo e, talora, per risolvere dubbi di lettura, come nel caso dell'epigrafe da Aquileia riportata in FIG. 5.5.

FIGURA 5.5
Aquileia (Udine). Il disegno di un altare posto al dio Sole invitto oggi irreperibile (CIL, V, 807 = InscrAq, 317), ma tràdito da un disegno (ms. 638, Pontificia biblioteca antoniana di Padova, f. 9v) di Benedetto Ramberti (1503-1546 circa), che ne restituisce abbastanza bene l'aspetto originario

Vi si legge: *Soli / deo / Invicto / sacrum. / Feronius / Censor, signi(fer) / v(otum) s(olvit) l(ibens) m(erito)*.
Fonte: ALEUVR.

5.3
Terza fase: la compilazione della scheda

Lo scopo della schedatura è quello di raccogliere e ordinare tutte le informazioni reperibili riguardo l'iscrizione presa in esame. Per razionalizzare il lavoro è meglio predisporre una scheda articolata nel maggiore numero di voci possibile: ci si può servire di una scheda cartacea o di una elettronica, da compilare direttamente sul posto, introducendo i dati nel computer, anche se l'esperienza suggerisce, per evitare perdite di dati preziosi, di compilare prima quella cartacea e poi di trasferire, subito o in un secondo momento, i dati in quella elettronica.

Esistono vari tipi di scheda che possono servire da modello, da quelle chiamate RA (Reperto Archeologico; manca al momento attuale una scheda dedicata specificatamente all'epigrafia), elaborate dall'Istituto centrale per il catalogo e la documentazione (la struttura della scheda, in versione 3.00, e le norme per la compilazione si possono consultare e scaricare all'indirizzo www.

iccd.beniculturali.it/Catalogazione/standard-catalografici/normative/schede-ra) e in uso presso le Soprintendenze archeologiche, a quelle elaborate autonomamente da enti regionali, comunali o museali.

In ogni caso, una scheda per il rilievo epigrafico deve contenere almeno i seguenti campi (per approfondimenti cfr. Di Stefano Manzella, 1987, pp. 33-73):
– parole chiave o di identificazione del reperto;
– tipo di monumento e sua descrizione (cfr. PAR. 4.2), indicando se sia integro, mutilo, ovvero con lacune inferiori alla metà complessiva, oppure se si tratti di un frammento isolato o di più frammenti aventi punti in comune ("frammenti contigui"), oppure appartenenti al medesimo monumento ma privi di punti di contatto ("frammenti solidali"). Per tutta la casistica si veda l'analisi dettagliata di Di Stefano Manzella (1987, pp. 66-7, 168-76; soprattutto le figg. 205-212), che rappresenta un riferimento imprescindibile;
– materiale;
– stato di conservazione (tutte le possibilità sono esposte in Di Stefano Manzella, 1987, pp. 57-68), prestando particolare attenzione a eventuali danneggiamenti subiti dalla lapide, a fori, incassature, stuccature, scalpellature, presenza o tracce di elementi metallici, interventi di restauro antichi e moderni. Nel caso di lacune o di stato frammentario, si deve procedere a un'esatta descrizione e definizione;
– apparato iconografico;
– misure (altezza × larghezza × spessore; espresse in cm); si forniranno solo le misure massime;
– posizione, forma, tipo di eventuali modanature e misure massime dello specchio epigrafico, se presente;
– altezza delle lettere (espressa in cm, riga per riga); si forniranno solo le misure massime e si segnalerà l'altezza di eventuali lettere nane o sormontanti. Nel caso in cui le lettere di una riga fossero interessate da lacune, la misura deve essere seguita dalla dicitura "restanti";
– data, luogo e circostanze del rinvenimento, prestando attenzione a non confondere il luogo di ritrovamento, riguardo al quale si devono avere notizie attendibili, con la provenienza, specie nel caso di reimpiego o di appartenenza a qualche collezione pubblica o privata;
– spostamenti e passaggi di proprietà del monumento;
– luogo di collocazione e modalità di esposizione (sala, magazzino, giardino); in caso di appartenenza a un ente statale o museale, indicare il numero d'inventario del pezzo e di eventuali negativi fotografici;
– bibliografia di riferimento relativa al monumento in esame; si definiscono "inediti" i monumenti non pubblicati;
– data dell'autopsia, riportando se si è eseguito il rilievo e con quali modalità;
– trascrizione in lettere maiuscole senza scioglimenti e integrazioni, lettera

per lettera e riga per riga, indicando posizione e forma (triangolare, circolare, *hedera distinguens*) dei segni d'interpunzione;
– trascrizione interpretativa, con scioglimenti e integrazioni, usando i segni diacritici (cfr. PAR. 5.3.1);
– apparato critico, giustificando eventuali proposte di lettura e segnalando le varianti rispetto alle fonti bibliografiche;
– analisi paleografica (cfr. PAR. 4.3), segnalando il tipo di scrittura, la forma del solco, eventuali tracce di rubricatura, le lettere retroverse o particolari, quelle sormontanti e nane, l'ombreggiatura, i nessi e le legature, la presenza di soprallineature, barre mediane *apices* e *sicilici*;
– proposta di datazione (cfr. PAR. 5.3.2).

5.3.1. La trascrizione interpretativa: scioglimenti, integrazioni, segni diacritici

Per fornire un testo epigrafico leggibile anche da persone non esperte di epigrafia si ricorre alla trascrizione interpretativa, nella quale bisogna procedere allo scioglimento delle sigle e delle abbreviazioni, all'introduzione della punteggiatura, alla segnalazione e all'integrazione, quando possibile, delle parti mancanti, servendosi di segni convenzionali, detti "segni diacritici". Il loro impiego deve essere fatto con particolare attenzione, perché essi consentono al lettore di distinguere quanto effettivamente compare sull'iscrizione e quanto, invece, è dovuto agli interventi apportati da chi pubblica il testo. L'iscrizione può essere trascritta riga per riga, rispettando l'originale scansione (e in questo caso è utile numerare le righe ogni cinque, ponendo il numerale a sinistra, fuori dall'incolonnamento), oppure di seguito, segnando la fine della riga con il segno /, che deve essere collocato fra due spaziature se la fine della riga corrisponde alla fine di una parola, o fra le lettere, senza spaziatura, se la fine della riga tronca la parola.

Si forniscono nella TAB. 5.1, con qualche semplificazione, i segni diacritici adottati nell'edizione dei *Supplementa Italica*, nuova serie (*SupplIt*, 8, 1991, pp. 17-9).

5.3.2. La datazione

Le iscrizioni possono esser datate o databili in base a elementi interni, ovvero presenti nel testo, che offrono spesso la possibilità di una datazione estremamente precisa, anche nell'arco di un anno, o in base a elementi esterni, la cui applicazione, però, consente una precisione delle attribuzioni cronologiche che varia da caso a caso, con oscillazioni anche molto ampie.

Elementi interni sono:
– datazione consolare: si basa di solito sulla menzione dei primi due consoli dell'anno, detti eponimi (più raramente sulle coppie dei consoli *suffecti*) e compare soprattutto negli atti ufficiali (decreti, leggi, diplomi militari), sulle

TABELLA 5.1
I segni diacritici adottati nell'edizione dei *SupplIt*

abc	lettere di lettura certa o appartenenti a parte di parola che si può riconoscere
ABC	lettere di parola incerta, che si possono trovare all'inizio, all'interno o alla fine di una parola o che possono appartenere a più di una parola
+ + +	resti di lettere così rovinate da non potersi individuare in nessun modo; ogni croce corrisponde a una lettera
a̱ḇc̱	lettere viste e descritte nel passato, ma non più visibili al momento dell'autopsia
á é í	lettere contrassegnate da apice
a̅b̅, V̅I̅	lettere e numerali soprallineati
âb, *âêt*	lettere unite in nesso
a(bc)	scioglimento certo di un'abbreviazione
a(bc?)	scioglimento incerto di un'abbreviazione
a(- - -)	abbreviazione che l'editore non può sciogliere
(scil. *abc*)	parola sottintesa che l'editore esplicita
(i.e. *abc*)	abbreviazione o sigla che l'editore esplicita
(!)	l'editore indica al lettore errori, forme anomale o fenomeni degni di nota presenti nel testo
(vac.), (vac. 5)	l'editore segnala la presenza di uno spazio non iscritto e, nel secondo caso, indica che lo spazio può occupare almeno 5 lettere
(vac.?)	l'editore segnala la presenza di uno spazio, di cui non si può appurare se fosse iscritto o meno
[*abc*]	lettere perdute per danno della superficie o per frattura della lapide che l'editore riesce a integrare
[· · ·] o [· 3 ·]	lettere perdute il cui numero si può calcolare; nel primo caso ogni punto corrisponde a una lettera
[- - -]	lettere perdute per danno della superficie o per frattura della lapide che l'editore non può integrare e il cui numero non si può calcolare
[-]	prenome abbreviato il cui numero delle lettere è incerto e che non può essere integrato
[- - -?]	lacuna incerta di lettere
[- - - - - -]	lacuna di una riga all'inizio, all'interno o alla fine del testo
[- - - - - -?]	lacuna incerta di una riga all'inizio, all'interno o alla fine del testo
- - - - - -	lacuna di un numero imprecisabile di righe all'inizio, all'interno o alla fine del testo
- - - - - - ?	lacuna incerta di un numero imprecisabile di righe all'inizio, all'interno o alla fine del testo
[[*abc*]], [[ABC]]	lettere erase in antico, che si riescono a leggere con sicurezza
[[[*abc*]]]	lettere erase in antico, che l'editore integra.
[[[· · ·]]]	lettere erase in antico che l'editore non può integrare, ma il cui numero è certo
[[[- - -]]]	lettere erase in antico che l'editore non può integrare e delle quali non può calcolare il numero
«««*abc*»»», «««ABC»»»	lettere incise al posto di altre lettere erase che l'editore riesce a leggere
`*abc*´	lettere aggiunte in antico per correggere o supplire un testo
{*abc*}	lettere aggiunte per errore dal lapicida che l'editore espunge
<*abc*>	lettere omesse dal lapicida, che l'editore aggiunge

TABELLA 5.1 (*segue*)

<- - ->	lettere omesse perché il lapicida non ha portato a termine l'iscrizione
⌜abc⌝	lettere incise per errore dal lapicida e che l'editore corregge
((a))	lettera inversa o lettera claudiana che l'editore riconduce alla forma consueta
((abc))	parola con cui l'editore scioglie una sigla o un numero
/	divisione delle righe
//	divisione delle pagine
|	divisione dei versi in un'iscrizione metrica

opere pubbliche, nelle iscrizioni sacre; per scopi pratici è molto usata nei bolli laterizi di Roma (cfr. PAR. 9.1.1) e sulle anfore (cfr. PAR. 9.2.1), mentre è piuttosto rara nelle iscrizioni funerarie. Dalla fine del IV secolo d.C. entra in uso la formula *post consulatum* (spesso con la sigla P C) seguita dal genitivo dei due consoli eponimi (o di uno dei due) dell'anno precedente. Per il periodo repubblicano si deve ricorrere a *InscrIt*, XIII, 1 (*Fasti consulares et triumphales*) e Degrassi (1954), mentre per quello imperiale sono fondamentali Degrassi (1952) – da aggiornare con Eck (1975, 1977, 1980, 1981, 1991) –, Camodeca (1991), Alföldy (1977) e Leunissen (1989);

– titolatura imperiale: alcuni elementi della titolatura imperiale (cfr. PAR. 6.7) consentono di fissare con buona precisione la data; sono l'indicazione del numero della *tribunicia potestas* rivestita, o dei consolati o delle acclamazioni imperatorie ricevute, mentre l'uso di alcuni epiteti, come *dominus*, *felix*, *pius*, rappresenta un utile *terminus post quem* (cfr. Chastagnol, 1988 e TAB. 6.4), così come la presenza della *damnatio memoriae* (cfr. PAR. 4.3.11); per i riscontri cronologici bisogna consultare Kienast (1996);

– menzione di magistrati locali eponimi: in alcune città vi è l'uso di indicare l'anno con i nomi dei magistrati in carica, accompagnati o meno dalla menzione dei consoli o dell'imperatore;

– era provinciale e locale: talora, in ambito locale, la datazione si basa sul computo degli anni dall'istituzione della provincia, dalla deduzione della colonia, dalla fondazione della città;

– indizione: più frequente nell'epigrafia dei cristiani, si basa su un ciclo di 15 anni a partire dal 313 d.C.;

– riferimenti ad avvenimenti, a personaggi, a istituzioni civili e militari, a cariche pubbliche, a culti databili in base ad altre iscrizioni o ad altre fonti (numismatiche, letterarie, papirologiche).

Altri elementi interni di datazione, ma da impiegare con estrema cautela, sia perché possono fornire indicazioni cronologiche collocabili in un arco piuttosto ampio, sia perché possono dipendere dalla natura dell'epigrafe e dalla sua destinazione, nonché essere influenzati da usi e consuetudini locali, sono:

– elementi dell'onomastica: le tappe dell'evoluzione del sistema onomastico romano sono note con relativa sicurezza (cfr. CAP. 6), anche se le datazioni che se ne possono ricavare si dispiegano solitamente su un ampio spettro; inoltre, bisogna tener presente che gli usi onomastici sono influenzati dal tipo di documento (ufficiale, privato, sacro, funerario) e dalle consuetudini locali. Un utile *terminus post quem* può essere costituito dalla presenza di gentilizi appartenenti a imperatori, come *Flavius, Ulpius, Aelius, Aurelius*;

– formule e abbreviazioni: si è notato, ad esempio, che l'*adprecatio* agli dei Mani compare per esteso (*Dis Manibus*) tra la fine del I secolo a.C. e la prima metà del I d.C., per far gradatamente posto alla sigla D M dalla seconda metà del I al IV secolo d.C.;

– lingua e stile: aspetti grammaticali, sintattici, ortografici e stilistici riflettono l'evoluzione della lingua (forme come *consol, meretod, curavei, fecei* sono sicuramente di età repubblicana) e possono quindi essere usati per attribuzioni cronologiche, pur se in un arco sempre dilatato; si deve poi tener conto che la lingua delle iscrizioni risente in modo particolare dell'ambiente in cui l'epigrafe è prodotta, del grado di cultura del committente e degli esecutori e, ovviamente, della destinazione del documento. Bisogna anche prestare attenzione al fatto che alcune forme arcaiche, come il genitivo o il dativo singolare in *-ai*, possono in realtà essere impiegate a fini stilistici (arcaismi), anche in iscrizioni del II secolo d.C.

Elementi esterni sono:

– tipo di monumento: alcune classi di monumenti iscritti (stele, cinerari, sarcofagi) sono state oggetto di dettagliati studi, che hanno portato all'elaborazione di cronologie piuttosto ristrette;

– iconografia: i ritratti, le acconciature, gli abiti, gli ornamenti, le raffigurazioni simboliche, così come le modanature, le decorazioni architettoniche e le parti ornamentali sono stati oggetto di moltissimi studi approfonditi, che possono fornire utili dati per la cronologia, ma sempre tenendo presenti fenomeni come l'"attardamento" o la rielaborazione in ambito locale di modelli importati;

– aspetti paleografici: per secoli la forma delle lettere è stata considerata un criterio fondamentale di datazione, nonostante già Scipione Maffei (cfr. CAP. 2) ne avesse messo in dubbio la validità. In realtà le uniche lettere sicuramente databili sono quelle introdotte dall'imperatore Claudio ("lettere claudiane"; cfr. PAR. 4.3.5) e da Furio Dioniso Filocalo, che nel IV secolo, al tempo di papa Damaso I, realizzò numerose iscrizioni cristiane con lettere particolarmente eleganti e riconoscibili. In tutti gli altri casi, anche se esistono importanti strumenti di confronto, come le raccolte di Ritschl (1862), Hübner (1885) e Gordon, Gordon (1958-65), e anche se vi sono vistose differenze fra la scrittura adoperata in età repubblicana e quella di età imperiale o tardoantica, l'impiego di questo criterio ai fini della datazione rimane non privo di rischi, il principale dei quali è confondere, come già facevano alcuni editori del *Corpus*, la qualità di esecuzione delle lettere con l'appartenenza a una determinata epoca. Deve inoltre essere supportato da altri più fondati elementi

5. L'ISCRIZIONE COME DOCUMENTO. RILIEVO, SCHEDATURA, EDIZIONE

datanti e, comunque, consente solo attribuzioni cronologiche su archi molto ampi; risulta quindi di reale utilità solo se si possono istituire confronti con altre iscrizioni provenienti dalla stessa area e sicuramente databili;
– materiale: la data d'introduzione o di diffusione di un particolare litotipo (il marmo di Luni, ad esempio) può essere impiegata, con cautela, come *terminus post quem*;
– contesto architettonico: se l'iscrizione è inserita in un edificio, elementi validi si possono ottenere dalla sua attribuzione cronologica, prestando attenzione al fatto che l'iscrizione sia coeva al monumento considerato e non sia stata aggiunta o rifatta in epoca posteriore, com'è il caso dell'iscrizione di M. Agrippa sul Pantheon (cfr. FIG. 4.15);
– contesto archeologico: nei rari casi in cui un'iscrizione venga in luce in seguito a uno scavo archeologico o sia possibile ricostruire con precisione le circostanze di rinvenimento e i dati relativi, l'analisi della stratigrafia e dei materiali rinvenuti insieme all'epigrafe (il corredo, ad esempio, nel caso di una sepoltura) può fornire datazioni estremamente precise.

6
Il nome delle persone

6.1
Gli elementi dell'onomastica

...*omnium municip{i}um colonorum suorum queique eius praefecturae erunt, q(uei) c(ives) R(omanei) erunt, censum ag<i>to: eorumque **nomina**, **praenomina**, **patres** aut **patronos**, **tribus**, **cognomina**...a<b> ieis iurateis accipito* ("[il magistrato preposto] dovrà effettuare il censimento di tutti gli abitanti dei municipi, delle colonie e di tutti quelli che, al momento del censimento, apparterranno a quella prefettura, che saranno cittadini romani: riceverà da loro, sotto giuramento, i loro **nomi**, i **prenomi**, i **nomi del padre o dei patroni**, le **tribù**, i **cognomi**").

Così, riguardo alle procedure relative ai censimenti, si legge alle righe 145-148 della Tavola di Eraclea (*tabula Heracleensis*: CIL, I², 598 = Crawford, 1996, p. 24), rinvenuta a *Heraclea Lucana*, presso Policoro (Matera) e ritenuta la *lex Iulia municipalis*, promulgata da Giulio Cesare nel 45 a.C.

A partire da questo periodo, quindi, ufficialmente (ma ufficiosamente già da tempo), l'onomastica completa di un cittadino romano maschio libero di nascita (*ingenuus*) si articolava nei *tria nomina* (*praenomen*, *nomen*, *cognomen*),

---

FIGURA 6.1
Verona, Museo lapidario maffeiano (nr. inv. 28420). Le prime due righe dell'iscrizione CIL, V, 2787

prenome	nome	patronimico	tribù	cognome
Q(uintos)	*Magurius*	*Q(uinti) f(ilius)*	*Fab(ia tribu)*	*Ferox*
Quinto	Magurio	figlio di Quinto	della tribù Fabia	Feroce

Fonte: ALEUVR.

integrati dall'indicazione del nome del padre e dall'indicazione della tribù, cui si era stati ascritti (cfr. FIG. 6.1).

6.1.1. Il prenome

In origine era il nome personale del cittadino romano, e i più diffusi erano *Agrippa, Faustus, Lar, Numasios, Paullus, Postumus, Proculus, Vibius, Vopiscus*; questi, col tempo, non furono più adoperati come prenomi, ma si trasformarono in gentilizi o, più frequentemente, in cognomi.

Dal III secolo a.C. si affermò l'uso di impiegare un ristretto numero di prenomi in forma abbreviata (un elenco completo di quelli meno diffusi è in Cagnat, 1914, p. 42), che sono riportati nella TAB. 6.1.

Quelli che godettero di maggiore diffusione sono *Caius, Lucius, Marcus, Publius, Quintus, Sextus, Titus* e nel I secolo d.C. *Tiberius*, la cui grande popolarità era legata alla circostanza che fosse il prenome degli imperatori *Claudii* (Tiberio, Claudio e Nerone) e, soprattutto, dei loro numerosissimi liberti. Da notare che *Caius* si abbrevia con una C, da pronunciarsi G, come segnala il grammatico Terenziano (*Lettere, sillabe e metri poetici*, V, 890; cfr. Quintiliano, *Istituzione oratoria*, I, 7, 28): *Gaius praenomen inde C notatur, G sonat*.

Il nuovo nato riceveva il prenome nove giorni dopo la nascita (Macrobio, *Saturnali*, I, 16, 36), ma lo assumeva ufficialmente solo quando prendeva la *toga virilis*, anche se, nell'uso pratico, si impiegava prima di quel momento (cfr. CIL, III, 4471; VIII, 17375). Talora, per i bambini, al posto del

---

TABELLA 6.1
I principali prenomi

A	A(ulus)
AP	Ap(pius)
C	C(aius)
CN	Cn(aeus)
D	D(ecimus)
L	L(ucius)
K	K(aeso)
M/	M(anius)
M	M(arcus)
N	N(umerius)
P	P(ublius)
Q	Q(uintus)
SER	Ser(vius)
SEX	Sex(tus)
SP	Sp(urius)
T	T(itus)
TI	Ti(berius)
V	V(ibius)

prenome si poteva usare la parola *pupus*, abbreviata PVP (cfr. CIL, IX, 2789; cfr. ILLRP, 849). Le bambine ricevevano il prenome dopo otto giorni (Macrobio, *Saturnali*, I, 16, 36), ma, come ha dimostrato Kajava (1994, in particolare pp. 239-45), le donne lo usavano solo in ambito famigliare o in contesti non ufficiali, poiché non vi era alcuna necessità di distinguere ufficialmente una donna dall'altra, dal momento che erano tenute lontane dalla vita pubblica. Se vi era qualche necessità di identificarle, la distinzione era fatta in base all'indicazione del nome del padre e/o del marito, come compare, ad esempio, sulla lastra della tomba di Cecilia Metella (CIL, VI, 1274 = 31584; cfr. FIG. 4.24): *Caeciliae / Q(uinti) Cretici f(iliae) / Metellae, Crassi* (scil. *uxori*); oppure, nel caso di sorelle, con *maior*, *minor* o con altri aggettivi indicanti l'ordine di nascita. Questo spiegherebbe la rarità dei prenomi femminili nella documentazione epigrafica (cfr. ad esempio CIL, VI, 16450; ILLRP, 24, 1252).

6.1.2. Il nome o gentilizio

Indica la famiglia di appartenenza dell'individuo e designa tutti i membri di una medesima *gens*: uomini, donne e liberti; si trasmette dal padre ai figli, sia ai maschi sia alle femmine, che, sposandosi, lo conservano. Nel caso in cui marito e moglie abbiano lo stesso gentilizio, si deve pensare a un matrimonio fra due liberti dello stesso padrone, oppure che uno dei due coniugi fosse un liberto dell'altro, oppure che fra i due intercorresse un grado di parentela tale da consentire il matrimonio secondo le leggi romane.

In origine era un aggettivo formato dal nome del padre con l'aggiunta del suffisso *-ius* (*Quintius* = figlio di *Quintus*), talora abbreviato in *-i*, soprattutto in età repubblicana. I gentilizi più frequenti sono quelli tipici delle grandi famiglie e degli imperatori: la loro diffusione fu favorita dal grande numero dei loro liberti e dal fatto che i soldati e gli stranieri che ottenevano la cittadinanza romana prendevano il gentilizio del magistrato o dell'imperatore che aveva loro concesso tale beneficio. Nei casi di nomi molto noti, anche se normalmente il gentilizio si scriveva per intero, si poteva ri-

---

TABELLA 6.2
I più comuni gentilizi abbreviati

AEL	*Aelius*
AVR	*Aurelius*
CL, CLAVD	*Claudius*
FL	*Flavius*
IVL	*Iulius*
VAL	*Valerius*
VLP	*Ulpius*

FIGURA 6.2
Köln, Römisch-Germanisches Museum. Un esempio di gentilizio abbreviato in una stele con la raffigurazione del defunto a pranzo con la moglie e assistito da due servitori (CIL, III, 8267a)

Vi si legge: *D(is) M(anibus). C(aius) Iul(ius) Maternus, / vet(eranus) ex leg(ione) I M(inervia), vius* (!) *sibi / êt Marie* (!) *Marcellinae, / coiiugi* (!) *dulcissime* (!), / *castissime* (!), *obitae, f(ecit)*.

Fonte: Walser (1988, p. 175).

correre a forme variamente abbreviate (cfr. FIG. 6.2), come quelle riportate in TAB. 6.2.

Un caso particolare è poi rappresentato dall'uso di porre nelle iscrizioni sacre, in particolare negli ex voto, i nomi in forma parzialmente o completamente abbreviata, spesso indicando solo le iniziali dei *tria nomina*, per il desiderio di conservare l'anonimato, come nell'iscrizione dall'*Anaunia* (Val di Non) riportata in FIG. 6.3.

FIGURA 6.3
Verona, Museo lapidario maffeiano (nr. inv. 28441). Altare proveniente da Vervò (Trento) con il nome del dedicante in forma parzialmente anonima (CIL, V, 5059 = SupplIt, 6, 1990, pp. 197-8, ad nr.)

Vi si legge: *Dis deabusq(ue) / omnibus pro / salute castel/lanorum Ver/vassium C(aius) V(- - -) Q/uadratus l(aetus) l(ibens) p(osuit) d(edicavitque).*

Fonte: Chisté (1971, tav. 3).

6.1.3. La filiazione o patronimico

I cittadini romani, uomini e donne, nati da genitori liberi, indicavano la loro condizione giuridica inserendo dopo il gentilizio il prenome del padre in caso genitivo, seguito dal sostantivo *filius/a*, abbreviato con la sigla F o più raramente FIL. Gli appartenenti a famiglie illustri, per sottolineare l'importanza della loro genealogia, spesso dopo il prenome del padre ponevano anche quello del nonno, seguito dalla sigla N (*nepos*; cfr. FIG. 6.4) e persino del bisnonno, con la sigla ABN (*abnepos*), oppure al prenome affiancavano anche il gentilizio e/o il cognome del padre, com'è il caso di Cecilia Metella (cfr. FIG. 4.24).

Per i figli nati da una donna libera, ma al di fuori di nozze legittime e

FIGURA 6.4
Mentana (Roma), Lapidario Zeri. Un esempio di indicazione del nome del padre e del nonno in un cippo di terminazione del Tevere (CIL, VI, 40856 = I², 766, cfr. add. p. 947 = AE, 1983, 32)

Vi si legge: M(arcus) Valerius M(arci) f(ilius), / M(ani) n(epos), Messal(la) / P(ublius) Serveilius C(ai) f(ilius) / Isauricus, / cens(ores), / [e]x s(enatus) c(onsulto) termin(averunt).

Fonte: Il lapidario Zeri (1982, tav. 1).

quindi giuridicamente senza padre, si formava il patronimico con il prenome del nonno materno, oppure si ricorreva alla formula *Sp(uri) f(ilius)*.

6.1.4. La tribù

Ogni individuo che godeva della cittadinanza romana era ascritto, ai fini politici e censitari, a una delle tribù (35 è il numero massimo dal 241 a.C.) che corrispondeva originariamente a una circoscrizione del territorio romano, costituendo l'unità di voto nei comizi tributi. Di fatto, però, dato che al momento di ricevere la cittadinanza romana i cittadini di una comunità venivano iscritti a una tribù, essa andò perdendo il suo valore territoriale. Dalla fine della Repubblica, poi, divenne individuale e talvolta ereditaria nell'ambito fa-

TABELLA 6.3
Le abbreviazioni più frequenti dei nomi delle tribù

AEM, AEMIL	*Aemilia*
AN, ANI, ANIES, ANIEN, ANIENS	*Aniensis*
AR, ARN, ARNEN, ARNENS, ARNIEN	*Arnensis*
CAM, CAMIL	*Camilia*
CL, CLA, CLAV, CLAVD	*Claudia*
CL, CLV, CLVS, CLVST	*Clustumina*
COL, COLL, COLLIN	*Collina*
COR, CORN, CORNEL	*Cornelia*
ESQ, ESQVIL	*Esquilina*
FAB	*Fabia*
F, FAL, FALE	*Falerna*
G, GAL, GALER	*Galeria*
H, HOR, ORA, ORAT	*Horatia*
LEM, LEMON	*Lemonia*
MAE, MAEC, MEC	*Maecia*
MEN, MENEN	*Menenia*
OF, OFEN, OFENT, OVF, OVFENT, VFEN	*Oufentina*
PAL, PALAT	*Palatina*
P, PAP, PAPIR	*Papiria*
P, POL, POLL	*Pollia*
POM, POMP, POMPT, POMPTIN	*Pomptina*
POB, PVB, PVBL, PVBLIL	*Publilia*
PVP, PVPIN, POPIN	*Pupinia*
Q, QV, QVI, QVIR, QVIRIN, QVR	*Quirina*
ROM, ROMIL, ROMVL	*Romilia*
SAB, SABAT, SABATIN	*Sabatina*
SCA, SCAP, SCAPT	*Scaptia*
SER, SERG	*Sergia*
ST, STE, STEL, STELL, STELLAT	*Stellatina*
SVB	*Suburana*
TER, TERET	*Teretina*
T, TR, TRO, TROM, TROMEN, TROMENTIN	*Tromentina*
VEL, VELIN	*Velina*
V, VOL, VOLT, VOLTIN	*Voltinia*
VOT, VET	*Voturia*

migliare, mentre in età imperiale acquisì quasi esclusivamente il valore di segno distintivo fra chi era in possesso della cittadinanza romana e chi ne era privo. Attestata anche per i liberti (come in AE, 1976, 125; 1979, 537; 1991, 720; 1995, 671), la menzione della tribù, che di norma veniva inserita fra il patronimico e il cognome, è particolarmente documentata fra la seconda metà del II secolo a.C. e il II secolo d.C., mentre tende a sparire dal III secolo d.C. Un caso particolare è rappresentato dalle "pseudo-tribù" (Forni, 1985), derivate dal gentilizio di alcuni imperatori, come *Ael(ia)*, *Iul(ia)*, *Ulp(ia)*, e che, dall'età di Adriano, vengono assegnate agli abitanti di alcune città, cui è stato concesso il diritto di cittadinanza.

Il nome della tribù può comparire per esteso in caso ablativo (molto raramente in genitivo), seguito o meno dalla parola *tribu*, ma, più spesso, è presente in forma abbreviata, con la parola *tribu* sottintesa (cfr. FIG. 6.1), oppure con l'aggettivo derivato dal nome. Nella TAB. 6.3 sono riportate le abbreviazioni impiegate con maggiore frequenza, mentre per le altre si può ricorrere alla sezione *Litterae singulares*, negli indici dei vari volumi del *Corpus*, o consultare in rete il sito www.case.edu/artsci/clsc/asgle/abbrev/latin.

6.1.5. Il cognome

Era in origine un soprannome non ufficiale, che serviva a individuare con maggior precisione le persone; poteva richiamare caratteristiche fisiche (*Agilis*, *Longus*, *Niger*), psicologiche o caratteriali (*Constans*, *Modestus*, *Pius*), avere carattere beneaugurante (*Felix*, *Victor*), derivare da nomi di città o di popolo (*Altinas*, *Gallus*, *Mantuanus*), di mestiere (*Agricola*, *Mercator*, *Sutor*), di animali o di piante (*Lupus*, *Ursus*, *Arbusculus*), essere legato all'ordine di nascita (*Primus*, *Secundus*, *Tertius*, *Quartus*, *Maximus*), rievocare personaggi storici, mitologici o letterari (*Alexander*, *Romulus*, *Achilles*).

Nelle grandi famiglie di notabili (*nobiles*), un cognome, unito al gentilizio, serviva a distinguere i diversi rami di una stessa famiglia, come i *Cornelii Balbi*, i *Cornelii Cossi*, i *Cornelii Scipiones*, e talora, all'interno di un ramo, segnava un'ulteriore suddivisione, come per i *Cornelii Scipiones Nasicae*: si trasmetteva anch'esso, come il gentilizio, per via ereditaria.

L'uso del *cognomen*, in origine appannaggio degli appartenenti all'aristocrazia, si affermò lentamente e divenne frequente a partire dall'età di Silla, prima fra i liberti (gli schiavi liberati, infatti, trasformavano in cognome il loro nome personale; cfr. PAR. 6.3.1) e poi, forse a loro imitazione, fra la gente comune; nei testi epigrafici il suo uso diviene regolare e generalizzato tra la fine della Repubblica e la prima metà del I secolo d.C.

Talora alcuni individui portano più di un cognome: può trattarsi di un cognome *ex virtute*, che veniva attribuito a un comandante vittorioso traendolo dal nome del popolo sconfitto, come per *P. Cornelius Scipio Africanus* o *L. Cornelius Scipio Asiaticus*, oppure di un cognome formatosi in seguito ad adozione. Chi veniva adottato, infatti, assumeva l'onomastica dell'adottante e trasformava in cognome il proprio gentilizio, aggiungendo il suffisso *-anus*. Ad esempio, il giovane *C. Octavius*, il futuro imperatore Augusto, una volta adottato da *C. Iulius Caesar*, mutò la sua denominazione in *C. Iulius Caesar Octavianus*. Questo soprattutto in età repubblicana, mentre in età imperiale, in particolare dal II secolo d.C., prevalse, soprattutto per la diffusione delle adozioni testamentarie, l'uso di aggiungere all'onomastica dell'adottante anche il nome del padre naturale, e a volte anche quello della madre, senza alcuna modifica.

In altri casi, sempre dal II secolo d.C., si aggiungeva al proprio nome non solo il cognome o i cognomi del padre, ma anche quelli degli avi, unendovi pure

FIGURA 6.5
Roma, Antiquarium comunale del Celio. Un esempio di polinomia in una base per offerta votiva posta da personaggi appartenenti all'ordine senatorio (AE, 1977, 22)

Vi si legge: *Deo Sancto Mercurio Aug(usto), / conservatori suo, / P(ublius) Attius Ulpius Apuleius / Clementinus Rufinus, v(ir) c(larissimus), et / Fl(avia) Veratia Peticianilla, c(larissima) f(emina) eius, et / P(ublius) Attius Flavius Augur Rufinus / Clementinus, v(ir) c(larissimus), et / Attia Flavia Veratia Augurina / Novatilla, c(larissima) p(uella), filii [eoru]m / ex oraculo aediculam / dedicaverunt.*

Fonte: Panciera (2006, p. 1057, fig. 1).

elementi onomastici della madre e dei suoi antenati o quelli di membri di altre famiglie, cui si era in qualche modo legati per via testamentaria, giungendo così a creare formazioni onomastiche estremamente complesse (cfr. FIG. 6.5).

6.2
La trasmissione di prenome, nome e cognome

Prenome. Non sembra che esistessero regole fisse; nell'uso comune, il primogenito prendeva quello del padre o, talvolta, quello del nonno; in alcune famiglie illustri esistevano dei prenomi che si trasmettevano meccanicamente per via ereditaria, come *Ap(pius), C(aius), L(ucius), P(ublius), Ti(berius)* per la *gens Claudia* o *C(aius), L(ucius), Sex(tus)* per la *Iulia*.

Nome. I bambini legittimi ricevevano il gentilizio del padre, mentre gli illegittimi, nati da una donna giuridicamente libera (*ingenua* o liberta), prendevano generalmente il gentilizio della madre (o, meglio, quello del nonno materno, nella cui famiglia entravano a far parte). Il figlio di una donna vedova, che si risposasse, conservava il gentilizio del padre defunto, a meno che non venisse adottato dal nuovo coniuge.

Cognome. Non esistevano regole fisse, ma solo consuetudini non sempre rispettate; spesso il primogenito prendeva lo stesso cognome del padre, mentre il secondogenito quello della madre e il terzogenito assumeva un cognome derivato da quello del padre (ad esempio *Rufinus* da *Rufus* o *Priscianus* da *Priscus*).

6.3
L'onomastica degli schiavi e dei liberti

In origine lo schiavo non aveva nome proprio, ma veniva indicato semplicemente con il termine generico *puer,* talora nella forma arcaica *por* preceduto dal prenome del padrone in caso genitivo: *Marci puer* o *Marcipor*. L'espansione romana nel Mediterraneo portò a Roma un grande afflusso di schiavi, abbattendone i prezzi e facendo sì che essi divenissero numerosi all'interno di

FIGURA 6.6
Roma, Musei capitolini. Ara a Esculapio posta dallo schiavo di un cittadino privato (CIL, VI, 12)

Vi si legge: *Aisculapio / Augusto sacrum. / Probus, M(arci) Fictori Fausti* (scil. *servus*), / *minister iterum anni XXXI*.
Fonte: Walser (1988, p. 93).

FIGURA 6.7
Mentana (Roma), Lapidario Zeri. Stele funeraria posta a uno schiavo imperiale con le mansioni di *dispensator* (AE, 1983, 61)

Vi si legge: *Dis Man(ibus) / Felicis, imp(eratoris) Aug(usti* scil. *servi), disp(ensatoris), Aviena / Procula coniugl* (!) */ benemerenti / t(estamento)*.
Fonte: *Il lapidario Zeri* (1982, tav. XLV).

una famiglia: sorse così la necessità di distinguerli, dando loro un nome, di solito scelto dal padrone. Si prediligevano nomi beneauguranti o collegati a divinità particolarmente venerate (teoforici), oppure quelli di personaggi del mito o delle opere letterarie più famose; secondo una moda piuttosto diffusa, si preferivano nomi di origine greca (grecanici), spesso scelti con una qualche eccentricità. Per questo motivo va considerata con molta cautela l'eventualità che il cognome riveli la provenienza geografica di uno schiavo o di un liberto, mentre è possibile che un cognome grecanico o comunque non latino indichi, associato ad altri elementi, la condizione di liberto di un individuo.

Nelle iscrizioni, l'indicazione dello stato servile è data dalla parola *servus/a* scritta per intero, abbreviata con l'iniziale S o sottintesa, e preceduta o, più raramente seguita, dalla denominazione del padrone (cfr. FIG. 6.6). A volte, invece del termine *servus* si può trovare *verna*, che indica normalmente lo schiavo nato nella casa del suo padrone.

Se lo schiavo apparteneva all'imperatore, la sua condizione veniva indicata premettendo o il nome del sovrano o, più spesso, la sigla AVG (= *Aug(usti)*), talora preceduta da IMP (= *imp(eratoris)*) (cfr. FIG. 6.7) oppure CAES (= *Caes(aris)*), che può anche essere seguita dalla sigla N (= *n(ostri)*).

FIGURA 6.8
Verona. La stele funeraria posta da un servo pubblico di Verona alla sua compagna

Vi si legge: *Aeliae / Fortunatae, / contubern(ali) / pientissim(ae), / Pothinus, / Veronensiûm* (scil. *servus*).
Fonte: Buonopane (2003-04, fig. 1).

Nel caso di schiavi pubblici, ovvero appartenenti allo stato o, più frequentemente, a una città, il nome è preceduto dal nome della città o da quello dei suoi abitanti in genitivo (cfr. FIG. 6.8).

Un caso particolare nell'onomastica servile è rappresentato dalla presenza di un secondo elemento, caratterizzato dal suffisso *-anus*: si tratta di schiavi che sono passati da un padrone, il cui nome è stato trasformato in aggettivo, a un altro per vendita, testamento, dono o confisca, come nell'epigrafe da Roma di FIG. 6.9.

FIGURA 6.9
Napoli, Museo archeologico nazionale. Lastra di colombario, rinvenuta a Roma (CIL, VI, 9046), dove si ricorda uno schiavo del re di Numidia Giuba II passato in proprietà di Augusto

Vi si legge: *Chio Aug(usti)* scil. *servo) / Iubatiano / struct(ori)*.

Fonte: ILMN, p. 297, nr. 121.

6.3.1. I liberti

Se uno schiavo veniva liberato dal suo padrone o si emancipava, entrava di fatto nella famiglia del suo ex padrone, che da *dominus* diveniva *patronus*. Assumeva perciò prenome e nome dell'ex padrone e trasformava in cognome il suo originario nome personale. Per indicare la propria condizione di affrancato, per legge (ma nella pratica si tendeva a non farlo) doveva inserire tra nome e cognome il prenome dell'ex padrone seguito dalla parola *libertus/a*, abbreviata in L o talvolta LIB. Interessante è il caso riportato in FIG. 6.10, in cui uno schiavo di nome *Successus*, appartenente a un *Q. Samicius*, promette un voto alla divinità e poi affrancato lo rinnova, mettendo la sua onomastica nuova: *Q. Samicius Successus*.

Se lo schiavo veniva liberato da una donna, non potendosi mettere il prenome, si ricorreva alla lettera C retroversa (Ɔ) o più raramente alla M rovesciata (W), che vanno lette *((mulieris))*, mentre in alcuni casi si poteva mettere il prenome del marito o del padre della donna. Se i padroni erano più di uno (marito e moglie, ad esempio, o alcuni fratelli), si mettevano tutti i loro prenomi, come nell'iscrizione di FIG. 6.11.

Nei casi di servi pubblici si adottava un prenome generico e come gentilizio si usava *Publicius* o, più frequentemente, un gentilizio ricavato dal nome della città cui lo schiavo era appartenuto (*Atestinus, Mediolaniensis, Veronius*) o si usava il nome della città o dei cittadini al genitivo seguito da *libertus/a*.

Se lo schiavo apparteneva all'imperatore, con la liberazione assumeva pre-

FIGURA 6.10
Verona, Museo lapidario maffeiano (nr. inv. 28345). L'altare al *Caelum* e al *deus Benacus*, posto da *Successus* due volte, la prima volta da schiavo e la seconda da liberto (CIL, V, 3998 = *SupplIt*, 11, p. 176-7)

Vi si legge: *[Ca]elo et lac(ui) / Benaco / Successus Q(uinti) / Samici Myrini* (scil. *servus*) */ v(otum) s(olvit) l(ibens) m(erito). / Q(uintus) Samicius / Suc[cessu]s iter(um)*.

Fonte: Bassignano (1987, p. 323).

FIGURA 6.11
Verona, Museo lapidario maffeiano (nr. inv. 28531). Lastra funeraria da Roma con la menzione di una ex schiava di due padroni (CIL, VI, 7928)

Vi si legge: *Pomponia Q(uinti) et ((mulieris)) l(iberta) Cale. / Vixit annis XVII*.
Fonte: ALEUVR.

FIGURA 6.12
Napoli, Museo archeologico nazionale. Stele da Roma con la menzione di un liberto imperiale e della sua compagna (CIL, VI, 9069)

Vi si legge: *D(is) M(anibus) / M(arci) Ulpi Aug(usti) l(iberti) / Primionis / tab(ularii). / Fecit / Dionysias / contubernali / b(ene) m(erenti).*
Fonte: ILMN, p. 297, nr. 123.

nome e nome dell'imperatore, cui faceva seguire l'indicazione del suo stato giuridico con la parola *libertus*, abbreviata in L o LIB, preceduta dalla denominazione dell'imperatore al genitivo o dalle forme abbreviate *Aug(usti)* oppure *Caes(aris) n(ostri)*; anche in questo caso l'originario nome personale diventava un cognome, come nell'esempio riportato in FIG. 6.12.

Quando in un'iscrizione compariva il nome dell'ex padrone, si ometteva spesso il prenome e il gentilizio del liberto, ponendo solo il suo cognome seguito dalla parola *l(ibertus)* o *lib(ertus)*, poiché era evidente che gli elementi onomastici mancanti erano identici a quelli dell'ex padrone (cfr. FIGG. 6.13 e 6.17).

Di solito i liberti, fatta eccezione per quelli imperiali, tendevano per ovvi motivi a omettere l'indicazione della propria condizione, fatto questo che no-

FIGURA 6.13
Mentana (Roma), Lapidario Zeri (AE, 1986, 88)

Vi si legge: D(is) M(anibus) / Alexandro, / lib(erto) optimo et / fidelissimo, / L(ucius) Laelius Pollian(us), tr(i)b(unus).
Fonte: Il lapidario Zeri (1982, tav. CLXXXIV).

nostante la presenza di alcuni indizi, come un cognome di origine greca, rende talora incerta la loro identificazione.

6.4
Gli stranieri

Gli stranieri (*peregrini*) di condizione libera portavano solo il nome personale, spesso seguito dal patronimico. Nel caso ottenessero la cittadinanza romana, assumevano i *tria nomina*, prendendo prenome e nome del magistrato o dell'uomo politico o dell'imperatore che l'aveva loro concessa, conservando il patronimico e trasformando il nome personale in cognome, sovente latinizzandolo. In molti casi si assiste a un fenomeno di assunzione dei *tria nomina* come assimilazione, secondo un fenomeno detto autoromanizzazione (cfr. FIG. 6.14), spesso illegale, ovvero senza la concessione del governo romano, come documenta un passo di un editto di Claudio (CIL, V, 5050) che con effetto retroattivo concesse la cittadinanza romana e quindi l'uso dei *tria nomina* a molti abitanti dell'*Anaunia* (oggi Val di Non) che se li erano arbitrariamente arrogati.

FIGURA 6.14
Köln, Römisch-Germanisches Museum. La stele funeraria di alcuni individui con onomastica indigena della tribù dei *Viromandui* (CIL, XIII, 8342 = AE, 1891, 144)

Vi si legge: *Gato Cabiri / f(ilio), civi Viroman/duo, Demionca[e] / coniugi eius, / Athamae et Atrecto, / Gati filis / Bienus Gati f(ilius) pie / de suo f(aciundum) c(uravit)*.

Fonte: Walser (1988, p. 258).

6.5
Dal nome personale al solo cognome: l'evoluzione dell'onomastica latina

Nel corso dei secoli, il sistema onomastico dei cittadini romani subì radicali cambiamenti, che riflettevano il mutarsi delle condizioni storiche, economiche e sociali. Dall'unico nome personale di età arcaica, i *simplicia nomina* menzionati da Varrone (*Libro dei prenomi*, 2), si passò a una formazione bimembre (prenome e gentilizio) per arrivare, nel I secolo a.C., all'uso generalizzato dei *tria nomina*. Dal I secolo d.C. la struttura a tre elementi cominciò a semplificarsi: il prenome, che aveva da tempo perso la sua importanza come elemento identificativo, venne impiegato con sempre minore frequenza, e dal II secolo d.C. non venne più inserito nelle iscrizioni. Stessa sorte toccò pure al *nomen*, divenuto anch'esso pressoché inutile ai fini di una precisa identificazione, a causa soprattutto della larga diffusione dei gentilizi imperiali (basti pensare al gran numero di stranieri che, ottenendo la concessione della cittadinanza grazie alla *constitutio Antoniniana* del 212 d.C., assunsero il gentilizio *Aurelius*, quello dell'imperatore Caracalla) e dell'uso, sempre più massiccio, di scriverlo in forma abbreviata. Il cognome rimase così l'unico elemento veramente identificativo di un individuo, e dal IV secolo d.C., l'unico a essere usato regolarmente nelle iscrizioni della gente comune: si tornò così al sistema del nome singolo. Questo fenomeno, tuttavia, non riguardò l'aristocrazia, che anzi predilesse sempre di più una spiccata polinomia, che riuniva, come si è detto, all'onomastica della famiglia paterna anche quella della famiglia materna, nonché quella di parenti più o meno lontani, allo scopo evidente di ostentare l'antichità e l'importanza della propria stirpe.

6.6
Altri elementi dell'onomastica

6.6.1. L'origine (*origo*)

Indica la patria di una persona e, di norma, si colloca dopo il *cognomen*. Può essere espressa in caso locativo o genitivo (*Bononiae*), in ablativo (*Bononia*), con un aggettivo derivato dal nome della città (*Bononiensis*; cfr. FIG. 6.15).

FIGURA 6.15
Köln, Römisch-Germanisches Museum. Ara posta alla dea Diana da un centurione originario di *Arretium* (Arezzo) (CIL, XIII, 8174)

Vi si legge: *Deanae / sacrum. / A(ulus) Titius C(ai) f(ilius) / Pom(ptina tribu) Sever/us, Arrêtio, / ((centurio)) leg(ionis) VI Vic(tricis) P(iae) F(idelis) / idemque vivari/um saepsit.*

Fonte: Walser (1988, p. 81).

FIGURA 6.16
Mentana (Roma), Lapidario Zeri. La menzione dell'appartenenza al popolo gallico degli Edui in un cippo funerario da Roma (AE, 1984, 121)

Vi si legge: *D(is) M(anibus) / Capriliae Severae, / civis Aeduae, que* (!) *defuncta est / ann(is) XVIII, / Catius Maximinus, / maritus, fecit.*
Fonte: *Il lapidario Zeri* (1982, tav. LXVI).

Talvolta, quando l'individuo vuole affermare la sua appartenenza a una piccola comunità, usa *civis* seguito dal nome della comunità al genitivo, oppure dall'aggettivo da questa derivato, come nell'iscrizione funeraria da Roma di FIG. 6.16.

Nei casi in cui un individuo non voglia indicare né la città, né la comunità, bensì la nazione cui appartiene, usa l'ablativo *natione*, talora sottinteso, seguito dall'aggettivo derivato dal nome della nazione.

6.6.2. Il domicilio

Segnala la residenza abituale e si indica con la parola *domo* seguita dal nome della città in ablativo, in genitivo o in locativo, o dall'aggettivo da questa derivato (cfr. FIG. 6.17).

FIGURA 6.17
Bordeaux, Musée d'Aquitanie. Lastra funeraria per un individuo morto a *Burdigala* (Bordeaux), ma domiciliato a *Bilbilis* (CIL, XIII, 612)

Vi si legge: *L(ucio) Antonio L(uci) f(ilio) / Gal(eria tribu) Statuto, / domo Bilbil(i), / Ocellio l(ibertus)*.
Fonte: Walser (1988, p. 255).

6.6.3. I *supernomina*

Il *supernomen* è un soprannome che si aggiunge agli altri elementi onomastici e che si diffonde a partire dal II secolo d.C.
Fondamentalmente esistono due tipi di *supernomen*:
1. *agnomen*: è un soprannome che si aggiunge al nome (equivalente a un odierno *nickname*), per identificare con maggiore precisione la persona; usato soprattutto dalle persone di umili condizioni e attribuito per lo più da parenti, amici e colleghi, è il nome con cui un individuo è abitualmente chiamato e si indica con formule come *qui vocatur, qui et vocatur, qui et, qui, cui nomen est*, oppure *sive, idem*;

FIGURA 6.18
Roma, Musei capitolini. Un *signum* di tipo *b* (*Panchar[ii]*) inciso sul coronamento della base di una statua eretta, poco dopo il 19 maggio del 357, in onore del senatore *Attius Caecilius Maximilianus*

Vi si legge: *Panchar[i]. // Attio Caecilio Maximiliano, c(larissimo) [v(iro)], / quaest(ori), praetori candidato, / [p]raef(ecto) aerarii Saturni ac / pariter vicem tuenti cons(ularis) / aquar(um), corr(ectori) Lucaniae et Britt(iorum), / [p]raef(ecto) annonae urbis Romae, / [c]uius diligentia ac provisione / [a]dventu ad urb(em) Romam d(omini) n(ostri) / [C]onstanti maximi victoris / [a]c triumf(atoris)* (!) *semper Aug(usti) / [an]nona populo et fortissimo / [mil]iti adfatim subministrata est / - - - - - -?*

Fonte: CIL, VI, 41332.

2. *signum*: è un soprannome che si presenta in due forme, apparentemente simili, ma in realtà piuttosto diverse fra loro, dato che il primo è tipico delle classi più umili e l'altro, invece, è usato dagli appartenenti all'aristocrazia a partire dalla fine del II secolo d.C.; può essere:
a) unito agli altri elementi onomastici con cui si concorda, con la parola *signo* seguita dal genitivo;
b) staccato dal testo dell'iscrizione, all'inizio o alla fine, ma anche in altri punti del monumento funerario (sulla base, sul coronamento, su una faccia laterale o su quella posteriore); deriva probabilmente da modelli di acclamazione in greco e in latino ed è, di solito, un nome in *-ius*, talora derivato dal greco; a volte sussiste l'incertezza se sia in caso vocativo singolare (ipotesi più probabile) o in genitivo singolare o, ancora, in nominativo plurale. Si è anche supposto che in

alcuni casi possa indicare l'appartenenza a una setta, ed essere quindi una sorta di nome mistico, o a una associazione (*club name*; cfr. FIG. 6.18).

6.7
La titolatura imperiale

Nelle iscrizioni, l'imperatore viene denominato con un insieme di elementi onomastici, magistrature, sacerdozi e titoli, convenzionalmente definiti "titolatura imperiale", che mutano a seconda del periodo, del luogo, della destinazione e della natura dell'epigrafe (cfr. FIG. 6.19).

FIGURA 6.19
Roma, Musei capitolini. Un esempio di titolatura imperiale in una lastra da *Lanuvium*, menzionante la realizzazione e la dedica di una statua a *Iuno Sospes Mater Regina* a opera di Adriano nel 136 d.C. (CIL, XIV, 2088).

Vi si legge: *Imp(erator) Caes(ar) divi Traiani / Part(hici) f(ilius), divi Nervae n(epos), / Traianus Hadrianus Aug(ustus), / pont(ifex) max(imus), trib(unicia) pot(estate) XX, co(n)s(ul) III, p(ater) p(atriae) / I(unoni) S(ospiti) M(atri) R(eginae) statuam ex donis aureis / et arg(enteis) vetustate corruptis / fieri et consecrari iussit. / Ex auri p(ondo) libris) III et arg(enti) p(ondo) libris) CCVI.*

Fonte: Walser (1988, p. 29).

6.7.1. Elementi onomastici

Imperator (IMP) Il termine, che designa il comandante in capo dell'esercito, diviene il prenome ufficiale dell'imperatore; a partire da Augusto, che lo sostituisce al suo prenome *Caius*, apre la titolatura imperiale, sottolineando il carattere militare del principato. Tiberio, Caligola e Claudio non lo adottano, mentre da Nerone in poi l'uso diviene generalizzato, mentre, a partire dai Flavi, compare nuovamente il prenome personale, posto subito dopo IMP o dopo la filiazione.

Caesar (CAES) Cognome caratteristico della *gens Iulia*, occupa il posto del gentilizio, subito dopo il prenome, con lo scopo evidente di segnalare la continuità dinastica da imperatore a imperatore. Dalla metà del II secolo d.C. appartiene solo al principe e a coloro che sono designati a succedergli e, sempre da questo periodo, può essere impiegato come cognome.

Divi f(ilius) Il patronimico dell'imperatore è quasi sempre formato col nome del padre adottivo (non il prenome, ma l'elemento più caratterizzante) preceduto, se quest'ultimo ha avuto la *consecratio*, ovvero la divinizzazione, dall'appellativo *divus*. Spesso alla menzione del padre si aggiungono quelle del nonno e del bisnonno, arrivando in alcuni casi fino alla quinta generazione antecedente, servendosi dei termini *nepos* (NEP), *pronepos* (PRON, PRONEP), *abnepos* (ABN, ABNEP), *adnepos* (ADN, ADNEP), a sottolineare la continuità dinastica, vera, presunta o fittizia, con gli imperatori precedenti.

Nome personale Può essere l'originario nome personale, oppure quello adottivo, oppure può essere, sempre per motivi di continuità dinastica, quello di alcuni degli imperatori precedenti.

Augustus (AVG) Titolo onorifico, pregno di valenza sacrale, decretato a Ottaviano nel 27 a.C., che viene assunto da tutti gli imperatori come cognome. A partire da Commodo può essere preceduto da alcuni aggettivi con funzione di titolo, come *pius*, *felix* (cfr. TAB. 6.4).

Cognomina ex virtute Ricordano le campagne militari felicemente condotte dall'imperatore o dai suoi generali e sono derivati dall'etnico del popolo vinto, come *Germanicus*, *Dacicus*, *Parthicus*; da Marco Aurelio in poi può essere seguito dall'aggettivo *Maximus*. Un *cognomen ex virtute* può essere considerato anche l'epiteto *Optimus*, conferito ufficialmente a Traiano nel 114 d.C., come riconoscimento delle sue virtù civili (Plinio, *Panegirico*, 88). Rappresentano un utile *terminus post quem* per datare l'iscrizione.

6.7.2. Magistrature

Tribunicia potestas (TRIB POT) Compare in caso ablativo (raramente in genitivo) e, a partire dalla seconda *tribunicia potestas* rivestita, è seguita da un numerale ordinale. Conferiva i poteri del tribuno della plebe, come la facoltà di annullare la decisione presa da un magistrato (*ius intercessionis*) e l'inviolabilità (*sacrosanctitas*), pur non rivestendo il tribunato della plebe, e consentiva un grande potere politico. Secondo Tacito (*Annali*, III, 56: *id summi fastigii vocabulum Augustus repperit*), l'espressione fu inventata da Augusto per fregiarsi di un appellativo che ponesse in luce la sua superiorità su tutti gli altri magistrati, senza assumere nomi come re o dittatore, che erano invisi ai Romani. Attribuita ad Augusto dal senato nel 23 a.C., fu accordata anche a tutti i suoi successori di solito al momento dell'ascesa al trono e riconfermata ogni anno, cosicché il suo numero dovrebbe corrispondere anche agli anni di regno, rendendola l'elemento principale per la datazione dell'epigrafe in cui compare. È invece d'obbligo la cautela, perché, soprattutto per alcuni imperatori, rimane tuttora aperto il problema dell'anno di inizio del computo e della data del rinnovo annuale; si ignora, infatti, se avvenisse nell'anniversario del *dies imperii* (il giorno dell'acclamazione imperiale da parte dell'esercito) o del *dies comitialis* (il giorno dell'approvazione della nomina da parte dei comizi), tra i quali potevano intercorrere diversi giorni. Inoltre, secondo la tradizione, Traiano avrebbe fissato la data dell'attribuzione al 10 dicembre, giorno in cui, in età repubblicana, veniva conferita ai tribuni della plebe, mentre secondo altri, solo con Antonino Pio, nel 147 d.C., il computo sarebbe iniziato da questa data (Magioncalda, 1991, pp. 37-42). Infine bisogna anche tener conto che alcuni imperatori hanno rivestito la *tribunicia potestas* ancora prima di salire al trono, come correggenti o come eredi designati.

Consul (COS) L'imperatore poteva essere nominato console, magistratura che assumeva il 1° gennaio dell'anno seguente, anche se, di solito, rimaneva in carica solo per una parte dell'anno, per cedere il posto a uno dei *consules suffecti*. A partire dal secondo consolato rivestito la sigla COS era seguita da una cifra, da sciogliersi con un avverbio numerale (II = *iterum*, III = *ter*; IIII = *quater*, V = *quinquies*, VI = *sexies*, VII = *septies* e così via). La designazione avveniva nel corso dell'anno – spesso negli ultimi mesi – precedente quello in cui la magistratura sarebbe stata rivestita e quindi, fino al 31 dicembre, nella titolatura compariva l'espressione *consul designatus* (COS DESIG), seguita dall'avverbio numerale indicante il futuro consolato. Il numero dei consolati rivestiti varia da imperatore a imperatore: alcuni sono stati eletti consoli molte volte, altri, invece, assai raramente; l'indicazione del numero del consolato rivestito, incrociata con l'indicazione della *tribunicia potestas* e il numero di eventuali salutazioni imperatorie (cfr. PAR. 6.7.4), permette di formulare datazioni molto precise.

6.7.3. Sacerdozi

Pontifex maximus (PONT MAX) Seguendo l'esempio di Cesare prima e di Augusto poi, tutti gli imperatori, anche quelli cristiani, almeno fino a Graziano nel 376 d.C., rivestivano questa dignità, che conferiva loro la presidenza del collegio dei pontefici e garantiva, di fatto, il controllo della religione ufficiale. Nel caso in cui vi fosse una diarchia, uno solo dei due imperatori assumeva questo titolo, regola che cadde in disuso a partire da Pupieno e Balbino (238 d.C.).

6.7.4. Titoli

Pater patriae (P P)   Titolo onorifico di origine repubblicana – a Cicerone fu conferito nel 63 a.C. dopo la scoperta della congiura di Catilina –, venne assunto da Augusto nel 2 a.C. e da allora attribuito a tutti gli imperatori, fatta eccezione per Tiberio, che lo rifiutò, e per Galba, Ottone, Vitellio, Pertinace e Didio Giuliano.

Imperator (IMP)   Collocato una seconda volta all'interno dell'iscrizione, di solito dopo la menzione della *tribunicia potestas*, e seguito da un numero, da sciogliersi con un avverbio numerale (II = *iterum*, III = *ter*, IIII = *quater* e così di seguito), indica le salutazioni (o acclamazioni, secondo alcuni studiosi, come Simpson, 1998) riconosciute a un imperatore, quando egli stesso o, più frequentemente, uno dei suoi legati concludeva vittoriosamente una campagna militare. Nella titolatura compare regolarmente fino a Caracalla, mentre in seguito l'uso diventa episodico e relativo solo ad alcuni imperatori, come Gordiano III, Gallieno, Diocleziano. Nel computo bisogna tener presente che la proclamazione a imperatore era considerata come la prima salutazione e quindi che, alla prima vittoria conseguita, egli era proclamato *imp(erator)* II.

6.7.5. Altri elementi

Censor (CENS)   Augusto aveva ricevuto la *censoria potestas*, senza essere mai stato *censor*, mentre solo Claudio (cfr. FIG. 6.20), Vespasiano e Tito si fregiarono del titolo di *censor* e Domiziano di quello di *censor perpetuus* dall'84 d.C. In seguito la menzione di *censor* venne omessa.

TABELLA 6.4
Titoli introdotti da alcuni imperatori

bono rei publicae natus (BONO R P N)	tetrarchi (293-305),
conservator, *restitutor* (CONSERV, RESTITVT)	Aureliano; spesso è seguito da genitivi come *orbis*, *pacis*, *generis humani*
dominus (DOM, DN)	Adriano
dominus noster (DOM N, DN N)	Settimio Severo; spesso compare in sostituzione di *imperator* in posizione iniziale; a partire dalla tetrarchia compare nella forma *domini nostri*
invictus (INV, INVICT)	Gallieno
liberator orbis Romani (LIB ORB R)	Diocleziano
perpetuus (PERP, PP)	Aureliano
pius felix (P F, P FEL)	Commodo
triumphator (TRIVMP, TRIVMPH)	Costanzo
victor (VICT)	Costanzo

Proconsul (PROCOS)   Il proconsolato appare talora nelle iscrizioni di Traiano e dei suoi successori, ma solo sui monumenti eretti nelle provincie; con Settimio Severo può comparire anche sulle epigrafi realizzate in Italia.

Sono poi attestati altri titoli, caratteristici di singoli imperatori oppure introdotti da un principe e poi adottati dagli altri, che godono di particolare diffusione soprattutto dalla fine del III secolo d.C.; nella TAB. 6.4 si presenta un elenco dei più frequenti, con il primo imperatore per cui sono attestati (una rassegna approfondita è in Chastagnol, 1988, pp. 12-38).

6.8
La titolatura degli appartenenti alla casa reale

La famiglia imperiale, nel suo insieme, è chiamata *domus Augusta, domus Augusti* o *domus imperatoris*; nel caso si tratti della famiglia di un imperatore *divi filius*, può essere detta anche *domus divina*. Gli appartenenti alla famiglia reale portano titoli che variano a seconda dei tempi e delle circostanze. I principali sono:
– *Caesar* (CAES): a partire da Adriano, che l'usò per designare come suo successore *L. Aelius Verus*, entrò nell'uso comune, posto immediatamente dopo il nome, per indicare l'erede al trono e per distinguerlo dal principe regnante, chiamato *Augustus*. Dal III secolo d.C. può essere preceduto dall'aggettivo *nobilissimus* (NOB) e in seguito da *perpetuus, beatissimus, felix, florentissimus*;
– *princeps iuventutis*: accordato la prima volta da Augusto ai figli adottivi *C. Caesar* e *L. Caesar*, compare regolarmente nelle iscrizioni dal III secolo d.C. per designare l'erede al trono;
– *Augusta* (AVG): decretato dal Senato per la prima volta a Livia dopo la morte di Augusto (Tacito, *Annali*, I, 8), venne poi conferito a numerose altre imperatrici e, talora, anche a una sorella (*Marciana*, sorella di Traiano), a una figlia (*Claudia*, figlia di Nerone), a una nipote (*Matidia*, nipote di Traiano), alla madre (*Iulia Mamaea*, madre di Severo Alessandro);
– *mater kastrorum* (MAT KASTR, M K): attribuito per la prima volta nel 174 d.C. a Faustina minore, moglie di Marco Aurelio, fu portato da diverse imperatrici, fra le quali *Iulia Domna, Iulia Maesa, Iulia Mamaea, Herennia Etruscilla, Ulpia Severina*; come altri appellativi, di uso più raro, quali *mater senatus* e *mater patriae*, non venne più impiegato dopo Diocleziano.

6.9
La *damnatio memoriae*

La damnatio (o, meglio, *abolitio*; Donati, 2003, p. 521) *memoriae* comportava la soppressione fisica del ricordo del condannato, con mezzi che andavano dalla distruzione delle immagini (spesso limitata all'asportazione della testa) alla scalpellatura del nome sulle iscrizioni (più raramente di tutta l'iscrizione).

FIGURA 6.20
Roma, Palazzo dei Conservatori. La *damnatio memoriae* di *Valeria Messalina*, moglie di Claudio nella base di un ex voto in oro (CIL, VI, 918 = 31202)

Vi si legge: *Pro salute / Ti(beri) Claudi Caesaris Aug(usti) Germanici, pont(ificis) max(imi), trib(unicia) pot(estate) VII, co(n)s(ulis) IIII, / imp(eratoris) XV, p(atris) p(atriae), censoris, [[[et Valeriae Messalinae Aug(ustae)]]] liberorumque [[[eorum]]]. / Ex voto suscepto C(aius) Iulius Sex(ti) f(ilius) Cor(nelia tribu) Postumus, praef(ectus) Aegypti / Ti(beri) Claudi Caesaris Germanici. Ex auri p(ondo) XVI.*

Fonte: Gordon (1983, tav. 27, nr. 41).

Non riguarda solo alcuni imperatori, ma anche i membri della loro famiglia (fratelli, mogli; cfr. FIG. 6.20), nonché magistrati e funzionari imperiali (cfr. FIG. 4.62), reparti militari, ma anche semplici cittadini, spesso vittime di persecuzioni politiche.

In alcuni casi, pochi anni dopo la *damnatio*, mutato il clima politico, poteva avvenire la riabilitazione, con la riscrittura del nome sulle parti scalpellate, come avvenne per Commodo, la cui memoria fu ristabilita a opera di Settimio Severo (cfr. CIL, XI, 6053; AE, 1922, 53-54 e Donati, 2003, p. 523).

Bisogna tuttavia prestare attenzione a non confondere i casi in cui un testo è stato parzialmente o del tutto asportato a scalpellatura per essere corretto o per far posto alla realizzazione di una nuova iscrizione, pratica questa, ad esempio, molto diffusa sui miliari (cfr. PAR. 4.2.10).

Quando si intenda fornire una trascrizione interpretativa del testo, la parte erasa va indicata con gli appositi segni diacritici (cfr. PAR. 5.3.1).

7
L'individuo al servizio dello Stato e della città: le carriere

Le iscrizioni, quelle onorarie in particolare (cfr. PAR. 8.2), offrono una notevole quantità di notizie riguardanti il *cursus honorum*, ovvero l'insieme delle funzioni e delle magistrature rivestite al servizio dello Stato o delle città, da singoli individui. L'ordine con cui esse sono presentate può essere diretto, se l'elenco comincia dalla funzione più bassa per arrivare alla più alta, inverso, se comincia dall'ultima carica esercitata dal personaggio per giungere alla prima, o misto, se presenta elementi di *cursus* diversi: in età imperiale, ad esempio, dopo aver percorso alcune tappe della sua carriera, un cavaliere può entrare, di solito per decisione dell'imperatore (*allectio*), nell'ordine senatoriale e cominciare ad assumere incarichi riservati ai senatori. Chi è stato console menziona spesso questa carica per prima, sia nei casi di ordine diretto, sia in quelli di ordine inverso. I sacerdozi sono di solito nominati a parte, prima o, più raramente, dopo gli altri uffici ricoperti.

7.1
Le carriere in età repubblicana

In epoca repubblicana la *lex Villia annalis* (180 a.C.) prima e, un secolo dopo, la *lex Cornelia de magistratibus* (82 a.C.) avevano fissato in modo gerarchico e vincolante la scansione delle magistrature della carriera senatoria in questura (Q, QVAEST), edilità (AED, AID) o tribunato della plebe per gli individui di origine plebea (TRIB PL, TR PL), pretura (PR, PRAET), consolato (COS). Queste magistrature dovevano quindi essere ricoperte una di seguito all'altra e in quest'ordine, dopo aver espletato le funzioni, che potremmo definire propedeutiche, di carattere civile (uno dei quattro incarichi del vigintivirato) e militari (un anno di servizio in una legione col grado di *tribunus militum laticlavius*, con allusione alla larga fascia di porpora che ornava la veste come segno distintivo nei confronti dei *tribuni militum angusticlavi*, ovvero contraddistinti da una fascia di porpora più stretta e non provenienti da famiglie senatorie) riportate nella TAB. 7.1.

Le poche testimonianze epigrafiche di questo periodo che presentano il

TABELLA 7.1
Le funzioni propedeutiche alla carriera senatoria in età repubblicana

Abbreviazione	Titolo
XV SI, XV SL, XV STL IVD	*decemvir stlitibus iudicandis*: addetto principalmente a dirimere le questioni relative all'accertamento della condizione di libertà o di schiavitù di una persona
IIIIV V CVR	*quattuorvir viarum curandarum*: incaricato di curare le strade urbane di Roma, sotto la guida degli *aediles*
IIIV CAP, IIIV KAP, IIIV CAPIT, IIIV KAPIT	*triumvir capitalis*: esercitava funzioni di polizia e vigilava sulle carceri e sulle esecuzioni capitali
IIIV MON = IIIV AAAFF	*triumvir monetalis = triumvir auro argento aere flando feriundo*: incaricato di batter moneta in nome del senato
TRIB MIL LAT LEG	*tribunus militum laticlavius legionis*: comando nell'ambito di una legione

cursus completo di un senatore confermano questo meccanismo, come dimostra l'iscrizione onoraria di L. Licinio Lucullo (cfr. FIG. 7.1).

La carriera di chi era giunto alla pretura o al consolato poteva poi proseguire con l'incarico di governatore di una provincia in qualità di *proconsule* (PROCOS), titolo che spettava anche agli ex pretori, almeno fino al 52 a.C., quando Pompeo impose per questi ultimi il titolo di *propraetore* (PROPR). Chi era stato console poteva poi aspirare a essere eletto *censor* (CENS, CES; cfr. CIL, VI, 1303, 1304, cfr. 31593 = I², 762, 763 = *InscrIt*, XIII, III, 71 = ILLRP, 392) e poteva, in casi eccezionali, essere nominato *dictator* (DICTATOR; cfr., ad esempio, CIL, VI, 284 = I², 607 = ILLRP, 118).

7.2
Le carriere in età imperiale

Augusto prima (18-13 a.C.) e Caligola poi (38 d.C.), com'è noto, attuarono una netta separazione fra senatori e cavalieri, portando alla creazione di due distinti *ordines*, destinati a formare il nerbo dell'amministrazione politica, burocratica e militare dello Stato, il cui accesso era subordinato sia al possesso di un censo adeguato (1.000.000 di sesterzi per i senatori, 400.000 per i cavalieri), sia all'esistenza di particolari requisiti morali e civici. All'appartenenza a uno di questi due ordini corrispondevano anche due distinte carriere, dette *cursus honorum*, articolate in tappe ben determinate e separate fra loro, anche se esisteva una qualche permeabilità – il sistema dell'*allectio*, ad esempio, consentiva a un cavaliere di entrare di fatto nell'ordine senatorio.

7. L'INDIVIDUO AL SERVIZIO DELLO STATO E DELLA CITTÀ: LE CARRIERE

FIGURA 7.1
Arezzo, Museo archeologico. Un esempio di carriera senatoria di età repubblicana nell'iscrizione onoraria di L. Licinio Lucullo, che fu console nel 74 a.C. (CIL, XI, 1832 = InscrIt, XIII, III, 84)

Vi si legge: *L(ucius) Licinius L(uci) f(ilius) / Lucullus, / co(n)s(ul), pr(aetor), aed(ilis) cur(ulis), q(uaestor), / tr(ibunus) militum, aug(ur). / Triumphavit de rege Ponti Mithridate / et de rege Armeniae{e} Tigrane, magnis / utriusque regis copiis compluribus pro/elis terra marique superatis; conle/gam suum pulsum a rege Mithridat[e], / cum se in Chalchadona contulisset, / opsidione liberavit.* Si noti l'ordine discendente del *cursus* e la menzione, in posizione finale, del sacerdozio.

Fonte: InscrIt, XIII, III, 84.

7.2.1. Il *cursus honorum* senatoriale

Anche in età imperiale la carriera senatoriale era costituita dalle antiche magistrature repubblicane, mantenute, pur con qualche modifica, da Augusto. Articolate gerarchicamente, con la questura al posto più basso e il consolato a quello più alto, dovevano essere rivestite, tranne in casi particolari, solo al raggiungimento dell'età minima che la legge imponeva per ciascuna di loro e, so-

prattutto, una di seguito all'altra, frapponendo un anno di intervallo (due fra pretura e consolato). L'aver rivestito una delle quattro magistrature, fatta eccezione per il tribunato delle plebe e l'edilità, consentiva di rivestire alcune prestigiose funzioni nell'apparato statale, anch'esse disposte gerarchicamente in questi tre raggruppamenti:
1. funzioni spettanti agli ex questori (*viri quaestorii*);
2. funzioni spettanti agli ex pretori (*viri praetorii*);
3. funzioni spettanti agli ex consoli (*viri consulares*).

Gli appartenenti all'ordine senatoriale nelle iscrizioni possono avere i seguenti titoli:
- C V o V C: *clarissimus vir, vir clarissimus*;
- C M V: *clarissimae memoriae vir* (dopo la morte);
- C F: *clarissima femina*;
- C I: *clarissimus iuvenis*;
- C P: *clarissimus puer/clarissima puella*.

L'accesso alla carriera senatoriale era subordinato, come in età repubblicana, all'esercizio di una delle quattro cariche riunite nel collegio del vigintivirato e al prestare per un anno servizio presso l'esercito col grado di *tribunus militum laticlavius*, che poteva essere sostituito anche da un anno di servizio presso una amministrazione pubblica (cfr. TAB. 7.1). Spesso alcuni giovani, al di fuori del vigintivirato e prima della questura, erano nominati *seviri equitum Romanorum* (VIVIR EQ R), ovvero comandanti di uno dei sei squadroni di cavalieri che partecipavano alla *transvectio equitum*, la rassegna dei cavalieri creata da Augusto (cfr. FIG. 7.2), una carica costosa, perché comportava le spese per l'organizzazione di giochi, ma prestigiosa e molto ambita. Espletate le funzioni propedeutiche, era allora possibile accedere alla carriera senatoria vera e propria, che si articolava nelle magistrature riportate nella TAB. 7.2 (i numeri dei magistrati segnalati per ciascuna carica sono indicativi, in quanto variabili a seconda dei periodi).

In età imperiale l'edilità e il tribunato della plebe erano considerati sullo stesso piano, anche se quest'ultimo, così come l'edilità della plebe, poteva essere assunto unicamente da individui di origine plebea. Quando la nomina a questore, a tribuno della plebe, a pretore era caldeggiata dall'imperatore, accanto al titolo si aggiungeva l'epiteto *candidatus* (CANDID, CAND, C, KAND, K). I consoli erano in numero variabile: due, chiamati consoli ordinari, venivano designati verso la fine dell'anno – fino al momento di entrare in carica erano detti *consules designati* (COS DES) – e assumevano il potere il 1° gennaio, dando il proprio nome all'anno (consoli eponimi), mentre gli altri, chiamati *consules suffecti* (COS SVF) e designati il 9 gennaio, erano destinati a succedere ai consoli ordinari (che di solito non restavano in carica più di sei mesi), ogni quattro o tre o due mesi, avendo diritto anch'essi a essere chiamati *consules designati* fino al momento di entrare in funzione. In età imperiale la censura non rientra più fra le magistrature: fino a Domiziano venne esercitata dall'imperatore, ma in

FIGURA 7.2
Brescia, Musei civici. La carriera del senatore M. Nummio Umbrio Primo Senecione Albino, che fu console nel 206 d.C., incisa sulla base della statua eretta in suo onore dal liberto M. Nummio Euhodo (CIL, V, 4347 = *InscrIt*, X, V, 137)

Vi si legge: *M(arco) Nummio / Umbrio Primo / M(arci) f(ilio), Pal(atina tribu), Senecioni / Albino, có(n)s(uli), pr(aetori) candidat(o), / leg(ato) prov(inciae) Africae, leg(ato) prov(inciae) Asiae, / q(uaestori) candid(ato) Augustór(um), pontif(ici), / salio Palatino, VIvir(o) eq(uitum) R(omanorum) turmae pr(imae), / IIIvir(o) monetali a(ere) a(rgento) a(uro) f(lando) f(eriundo) / M(arcus) Nummius Euhodos lib(ertus) / nutritor et procurator, l(oco) d(ato) d(ecreto) d(ecurionum)*. Si noti il sacerdozio inserito, contrariamente all'uso comune, all'interno del *cursus*, probabilmente per segnalare il momento in cui era stato rivestito.

Fonte: InscrIt, X, V, 137.

TABELLA 7.2
Le magistrature della carriera senatoria

Abbreviazione				Titolo	
Q, QVAE, QVAES				*quaestor* (20)	
"	"	"	AVG	"	*Augusti*
"	"	"	CAES	"	*Caesaris*
"	"	"	COS	"	*consulis*
"	"	"	VRB	"	*urbanus*
"	"	"	PRO PRAET, PR PR	"	*propretore*
"	"	"	PROV, PR	"	*provinciae*
AED, AEDIL				*aedilis* (18)	
"	"		CVR	"	*curulis*
"	"		PLEB, PL	"	*plebis*
"	"		PL CER	"	*plebis Cerialis*
TRIB PLEB, PL, P				*tribunus plebis* (10)	
PRAET, PR, P				*praetor* (12-18)	
"	"	"	HAST	"	*hastarius*
"	"	"	PER	"	*peregrinus*
"	"	"	VRB	"	*urbanus*
"	"	"	AER	"	*aerarii*
"	"	"	TVTEL	"	*tutelarius*
COS				*consul* (2)	
COS SVF				*consul suffectus* (numero variabile)	

seguito sparì, sostituita dalla *cura ad census accipiendos* conferita dal sovrano ad alcuni senatori.

Le funzioni della carriera senatoriale

Come si è detto, all'uscita da una magistratura, in particolare la pretura e il consolato – gli ex questori (*quaestorii*) rivestivano pochi incarichi, come quello di *quaestor legatus pro praetore* (QVAEST LEG PR PR) in qualche provincia o di *quaestor imperatoris* (QVAEST IMP) –, il senatore poteva ricoprire alcune funzioni, strettamente collegate alla carica già rivestita. Le principali sono riportate nella TAB. 7.3 (un elenco completo e in ordine alfabetico è in Cagnat, 1914, pp. 105-11). I senatori, infine, potevano accedere ad alcuni sacerdozi loro riservati (cfr. TAB. 7.4).

Nella pratica epigrafica, comunque, ora per incapacità o disattenzione di chi incideva il testo, ora, probabilmente, per la volontà del committente, che preferiva mettere in evidenza alcuni momenti della sua carriera piuttosto che altri, l'ordine all'interno del *cursus* non è sempre regolare, come nell'iscrizione da Aquileia riportata in FIG. 7.3.

TABELLA 7.3
Funzioni accessibili agli ex pretori e agli ex consoli

Abbreviazione	Titolo
Ex pretori (praetorii)	
CVR CIV	*curator civitatis*
IVRID, IVR	*iuridicus per Italiam regionis...*
LEG LEG, L L,	*legatus legionis...*
LEG PR PR PROV	*legatus pro praetore provinciae...*
LEG AVG PR PR PROV	*legatus Augusti pro praetore provinciae...*
LEG PROCOS	*legatus proconsulis*
PROCOS, P	*proconsule* (governatore di una provincia senatoria pretoria; ha diritto a sei fasci)
PRAEF, PRAE, PR, PF, P	*praefectus*
" " " " " AER MIL	" *aerarii militaris*
" " " " " AER SAT	" *aerarii Saturni*
" " " " " ALIM	" *alimentorum*
" " " " " F D EX S C	" *frumenti dandi ex senatus consulto*
Ex consoli (consulares)	
CVR ALV TIB ET RIP	*curator alvei Tiberis et riparum*
CVR ALV TIB ET RIP ET CLOAC VRB	*curator alvei Tiberis et riparum et cloacarum Urbis* (dall'età di Traiano)
CVR AQVAR, AQ	*curator aquarum*
CVR AQVAR, AQ ET MINIC	*curator aquarum et Miniciae* (dall'età di Settimio Severo)
CVR AED SACR OPER PVB	*curator aedium sacrarum et operum publicorum*
CVR VIAE, CVR VIAR	*curator viae..., curator viarum...*
LEG AVG PR PR PROV	*legatus Augusti pro praetore provinciae...*
PRAEF VRB	*praefectus Urbi*
PROCOS	*proconsul* (governatore di una provincia senatoria consolare; ha diritto a dodici fasci)

TABELLA 7.4
Sacerdozi accessibili a personaggi di rango senatoriale

Abbreviazione	Titolo
AVG	*augur*
" PVB P R Q	*augur publicus populi Romani Quiritium*
F	*(sacerdos) Fetialis*
FLAM, FL DIALIS	*flamen Dialis*
" " QVIR	*flamen Quirinalis*
" " AVG	*flamen Augustalis*
" " CLAVD	*flamen Claudialis*
FR ARV	*frater Arvalis*
LVPERC	*lupercus*
PONT	*pontifex*
XV VIR S F	*quindecemvir sacris faciundis*
SAL	*salius*
SAL PALAT	*salius Palatinus*
VII VIR EPVL	*septemvir epulonum*
SOD AVGVST, AVG	*sodalis Augustalis*
" " " CLAVDIAL	*sodalis Augustalis Claudialis*
" HADRIAN	*sodalis Hadrianalis*
" ANTON	*sodalis Antoninianus*

FIGURA 7.3
Aquileia, Museo archeologico nazionale. Il *cursus honorum* "anomalo" del senatore A. Platorio Nepote Aponio Italico Maniliano C. Licinio Pollione, che fu console nel 119 d.C. e, secondo la testimonianza dell'*Historia Augusta* (*Vita di Adriano*, 4, 15), amico dell'imperatore Adriano (CIL, VI, 887 = *InscrAq*, 498)

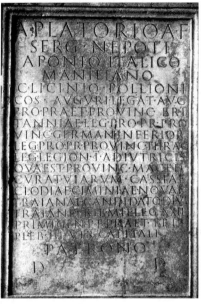

Vi si legge: *A(ulo) Platorio A(uli) f(ilio), / Serg(ia tribu) Nepoti / Aponio Italico / Maniliano / C(aio) Licinio Pollioni, / co(n)s(uli), auguri, legat(o) Aug(usti) / pro praet(ore) provinc(iae) Bri/tanniae, leg(ato) pro pr(aetore) pro/vinc(iae) German(iae) inferior(is), / leg(ato) pro pr(aetore) provinc(iae) Thrac(iae), / leg(ato) legion(is) I Adiutricis, / quaest(ori) provinc(iae) Maced(oniae), / curat(ori) viarum Cassiae, / Clodiae, Ciminiae novae / Traianae, candidato divi / Traiani, trib(uno) mil(itum) leg(ionis) XXII / Primigen(iae) P(iae) F(idelis), praet(ori), trib(uno) / pleb(is), / III vir(o) capitali, / patrono / d(ecurionum) d(ecreto)*. Il *cursus*, che è in ordine discendente, con il consolato e il sacerdozio posti all'inizio, presenta alcune anomalie, in particolare alle righe 12 e 15, dove, come nota Theodor Mommsen, bisogna correggere l'errore del lapicida, che ha cambiato di posto alle parole, e leggere, piuttosto, *quaest(ori) provinc(iae) Maced(oniae), candidato divi Traiani*.

Fonte: *InscrAq*, 498.

7.2.2. Il *cursus honorum* equestre

In età repubblicana i cavalieri (cfr. FIG. 7.4) erano dapprima facoltosi cittadini in grado di prestare servizio nella cavalleria, poiché potevano provvedere personalmente all'equipaggiamento necessario e, soprattutto, al mantenimento di un cavallo da guerra, fatta eccezione per coloro che in segno d'onore ricevevano dallo Stato l'*equus publicus*. In seguito, quando il plebiscito claudiano inibì nel 238 a.C. ai senatori e ai loro figli l'esercizio dei traffici commerciali e la partecipazione agli appalti pubblici, i cavalieri ebbero la strada spianata verso lucrosi affari e divennero rapidamente un gruppo sociale dinamico e facoltoso, capace di avere un importante peso politico, spesso contrapposto a quello dei senatori.

Si deve ad Augusto la creazione di un *ordo equestris*, formalizzato dal punto di vista giuridico e con l'accesso limitato a individui facoltosi (il censo minimo richiesto era di 400.000 sesterzi) e di comprovata moralità, inseriti in una lista che ogni anno veniva sottoposta a revisione da parte dell'imperatore in persona. Insigniti dell'onore dell'*equus publicus* (EQV PVB, EQ P), che da cavallo da guerra mantenuto dallo Stato, quale era in origine, era divenuto il simbolo dell'appartenenza all'*ordo equestris*, così come l'anello d'oro al dito e la veste ornata di una stretta striscia di porpora (*angusticlavius*), i cavalieri formavano la base per il reclutamento di capaci e fidati funzionari per l'amministrazione imperiale. Perciò, a partire dall'età giulio-claudia fino ai regni di Traiano e di Adriano, la carriera equestre si sviluppò articolandosi sempre più in numerosi incarichi, disposti gerarchi-

FIGURA 7.4
Cellere (Viterbo), casa Brazzà Savorgnan. La stele funeraria di un cavaliere di età repubblicana (CIL, I², 3339 = AE, 1962, 152 = ILLRP, 692a)

Vi si legge: *M(anius) Maecius C(ai) f(ilius), Sab(atina tribu), / Varus, eques salve. / Et tu, veive, vale. / Hic fuit ille bonus multu(m) / multa probitate, / quoius neque mors sati(s) / laudari neque vita pot(issit). / Maecia M(ani) filia.*
Fonte: *Imagines*, 258.

camente e con retribuzioni diverse, anche se rimase la sostanziale divisione in tre gruppi:
1. cariche militari propedeutiche (milizie equestri) e incarichi giudiziari;
2. funzioni civili di carattere amministrativo e finanziario (procuratele);
3. comandi militari di responsabilità ("grandi prefetture"), che erano l'apice della carriera di un cavaliere.

Inoltre i cavalieri potevano rivestire alcuni sacerdozi loro riservati (cfr. TAB. 7.8).

Nelle iscrizioni, gli appartenenti all'ordine equestre, a seconda del grado raggiunto nella loro carriera, potevano fregiarsi dei seguenti titoli:
– V E: *vir egregius* (spettava ai procuratori di grado inferiore ed entrò nell'uso corrente durante il regno di Adriano);
– E M V: *egregiae memoriae vir* (dopo la morte);
– V P: *vir perfectissimus* (spettava al *praefectus classis*, al *praefectus annonae*, al *praefectus Aegypti* e, dall'età dei Severi, ai procuratori di rango elevato);
– V EM: *vir eminentissimus* (spettava al *prafectus praetorii*, a partire dal regno di Marco Aurelio).

Milizie equestri

I cavalieri erano tenuti a prestare servizio militare ricoprendo successivamente, per un periodo non predeterminato e talora molto lungo, gli incarichi militari nelle legioni o, in alternativa, nelle truppe di stanza a Roma riportati nella TAB. 7.5.

Anche se Svetonio (*Claudio*, 24) afferma che Claudio aveva stabilito un ordine gerarchico, con il comando di un'ala dopo quello di una corte e infine l'incarico di tribuno, in realtà, a giudicare dalle epigrafi, questa successione non venne sempre seguita. Inoltre, con Nerone prima e con Vespasiano poi, i due servizi nella fanteria precedevano sempre quello nella cavalleria, considerato più impegnativo sotto l'aspetto tattico (Devijver, 1995). Qualche problema crea l'incarico di *praefectus fabrum* (PRAEF, PR

TABELLA 7.5
Le milizie equestri

Abbreviazione	Titolo
PRAEF, PR COH	*praefectus cohortis...*
TRIB MIL LEG	*tribunus militum legionis...*
PRAEF, PR ALAE	*praefectus alae...*
TRIB COH VIGIL	*tribunus cohortis vigilum*
" " VRBAN	" " *urbanae*
" " PRAET, PR	" " *praetoriae*

FABR), corrispondente al comando di truppe equiparabili al genio degli eserciti moderni. Da alcuni studiosi, infatti, è considerato come una quarta milizia, ma in realtà si tratta di una funzione premilitare e preparatoria alle tre milizie vere e proprie, a cui accedevano soprattutto ex magistrati municipali, ancora giovani, o centurioni che ambivano a entrare nell'ordine equestre.

Procuratele

Le procuratele erano divise secondo una rigida gerarchia basata sullo stipendio annuale del titolare, da 60.000 sesterzi a 300.000. Si fornisce nella TAB. 7.6 una lista di carattere indicativo, anche perché lo svolgimento della carriera non avveniva sempre in modo sistematico e la gerarchia degli incarichi poteva variare a seconda dei periodi (un elenco completo e aggiornato, disposto alfabeticamente, è in Lassère, 2005, pp. 1046-53).

Grandi prefetture

Rappresentano, per i pochi che vi giungono, il coronamento della carriera equestre e sono rivestite da individui che abbiano maturato significative esperienze nell'ambito delle procuratele di grado superiore; il loro stipendio è proporzionale all'importanza dell'incarico. Se ne dà un elenco nella TAB. 7.7.

7.3
Il *cursus honorum* dal IV secolo d.C.

Durante il regno di Costantino l'*ordo equestris* cominciò lentamente a sparire, assorbito all'interno dell'ordine senatorio, anche a seguito del fenomeno, sempre più diffuso, dell'*allectio* e, di conseguenza, del *cursus honorum* misto. Rimase ancora il titolo di *vir perfectissimus*, riservato ad alcuni funzionari di palazzo e ai *praesides*, ma il *cursus honorum* divenne uno solo, a cui si perveniva per due differenti strade, una riservata ai *clarissimi* (cfr. FIG. 7.6), ovvero ai figli dei senatori, dopo che avessero esercitato la questura o la pretura (il vigintivirato era ormai scomparso da tempo e le milizie preparatorie non erano più obbligatorie per gli appartenenti all'ordine senatorio), l'altra a coloro che fossero stati *allecti inter consulares*, termine quest'ultimo, abbreviato CONS, che non indicava più chi avesse rivestito il consolato, divenuto la massima carica cui si potesse aspirare, ma che era di fatto il sinonimo di senatore.

Nacque così una nuova gerarchia, con una suddivisione in:
- V C: *viri clarissimi*;
- V C ET S, C ET SP: *viri clarissimi et spectabiles*;
- V C ET INL, C ET INL: *viri clarissimi et inlustres*;

cui corrispondeva una serie di mansioni e di incarichi che non è possibile

TABELLA 7.6
Le principali procuratele equestri

Abbreviazione e ammontare dello stipendio	Titolo
LX (*sexagenarii* = 60.000 sesterzi)	*adiutor praefecti*
	praefectus classis Alexandrinae
	procurator alimentorum per Italiam
	" *provinciae Corsicae*
	" *XX hereditatum*
	subpraefectus annonae Urbis
	" *ludi*
C (*centenarii* = 100.000 sesterzi)	*praefectus classis Germanicae*
	" *vehiculorum*
	procurator aquarum
	procurator provinciae Arabiae
	subpraefectus vigilum
CC (*ducenarii* = 200.000 sesterzi)	*a bibliothecis*
	ab epistulis Graecis (Latinis)
	advocatus fisci
	corrector Aegypti
	praefectus classis praetoriae Misenensis (Ravennatis)
	procurator ludi magni
	procurator operum publicorum
	procurator XX hereditatium
	procurator provinciae Britanniae
CCC (*trecenarii* = 300.000 sesterzi)	*a rationibus*
	ab epistulis latinis
	a libellis

TABELLA 7.7
Le grandi prefetture

Abbreviazione						Titolo		
PRAEF, PR, P	VIGIL, VIG					*praefectus*	*vigilum*	(300.000 sesterzi annui)
"	"	"	"	"	ANN, A	"	*annonae*	(400.0000 sesterzi annui)
"	"	"	"	"	AEGYP, AEG	"	*Aegypti*	(500.000 sesterzi annui)
"	"	"	"	"	PRAE, PR	"	*praetorii*	(500.000 sesterzi annui)

TABELLA 7.8
I sacerdozi accessibili a membri dell'ordine equestre

Abbreviazione	Titolo
HAR	*haruspex*
LVPERC	*lupercus*
LAVR LAV, LAV LAV, L L	*Laurens Lavinas*
TVB SAC P R Q	*tubicen sacrorum populi Romani Quiritium*

FIGURA 7.5
Roma, Musei vaticani. La carriera del cavaliere T. Cornasidio Sabino incisa sulla base della statua eretta in suo onore dai collegi dei fabbri, dei centonari e dei dendrofori di Falerio nel Piceno (Falerone) (CIL, IX, 5439)

Vi si legge: T(ito) Cornasidio / T(iti) f(ilio), Fab(ia tribu), Sabino, e(gregiae) m(emoriae) v(iro), / proc(uratori) Aug(usti) Daciae Apulensis, proc(uratori) / Alpium Atractianar(um) et Poeninar(um) / iur(e) glad(ii), subpraef(ecto) class(is) pr(aetoriae) Raven(natis), / praef(ecto) alae veter(anae) Gallor(um), trib(uno) leg(ionis) II / Aug(ustae), praef(ecto) coh(ortis) I Mont(anorum), p(atrono) c(oloniae), auguri, Laur(enti) Lavin(ati), aed(ili), II vir(o) q(uin)q(uennali), q(uaestori) p(ecuniae) p(ublicae,) / collegia fabrum, centon(ariorum), dendrophor(um) / in honorem / T(iti) Cornasidi / Vesenni Clementis / fili eius, equo publ(ico), Laur(entis) / Lavin(atis), patroni plebis et col/legiorum, qui ab ipsis oblatum / sibi honorem statuae in / patris sui nomen memo/riamque transmisit.

Fonte: Walser (1988, p. 59).

elencare in modo sistematico, in quanto variano a seconda dei periodi (cfr. Lassère, 2005, pp. 718-43). In generale, e a titolo esemplificativo, erano *clarissimi* i *consulares alvei Tiberis et cloacarum*, i *consulares operum publicorum*, mentre erano *spectabiles* i vicari delle diocesi, alcuni *comites*, i *proconsules*, i *magistri libellorum, epistularum, memoriae*, i *tribuni et notarii*, e avevano, infi-

FIGURA 7.6
Roma, Palazzo dei Conservatori. La base della statua eretta in onore di *Iunius Quartus Palladius*, un alto dignitario che fu console nel 416 d.C. (CIL, VI, 41383)

Vi si legge: *Iunii Quarti Palladii v(iri) c(larissimi). // Amplissimorum honorum magnitu/dine et nobilitate conspicuo, / Iunio Quarto Palladio, clarissimo / et inl(ustri) viro, avorum honores super/gresso et diu in re p(ublica) perseveranti, / pr(aetori) et quaest(ori) kandidato, not(ario) et trib(uno), / com(iti) sacrar(um) larg(itionum), praef(ecto) praetorii / per annos sex Illyrici, Italiae et / Africae, consuli ordinario, legato / senatus amplissimi quarto. Eius / statuam, ob egregiam propinqui/tatis affectionem, ad decorem / domus, germanus eius inter se / ac suos locari constituitque / ius habuit.*

Fonte: Gordon (1983, tav. 63).

ne, il titolo di *inlustres* i *quaestores sacri Palatii*, i due *magistri militum*, il *praefectus praetorii*, divenuto ormai il governatore di un ambito territoriale, il *praefectus Urbi* e i *consules*.

7.4
L'organizzazione amministrativa delle città e le carriere in ambito locale

Anche se Roma proponeva un modello istituzionale da seguire, le città del mondo romano godettero di una notevole autonomia amministrativa, che si rifletteva in una significativa varietà di condizioni giuridiche.

FIGURA 7.7
Aquileia, Museo archeologico nazionale. Lastra con la menzione dei duoviri di Aquileia, colonia latina dedotta nel 181 a.C. (CIL, V, 971 = I², 2203 = ILLRP, 536 = *InscrAq*, 33)

Vi si legge: T(*itus*) *Apolonius* C(*ai*) *f*(*ilius*), / P(*ublius*) *Babrinius* M(*arci*) *f*(*ilius*), / *duomvirum*.
Fonte: *Imagines*, 224.

7.4.1. Epoca repubblicana

Colonie latine

In età più antica i magistrati ripetevano il nome dei magistrati di Roma: edili, pretori, consoli, censori in numero variabile da città a città; in epoca più recente i magistrati inferiori erano gli *aediles* e i *quaestores*, mentre i superiori erano i *duoviri* (cfr. FIG. 7.7).

Colonie romane

In origine, dato il piccolo numero di coloni che venivano dedotti, i magistrati erano solo due *praetores*, in seguito chiamati *duoviri* o *praetores duoviri* (cfr. FIG. 7.8); nel I secolo a.C. i magistrati supremi sono detti *duoviri*, mentre quelli di rango inferiore *quaestores* e *aediles*.

Municipi

Prima della guerra sociale (91-88 a.C.), i municipi ebbero diversi tipi di magistrati, simili a quelli delle colonie (*dictator*, *aediles*, *praetores*), e, in alcuni casi, collegi di magistrati che si rifacevano alla tradizione indigena, come gli *octoviri* (*Aminternum*, *Interamna Praettuttiorum*, *Nursia*, *Trebula Mutuesca*). Dopo la guerra sociale, in quasi tutti i municipi si diffuse un modello uniforme, con un collegio di quattro membri, i *quattuorviri* (IIIIVIR), dei quali due sono detti

FIGURA 7.8
I *praetores duoviri* della colonia romana di *Grumentum*, in un'iscrizione oggi perduta, nell'apografo di F. Ritschl (CIL, X, 221 = I², 1690 = ILLRP, 606)

Vi si legge: Q(uintus) Pettius Q(uinti) f(ilius), Tro(mentina tribu), Curva, / C(aius) Maecius C(ai) f(ilius), Ouf(entina tribu), pr(aetores) / duo vir(i), balneum ex / d(ecreto) d(ecurionum) de peq(unia) pob(lica) fac(iundum) cur(averunt). / Q(uintus) Pettius Q(uinti) f(ilius) probavit.

Fonte: Ritschl (1862, tav. LXXVIIIa).

iure dicundo (IVR DIC, I D) e due *aedilicia potestate* (AED POT, A P) o più semplicemente *aediles*, mentre in alcuni municipi dell'Italia meridionale si registra la presenza di *duoviri*, che rappresentavano, molto probabilmente, la persistenza di precedenti magistrature indigene.

7.4.2. Età imperiale

In questo periodo, normalmente, i magistrati nelle colonie erano due *duoviri* e due *aediles* (cfr. FIG. 7.9), mentre nei municipi vi era un collegio di *quattuorviri*, articolato in due *quattuorviri iure dicundo* (IIIIVIR I D) e due *quattuorviri aedilicia potestate* (IIIIVIR AED POT, A P), che avevano un ruolo inferiore; quando, ogni cinque anni, si procedeva alle operazioni di censimento, sia i *duoviri*, sia i *quattuorviri* venivano detti *quinquennales* (QVINQ, QQ). Nel caso in cui uno di questi magistrati si assentasse oppure quando la magistratura veniva conferita a titolo onorifico all'imperatore o a un membro della casa imperiale, subentrava nella carica un *praefectus*, che poteva essere *iure dicundo* (PRAEF I D) o, anche, *iure dicundo quinquennalis* (PRAEF I D QVINQ). Una carica particolare, che a volte si configurava come un obbligo (*munus*) era quella di amministratore della cassa cittadina, chiamato *quaestor* (QVAEST) o, in alcune città, *curator arkae* (CVR ARK) o *curator pecuniae publicae* (CVR P P). All'uscita dalla carica, il magistrato entrava nel consiglio della città, detto *ordo*, i cui membri, che dovevano essere liberi di nascita e possedere requisiti morali e censitari adeguati, erano detti *decuriones* (DEC, D). Il loro numero variava da città a città e ogni cinque anni l'albo dei *decuriones* veniva vagliato e integrato durante le operazioni di censimento.

Esisteva dunque anche nell'amministrazione delle città un *cursus honorum*, articolato in tre tappe ordinate gerarchicamente: *quaestor*, *aedilis* o *quattuorvir*

FIGURA 7.9
Brescia, Musei civici. Il *cursus* di un magistrato della colonia di *Brixia*, entrato poi nell'ordine equestre (CIL, V, 4384 = *InscrIt*, X, V, 179)

Vi si legge: *L(ucio) Acutio / L(uci) fil(io), / Fab(ia tribu) Primo, / equo pub(lico), / II vir(o) i(ure) d(icundo), / aedil(i), / q(uaestori) alim(entorum), / flam(ini) Divi Iuli, / d(ecreto) d(ecurionum)*. Si noti la menzione, al di fuori dell'elenco delle cariche cittadine, dell'ufficio, conferitogli dall'imperatore in quanto cavaliere, di *quaestor alimentorum* e del sacerdozio.

Fonte: *InscrIt*, X, V, 179.

aedilicia potestate, *duovir* o *quattuorvir iure dicundo*. La carriera si chiudeva con l'ingresso nell'*ordo decurionum* o, in casi particolari, con l'assunzione della *praefectura fabrum* (cfr. PAR. 7.2.2), che poteva consentire l'accesso all'ordine equestre e al relativo *cursus*.

Un *ordo*, di rango inferiore e intermedio fra i *decuriones* e l'assemblea popolare (*populus*), era costituito dagli *Augustales* (AVG) o *seviri augustales* (SEXVIR AVG, VIVIR AVG, IIIIIVIR AVG) o, più semplicemente, *sexviri* (SEXVIR, VIVIR, IIIIIVIR) – la denominazione variava a seconda delle diverse realtà cittadine –, composto soprattutto da liberti di agiata condizione economica, la cui origine era legata, come dimostra la denominazione, al culto imperiale, ma i cui compiti sembrano essere stati piuttosto limitati (ai liberti, com'è noto, era precluso l'accesso alla vita politica, attiva e passiva).

Nelle città, infine, vi erano sacerdoti di carattere locale, che avevano gli stessi nomi di quelli di Roma: *pontifices* (PONT), *augures* (AVGVR, AVG), *flamines* (FLAM, FL) e *flaminicae* (FLAMINIC, FLAM, FL), addetti, questi ultimi, al culto delle divinità tradizionali o protettrici della città o, soprattutto, al culto imperiale.

8
La classificazione delle iscrizioni

In base al tipo di supporto e al testo, le iscrizioni possono essere suddivise in alcune classi; una proposta di classificazione potrebbe essere la seguente:
1. iscrizioni sacre e magiche;
2. iscrizioni onorarie;
3. iscrizioni di opere pubbliche;
4. iscrizioni funerarie;
5. iscrizioni parietali;
6. atti pubblici e privati;
7. iscrizioni su oggetti prodotti in serie e di uso quotidiano (*instrumentum inscriptum*).

Bisogna sempre tener conto che un'iscrizione può appartenere a più classi contemporaneamente (una dedica a *Iuppiter* incisa sull'architrave di un tempio appartiene tanto alle iscrizioni sacre quanto a quelle incise su edifici); in questo caso può essere utile attenersi ai criteri elaborati per il *Corpus inscriptionum Latinarum* (cfr. PAR. 3.1).

8.1
Iscrizioni sacre e magiche

8.1.1. Iscrizioni sacre

Sono incise su altari, statue, oggetti che vengono offerti a una o più divinità, oppure su monumenti dedicati alla divinità; a volte ricordano l'erezione di un edificio sacro o la consacrazione di un luogo. Talora il monumento è ornato con rilievi che si riferiscono al culto (coltello sacrificale, olpe, patera, scene di sacrificio) o con raffigurazioni della divinità (cfr. FIG. 4.14).
Elementi caratteristici sono:
− il nome della divinità o delle divinità cui il monumento è consacrato, espresso al dativo o, più raramente, al genitivo seguito dalla parola *sacrum* (SACRVM, SACR, SAC), che può essere anche sottintesa, e spesso seguito da uno o più epiteti (epiclesi), come *aeternus*, *augustus*, *dominus*, *magnus*, *invictus*, *maximus*, *optimus*;

FIGURA 8.1
Pesaro, Museo oliveriano. Dedica di età repubblicana (prima metà del II secolo a.C.) su un cippo rinvenuto in un bosco presso Pesaro (CIL, XI, 6290 = CIL, I², 368 = ILLRP, 13)

Vi si legge: *Apolenei.*
Fonte: *Imagines*, 7.

– il nome o i nomi dei dedicanti, al nominativo, raramente accompagnato da elementi della professione o del *cursus*, più spesso, se è presente, dal sacerdozio rivestito; possono anche comparire altri personaggi, di solito membri della famiglia, che si uniscono al dedicante (*cum coniuge, cum filiis*) o in nome dei quali si fa la dedica (*nomine coniugis, nomine filii*);
– motivi per cui la dedica viene posta: per ordine di una divinità, per lo più apparsa durante il sonno (*ex iussu, ex monitu, ex imperio, ex visu, somnio admonitus*), oppure per uno scampato pericolo (*pro salute, pro itu et reditu*) o per la guarigione ottenuta (*gravi morbo liberatus, valetudine recuperata*);
– la menzione dell'oggetto o dell'edificio dedicato (*ara, signum, aedes, fanum, templum*) ed eventualmente della somma spesa od offerta (*ex auri pondo, ex*

FIGURA 8.2
Roma, Musei vaticani. Lastra menzionante la dedica di un tempio e di una statua, promessi in voto durante la guerra, a Ercole Vincitore da parte di Lucio Mummio, dopo il trionfo nel 145 a.C. (CIL, VI, 331 = CLE, 3 = CIL, I², 626 = ILLRP, 122 = AE, 2004, 99)

Vi si legge: L(ucius) Mummi(us) L(uci) f(ilius), co(n)s(ul). Duct(u), / auspicio imperioque / eius Achaia capt(a). Corinto (!) deleto Romam redieit / triumphans. Ob hasce / res bene gestas quod / in bello voverat, / hanc aedem et signu(m) / Herculis Victoris, / imperator dedicat.

Fonte: *Imagines*, 61.

sestertium milibus nummum) e della provenienza del denaro (*sua pecunia, de suo, pecunia publica, pecunia fanatica*);
– un verbo che indica il tipo di azione effettuata: *dedit* (D), *dono dedit* (D D), *fecit* (F), *faciundum curavit* (FAC CVR), *posuit* (P), *votum solvit* (V S), *votum solvit libens merito* (V S L M), *votum solvit laetus libens merito* (V S L L M).

Talora si precisa il luogo ove si erige il monumento e la sua condizione giuridica (*in foro, solo privato, in templo, loco dato decreto decurionum*), mentre raramente compare l'indicazione cronologica, che di solito è relativa al momento in cui il monumento viene dedicato: può essere espressa con la menzio-

FIGURA 8.3
Sofia, Museo archeologico nazionale. Rilievo con sacrificio del toro pertinente al culto di Mitra, da Afatar (*Civitas Montanensium*). In alto a sinistra, il dio Sole e, sotto di lui, il corvo e, più in basso, un leone accovacciato. In alto a destra, la Luna e, in basso, il dio Mitra che nasce dalla roccia. Al centro, Mitra uccide il toro affiancato da Cautes a sinistra e da Cautopates a destra, mentre il toro viene assalito dallo scorpione, dal serpente e dal cane. In basso è incisa l'iscrizione (CIL, III, 12374 = AE 1987, 67)

Vi si legge: *Deo san/cto in/victo Lucaius ex votu* (!) *po(suit)*.
Fonte: Merkelbach (1984, fig. 162).

ne della coppia consolare, con quella dell'anno di regno dell'imperatore, con l'anno computato in base alle ere locali o ai magistrati eponimi locali, col nome dei sacerdoti in carica.

In età repubblicana, le iscrizioni sacre sono piuttosto semplici e sintetiche, come nel cippo da Pesaro riportato in FIG. 8.1, anche se non mancano i casi di iscrizioni più complesse e articolate, come quella di FIG. 8.2, in versi saturni, che ricorda la dedica di una statua e l'erezione di un tempio a Ercole da parte di L. Mummio, il conquistatore della Grecia.

In età imperiale sono di particolare interesse i bassorilievi con scene pertinenti al culto di Mitra, in particolare quelle raffiguranti il sacrificio del toro, che erano posti all'interno dei mitrei, come il rilievo dalla *Moesia inferior* (Bulgaria; cfr. FIG. 8.3).

8.1.2. Iscrizioni magiche

Nel gruppo delle iscrizioni di carattere religioso si possono far rientrare anche i testi che appartengono a forme di religiosità popolare o che documentano pratiche magiche.

Sortes

Sono delle tavolette o dei bastoncini a sezione quadrangolare in legno (*sortes in robore insculptae priscarum litterarum notis*: Cicerone, *La divinazione*, II, 41) o in metallo sulle quali sono incise frasi dal significato ambiguo od oscuro, che venivano impiegate in varia maniera, quando un fedele consultava un oracolo. I due gruppi più noti provengono uno dal santuario di Fornovo, presso Parma (ILLRP, 1071, a-c) e l'altro da una località, "Bahareno della Montagna", forse sita nel territorio di Padova (ILLRP, 1072-1087). Queste ultime, che in alcuni esemplari presentano all'estremità un foro per essere probabilmente sospese a una cordicella, recano testi redatti in rozzi esametri (cfr. FIG. 8.4).

FIGURA 8.4
Firenze, Museo archeologico. Due *sortes*, provenienti, insieme ad altre, da una località non identificabile (*a*: CIL, I², 2184 = CLE, 331,12 = ILLRP, 1083; *b*: CIL, I², 2182 = CLE, 331,9 = ILLRP, 1081)

a

b

Vi si legge: *a) Non sum mendacis quas / dixti* (!): *consulis stulte*; *b) Iubeo et, is ei si fecerit, gaudebit semper*.
Fonte: *Imagines*, 356 a,b.

Defixiones, devotiones, phylacteria

Le *defixiones* o *defixionum tabellae*, il cui nome deriva dal verbo *defigere*, col significato di inchiodare, immobilizzare, rendere impotente un nemico a causa di un torto subito o per arrecargli danno, sono piccole lamine in piombo (metallo di cui gli antichi conoscevano la tossicità e perciò collegato

FIGURA 8.5
Una *tabella defixionis* al momento del rinvenimento in una sepoltura; si noti che è stata ripiegata più volte e trapassata con un chiodo

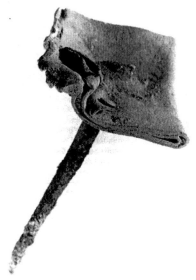

Fonte: Gager (1992, fig. 23).

alla morte) su cui uno stregone, su richiesta del cliente, incideva, per lo più in corsivo, una serie di formule magiche (*lamminae litteratae* sono infatti chiamate da Apuleio, *Metamorfosi*, III, 17, 4). Le laminette venivano poi ripiegate più volte e trapassate da un chiodo, quindi dovevano essere affidate, come una sorta di messaggio, agli dèi Inferi: venivano perciò introdotte furtivamente nelle sepolture o gettate in corsi d'acqua, in mare, in laghi, in pozzi, in sorgenti termali (cfr. FIG. 8.5).

Talora alle laminette si aggiungevano figurine (*sigilla*) in argilla, in piombo, in cera, in lana e in altre fibre, contenenti elementi organici della vittima, e a volte trapassate anch'esse da chiodi. Questa pratica, molto diffusa nel mondo romano (è ricordata anche da alcuni autori, fra cui Tacito, *Annali*, II, 30; II, 69; IV, 52; XII, 65), era severamente vietata dalla legislazione: per i rei, la pena prevista era, a seconda della condizione sociale, la decapitazione, la crocifissione, l'esposizione alle belve. Elementi caratteristici delle *defixiones* sono la presenza del nome della persona o delle persone da colpire, spesso accompagnato dal patronimico e talvolta anche dal matronimico, in modo da avere l'identificazione più precisa possibile; le formule con cui si affida la vittima agli dèi Inferi, indicando l'azione da compiere, con l'uso di verbi come *cruciare*, *deprimere*, *occidere*, *vulnerare*; il nome della divinità o dei demoni cui si affida la vittima (cfr. FIG. 8.6). Normalmente non com-

FIGURA 8.6
Tabella defixionis proveniente da Carmona (Siviglia) nella quale si pregano gli dèi Inferi di colpire tutte le funzioni vitali di una certa *Luxsia* (CILA, II, 4, 1249 = AE, 1993, 1008 = 1999, 894)

Vi si legge: *Dis Inferis, vos rogo utei* (!) *recipiates* (!) *nomen / Luxsia(e) A(uli) Antesti filia(e) caput, cor, co(n)silio(m), valetudine(m), / vita(m), membra omnia accedat morbo cotidea* (!) *et / sei faciatis votum quod faccio* (!) *solva(m) vostris* (!) *meretis* (!).

Fonte: CILA, II, 4, 1249.

FIGURA 8.7
Altino (Venezia), Museo archeologico nazionale. Una *devotio* incisa sulle due facce di una laminetta plumbea

Vi si legge: *Cesernius Siver(us) donom / ne lis ut nem/icat* (!) *(sestertios) XXX // (is)tuc eco vovi. Faciam tibi a(n)serem et vovi par(iter) pullosum.*

Fonte: Buonopane, Cresci Marrone, Tirelli (2007, figg. 1-4).

pare, anche per cautela, vista l'entità delle pene previste, il nome di chi ha commissionato la defissione.

I motivi per cui si ricorreva a questa pratica sono fondamentalmente quattro: contro avversari o testimoni in giudizio, contro i ladri e calunniatori, con-

FIGURA 8.8
Sarcedo, Vicenza. *Phylaktérion* in lamina d'oro, rinvenuto nella tomba di una bambina. Il testo è preceduto da quindici segni magici (*charaktéres*), che probabilmente simboleggiano gli angeli evocati nell'iscrizione (Buonopane, Mastrocinque, 2004, pp. 239-56)

Vi si legge: *Ne quidquam mali facere possit aut nocere / Letiliam* (!) *Ursam, filiam Letili* (!) *Lupi vel Ovidiês / Secundês, vos, ancili* (!), *estote in aiutorio* (!)

Fonte: Buonopane, Mastrocinque (2004, fig. 1a-b).

tro rivali in amore o innamorati o coniugi che abbiano tradito o abbandonato, contro aurighi, cavalli da corsa e gladiatori.

Le *devotiones* erano pratiche magiche affini alle *defixiones*, con cui un offerente si rivolgeva a una divinità, non necessariamente infera, per domandare, in forma di preghiera, giustizia per qualche torto o qualche danno subito o che supponeva di subire. Elementi caratteristici sono il nome della divinità, il nome di chi a lei si rivolge, l'esposizione dell'accaduto, la promessa di una ricompensa da offrire alla divinità (cfr. FIG. 8.7).

Per difendersi dalle pratiche magiche (ma anche per proteggersi dalle malattie) si ricorreva a vari rimedi, dall'uso di olii con cui spalmare il corpo alle collane con vaghi in corallo o in ambra o con pendenti considerati apotropaici. Grande potere veniva attribuito ai *phylaktéria*, striscioline di papiro o di metallo prezioso recanti formule di invocazione a divinità protettrici, che venivano strettamente arrotolate e inserite in una capsula da portare al collo (cfr. FIG. 8.8).

8.2
Iscrizioni onorarie

Erano poste in onore di un individuo, vivente o defunto, che si fosse distinto o avesse acquisito benemerenze in ambito nazionale o locale. Di solito sono incise su basi di statue, che rappresentano il gruppo più nutrito (cfr. PAR.

FIGURA 8.9
Aquileia (Udine), Museo archeologico nazionale. Base della statua di *L. Manlius Acidinus*, uno dei triumviri incaricati di dedurre la colonia di Aquileia nel 181 a.C. (CIL, V, 873 = I², 621 = ILLRP, 324)

Vi si legge: *L(ucius) Manlius L(uci) f(ilius) / Acidinus triu(m) vir / Aquileiae coloniae / deducundae.*
Fonte: Imagines, 143.

4.2.3), oppure su colonne e su archi. In età più antica, le iscrizioni onorarie contengono il nome dell'onorato al nominativo, seguito dalle cariche rivestite e da un resoconto più o meno sintetico delle gesta compiute (cfr. FIGG. 7.3, 7.5 e 8.9); si differenziano dagli *elogia* funerari solo per il diverso contesto in cui sono inserite.

Elementi caratteristici di questo gruppo di iscrizioni sono:
– il nome e la titolatura del personaggio onorato, generalmente in dativo (ma anche in nominativo e in accusativo);
– il nome del personaggio o della comunità o del gruppo (*collegium, civitas, decuriones*) che ha posto l'iscrizione;

FIGURA 8.10
Roma (Foro). L'iscrizione sull'arco trionfale eretto dal senato e dal popolo romano in onore di Settimio Severo nel 203 d.C. In origine comparivano anche i nomi di Caracalla e di Geta, ma dopo l'uccisione di quest'ultimo nel 212 d.C. il nome venne eraso e sostituito con le parole P P / OPTIMIS FORTISSIMISQVE PRINCIPIBVS. Grazie alla posizione degli incavi ricavati per bloccare le lettere metalliche è stato possibile ricostruire il testo originario: ET / P SEPTIMIO L FIL GETAE NOBILISS CAESARI (CIL, VI, 1033 = 31230 = AE, 2002, 267)

Vi si legge: *Imp(eratori) Caes(ari) Lucio Septimio M(arci) fil(io) Severo Pio Pertinaci Aug(usto), patri patriae, Parthico Arabico et / Parthico Adiabenico, pontific(i) maximo, tribunic(ia) potestat(e) XI, imp(eratori) XI, co(n)s(uli) III, proco(n)s(uli) et / Imp(eratori) Caes(ari) M(arco) Aurelio L(uci) fil(io) Antonino Aug(usto) Pio Felici, tribunic(ia) potest(ate) VI, co(n)s(uli), proco(n)s(uli), ««p(atri) p(atriae) / optimis fortissi[mi]sque principibus»», / ob rem publicam restitutam imper[iu]mque populi Romani propagatum / insignibus virtutibus eo[ru]m domi forisque, s(enatus) p(opulusque) R(omanus).* Nelle rr. 3-4 il testo originario era: *[[et / P(ublio) Septimio L(uci) fil(io) Getae nobiliss(imo) Caesari]]*.

— i motivi per cui il personaggio viene onorato, espressi con un'apposizione e un aggettivo (*patronus optimus*) o con apposite formule, come *honoris causa* (H C), *ob eximium amorem erga cives, ob merita, ob insignem munificentiam, pro pietate sua*, oppure con una frase in cui si elencano eventuali iniziative (come *quod templum longa vetustate delapsum sua pecunia restituerit*);
— il tipo di monumento (*statua, signum, arcus*);
— un verbo indicante l'azione effettuata, come *fecit* (F), *posuit* (P), *conlocavit, decrevit*.

Spesso si indicano il luogo dove viene eretto il monumento, con formule come *locus datus decreto decurionum* (L D D D) o *in foro*, le eventuali delibere, come *decurionum decreto* (D D), e il tipo di finanziamento dell'opera, come *pecunia publica* (PEC PVB, P P), *publice, ex aere collato, pecunia sua*. Non mancano i casi in cui l'onorato, pago dell'onore ricevuto, provveda personalmente alle spese, segnalandolo con espressioni come *honore contentus sua pecunia posuit* (H C S P P) o *honore usus impensam remisit* (H V I R).

Un particolare tipo di iscrizioni è rappresentato da quelle poste in opera per gli imperatori, su porte o su archi. L'iscrizione è normalmente in lettere metalliche, di solito perdute, inserite in un solco alveolare (cfr. PAR. 4.3.3) e bloccate in appositi incavi, mentre il linguaggio è formale e stereotipato, con tendenza all'enfatizzazione delle gesta dell'imperatore. Talora, come nell'arco di Settimio Severo (cfr. FIG. 8.10), alcuni nomi possono essere stati scalpellati in seguito alla *damnatio memoriae* (cfr. PAR. 6.9).

8.3
Iscrizioni su opere pubbliche

Publicorum autem distributiones sunt tres, e quibus una est defensionis, altera religionis, tertia opportunitatis; così Vitruvio ne *L'architettura* (I, 3,1) elenca, in base alla finalità, le tre principali categorie di opere pubbliche: di difesa (mura, torri, porte; cfr. FIG. 8.11), attinenti al culto (templi, santuari; cfr. FIG. 8.12), di pubblica utilità (acquedotti, fognature, terme, strade, ponti, piazze, mercati, portici, basiliche, biblioteche, edifici da spettacolo, fontane; cfr. FIG. 7.8).

Le iscrizioni sulle opere pubbliche, inoltre, non ricordano solo la costruzione *ex novo* di un edificio, ma molto spesso ne documentano il restauro o l'ampliamento.

Elementi caratteristici sono:
– il nome o i nomi di coloro che hanno curato la realizzazione dell'opera in qualità di magistrati o dei privati che l'hanno donata alla collettività; in età

FIGURA 8.11
Barcellona, Museo archeologico. Lastra originariamente inserita nelle mura della città di *Emporiae* nell'*Hispania Citerior*, ove si ricorda la costruzione delle mura, delle torri e delle porte a cura di un IIvir quinquennale (CIL, I², 2673 = ILLRP, 581 = AE, 1978, 441)

Vi si legge: *C(aius) Coelius Âtisi f(ilius), / II vir quin(quennalis), m̂ur(um), / turres, portas / fac(iundum) coer(avit)*.
Fonte: *Imagines*, 234.

FIGURA 8.12
Capua, Museo provinciale campano. Lastra in tre parti, originariamente affissa sul muro del peribolo del tempio di Diana Tifatina a *Capua*. La costruzione o il restauro dell'opera venne finanziata da Servio Fulvio Flacco, console nel 135 a.C., con il bottino della guerra condotta contro i Vardei in Illirico (CIL, I², 635 = ILLRP, 332 = Chioffi, 2005, p. 60)

Vi si legge: *Ser(vius) Folvius Q(uinti) f(ilius) Flaccus, co(n)s(ul), murum locavit / de manubies*.
Fonte: *Imagines*, 146.

FIGURA 8.13
Triponzo (Cerreto di Spoleto, Perugia). Iscrizione incisa sulla roccia lungo la strada romana che univa Spoleto a Norcia, realizzata da due questori su sentenza del senato (CIL, IX, 4541 = I², 832 = ILLRP, 1275a = AE, 1992, 505)

Vi si legge: *C(aius) Pomponius C(ai) f(ilius), / L(ucius) Octavius Cn(ei) f(ilius), / q(uaestores), / d(e) s(enatus) s(ententia)*.
Fonte: *Imagines*, 195.

imperiale, era permesso incidere su un'opera pubblica solo il nome dell'imperatore o di colui col cui denaro l'opera era stata realizzata (*Digesto*, L, 10);

FIGURA 8.14
L'iscrizione di Vespasiano (76 d.C.) incisa sulla roccia sopra l'ingresso nordorientale della galleria del Furlo sulla via Flaminia (CIL, XI, 6106 = AE, 1992, 563)

Vi si legge: *Imp(erator) Caesar Aug(ustus) / Vespasianus, pont(ifex) max(imus), / trib(unicia) pot(estate) VII, imp(erator) XVII, p(ater) p(atriae), co(n)s(ul) VIII, / censor, faciund(um) curavit*.
Fonte: Paci (1992, fig. 4).

– il tipo di edificio;
– un verbo che esprime l'azione del costruire o del restaurare, come *facere, faciundum curare, reficere, renovare, restituere*, nonché l'esecuzione del collaudo, come *probare*;
– i motivi per cui l'opera pubblica viene realizzata, con frasi come *ob honorem, ob benevolentiam civium, in memoriam, nomine*;
– le fonti di finanziamento, con espressioni come *sua pecunia* (S P), *pecunia publica* (P P), *pecunia fanatica*; assai spesso le opere pubbliche vengono pagate dai magistrati come sostituzione, integrale o parziale, della *summa honoraria* che dovevano versare al momento dell'assunzione della carica.

Talora si indica chi, privato o ente, abbia voluto l'opera, con espressioni quali *ex senatus consulto* (EX S C), *decurionum decreto* (D D), *iussu imperatoris, testamento fieri iussit* (T F I), il luogo dove essa venga eretta, con formule come *locus datus decreto decurionum* (L D D D) o *in foro*, e le eventuali delibere.

Nell'ambito delle iscrizioni relative alle opere pubbliche rientrano anche i testi che si riferiscono alla costruzione, alla manutenzione e al restauro delle strade e delle relative infrastrutture, e i miliari (cfr. PAR. 4.2.10). Le prime sono poste lungo il percorso della strada, su cippi o incise su una parete rocciosa, come quella lungo la strada romana che univa Spoleto a Norcia (cfr. FIG. 8.13) o quella che ricorda l'apertura della galleria del Furlo a opera di Vespasiano (cfr. FIG. 8.14).

FIGURA 8.15
Este, Museo archeologico nazionale. Cinerario in ceramica con il nome della defunta graffito sul ventre (*SupplIt*, 15, 175)

Vi si legge: *Nercae Rutiliae P(ubli) f(iliae)*. Si noti il cognome anteposto al gentilizio, secondo una consuetudine assai diffusa in area veneta.

Fonte: *SupplIt*, 15, 175.

FIGURA 8.16
Spalato. Pavimento a mosaico con la raffigurazione di un sepolcro

Da sinistra: il bambino defunto, un pavone, un'erma con testa femminile, forse di Saffo, e la stele con l'iscrizione. Vi si legge: *D(is) M(anibus). Hic / positus est T(itus) Aurelius Au/relianus, / filius / pientissimus; vixit / annis VIIII*.

Fonte: Rapanić (1973, p. 22).

8.4
Iscrizioni funerarie

Si tratta della classe con il maggior numero di testimonianze, caratterizzate da una grande varietà di supporti (are, cinerari, cippi, lastre, sarcofagi, stele, tegole) e di tecniche scrittorie, con lettere incise, graffite (cfr. FIG. 8.15), dipinte, applicate in metallo, composte con tessere all'interno di un mosaico (cfr. FIG. 8.16).

Spesso, oltre all'iscrizione, il monumento presenta anche una decorazione figurativa, che può andare dai semplici elementi ornamentali (cornici, girali vegetali, meandri) alle immagini simboliche connesse con le credenze funerarie, dai ritratti dei defunti (cfr. ancora FIG. 8.16) alle scene di vita quotidiana, che

FIGURA 8.17
Roma, Musei capitolini. Il cinerario di Agrippina maggiore, originariamente collocato nel mausoleo di Augusto (CIL, VI, 886 = 31192 = 40372 = AE, 1994, 234)

Vi si legge: *Ossa / Agrippinae M(arci) Agrippae [filiae] / divi Augusti neptis, uxoris / Germanici Caesaris, / matris C(ai) Caesaris Aug(usti) / Germanici principis.*
Fonte: Gordon (1983, fig. 39).

FIGURA 8.18
Sarsina (Forlì). Il mausoleo di *A(ulus) Murcius Obulaccus*, con l'iscrizione funeraria incisa direttamente sui blocchi del monumento (CIL, I², 2774, cfr. p. 1081 = ILLRP, 906 = AE, 1966, 118 = AE, 1980, 118)

Vi si legge: *A(ulus) Murcius An(ni) f(ilius) Pup(iena tribu) / Obulaccus.*
Fonte: *Imagines*, 319.

possono riferirsi all'attività del defunto oppure, come accade per le scene di viaggio, avere un carattere simbolico.

Il testo dell'iscrizione può trovarsi: sul cinerario (cfr. FIG. 8.17) o sul sarcofago, che contiene i resti del defunto; sul segnacolo (stele, cippo, altare), che indica la presenza della sepoltura; inciso direttamente sui blocchi della struttura del monumento funerario, com'è il caso di molti mausolei di età

FIGURA 8.19
Ostia, necropoli di Porto. La lastra iscritta, posta sull'ingresso dell'edificio funerario, ricorda che è stato eretto da *Ti(berius) Claudius Eutychus* per sé, per la moglie, per i figli, per i liberti e le liberte e i loro discendenti (Thylander, 1952, nr. A61 = Helttula, 2007, p. 95)

Vi si legge: *D(is) M(anibus). / Ti(berius) Claudius Eutychus / Claudiae Memnodi, / coniugi bene merenti, et sibi, / liberis suis fecit, libertis / libertabusque posterisque / eorum; itu(m) ambitum h(oc) m(onumentum) h(eredem) n(on) s(equetur). / In fronte p(edes) XV, in agro p(edes) XV.*
Fonte: ALEUVR.

tardo-repubblicana e augustea (cfr. FIG. 8.18); su una lastra inserita nelle strutture dell'edificio funerario, destinato a ospitare, come i colombari, i membri di un nucleo famigliare, inteso in senso allargato, comprendendo quindi anche i liberti e gli schiavi, spesso in numero rilevante (cfr. FIG. 8.19), o gli appartenenti a un collegio funerario. In quest'ultimo caso l'iscrizione può comparire, identica o con varianti, sia all'esterno dell'edificio, sia al suo interno.

Si considerano funerarie non solo le iscrizioni che ricordano i defunti, ma anche quelle relative al monumento funerario nel suo complesso, come i cippi che indicano l'estensione del recinto funerario (cfr. PAR. 4.2.6) oppure segnala-

FIGURA 8.20
Altino. Cippo indicante l'estensione di un recinto funerario e l'accesso, largo due piedi (cm 60 circa), attraverso il giardino che ornava il sepolcro, a un pozzo per il prelievo dell'acqua (AE, 2002, 560)

Vi si legge: *Loc(us) / monimenti* (!). / *In front(e) p(edes) LIIII s(emis), / retro p(edes) LXXVI. / Aquae delectus / monimentorum* (!) *per / hortum in putealionem / late ped(es) II.*

Fonte: Mazzer (2005, fig. 27).

no le modalità di accesso al sepolcro, con le eventuali servitù di passaggio (cfr. FIG. 8.20).

Non mancano le iscrizioni funerarie, spesso in versi, poste per animali, in particolare per cani (cfr. FIG. 8.21) e cavalli; per questi ultimi il monumento funerario era posto sia a ricordo di quelli che si esibivano nelle corse dell'ippodromo dai loro tifosi (*amatores*) (AE, 1932, 63) sia a ricordo di quelli personali (CIL, 4512 = CLE, 1177 = *InscrIt*, X, V, 308).

Lo scopo principale dell'iscrizione funeraria (così come del monumento funerario nel suo complesso) era quello di attirare l'attenzione del passante, in modo da indurlo a sostare e a leggere almeno il nome del defunto o dei de-

FIGURA 8.21
Oderzo (Treviso). Cippo con iscrizione funeraria in distici elegiaci posta per il cagnolino *Fuscus* (AE, 1994, 699)

Vi si legge: *Hác in séde iacet post reddita fáta catellus / corpus et eiusdem dulcia mella tegunt. / Nomine Fuscus erat, ter senos abstulit annos, / membra que vix poterat iam sua ferre senex / [- - -]exerit +[- - -]*.
Fonte: Sandrini (1994, fig. 2).

funti (*legisti nomen in titulo meum*, recita un'iscrizione metrica scoperta nelle campagne dell'odierna Ferrara; Camodeca, 2006, pp. 23-4, nr. 4), nella convinzione che così si potesse far rivivere, sia pure per un breve istante, la memoria di un individuo, sottraendolo all'oblìo eterno. Proprio per tale motivo, rimanere *sine titulo, sine nomine*, come Plinio il Giovane ricorda essere avvenuto per *L(ucius) Verginius Rufus* (*Lettere*, VI, 10, 3), era considerato destino peggiore della morte stessa.

Per ottenere ciò si ricorreva a vari espedienti, dall'esplicito invito rivolto a chi passava perché sostasse e leggesse (cfr. FIG. 8.22) all'uso di lettere di modulo più grande per il nome del defunto, all'inserimento nel monumento funerario di panchine per invitare il viandante alla sosta – come nella tomba della *sacerdos publica Mamia* a Pompei (CIL, IX, 998) – o di meridiane (SI, 204 = InscrAq, 3494) – pratica ricordata anche da Petronio nel *Satyricon* (71: *horologium in medio ut quisquis horas inspicit, velit nolit, nomen meum legat*) –, alle composizioni in versi, con riflessioni, spesso fitte di luoghi comuni, sulla

FIGURA 8.22
Nocera Inferiore. Lastra con iscrizione in senari giambici, proveniente dal territorio dell'antica Stabia. Il defunto si rivolge al passante invitandolo a fermarsi e ad ammirare il monumento funerario (ILLRP, 819 = CIL, I², 3146)

Vi si legge: *Hospes r[esi]ste, nisi mole<s>tus[t]. / Perspice monumentum qu[od] / sibi Publius Publi* (scil. *libertus* ?) *Granius / sibi et suei(s)que vivos fecit / Euhodus, turarius. / Salve, vale.*

Fonte: *Imagines*, 310.

vita e sulla morte o con la narrazione dei fatti salienti della propria vita (cfr. FIG. 8.23).

Per tali motivi le iscrizioni funerarie presentano contenuti molto vari, dipendenti dal contesto in cui erano inserite, dal tipo di messaggio che s'intendeva trasmettere e dall'immagine di sé che si voleva tramandare, dalla disponibilità economica e dal gusto del committente, dal momento storico, dalle consuetudini locali. La sepoltura è una *res religiosa*, e come tale è inviolabile e posta sotto la tutela degli *dei Manes*, che sono invocati (*adprecatio*) all'inizio dell'epigrafe (ma talora anche all'interno del testo o alla fine o, ancora, al di fuori del testo vero e proprio) con la formula *d(i)s Manibus*, spesso seguita dall'aggettivo *sacrum*, che si riferisce al monumento funerario

FIGURA 8.23
Roma, via Nomentana. Lastra con iscrizione funeraria in distici elegiaci di una coppia di liberti, raffigurati al centro nell'atto di stringersi le mani (CIL, VI, 9499 = I², 1221 = CLE, 959 = ILLRP, 793)

A sinistra si legge: [L(ucius) Au]relius L(uci) l(ibertus) / [H]ermia, / [la]nius de colle / Viminale. [H]aec, quae me faato / praecessit corpore / casto / [c]oniunxs una meo / praedita amans / animo, / [f]ido fida viro veixsit / studio parili, qum / nulla in avaritie / cessit ab officio / [A]urelia L(uci) l(iberta) / [Philematio]. A destra si legge: Aurelia L(uci) l(iberta) / Philematio. Viva Philematium sum, / Aurelia nominitata, / casta, pudens, volgei / nescia, feida viro. / Vir conleibertus fuit / eidem, quo careo / eheu, / ree fuit ee vero plus / superaque parens. / Septem me naatam / annorum gremio / ipse recepit; XXXX / annos nata necis poti/or. / Ille meó officio / adsiduo florebat ad omnís / [- - -].

Fonte: Imagines, 303.

e che può essere riportata per esteso, almeno fino a tutta la metà del I secolo d.C., o abbreviata (D M, D M S) dalla seconda metà del I secolo d.C. fino a tutto il III d.C.

Elemento caratteristico e comune a tutte le epigrafi funerarie è, ovviamente, il nome del defunto o dei defunti, che può comparire in:

– nominativo, sottintendendo espressioni come *hic situs est* (H S E) oppure, se il monumento è stato eretto quando il personaggio era ancora in vita, come *vivus/viva vivi/vivae fecit/fecerunt* (V F), posto di solito in apertura del testo o, più raramente, in chiusura;

– genitivo, preceduto da *ossa* (cfr. FIG. 8.17) oppure *cineres* o da formule, espresse o sottintese, come *locus monumenti* (L M) e *locus sepulturae* (L S), oppure dalla *adprecatio* agli *dei Manes* o, a partire dal III secolo d.C., da espressioni come *bonae memoriae* (B M), *memoriae* o *quieti aeternae* (M AET, Q AET);

– dativo, quando si desiderava che l'iscrizione funeraria diventasse una dedica al defunto.

Altri elementi che possono comparire nei testi funerari sono:
– la condizione giuridica degli individui ricordati;
– il luogo di nascita, di domicilio o di residenza;
– la professione o il mestiere, talora con l'indicazione del luogo in cui si trovava la bottega o l'officina;
– l'unità di appartenenza e la carriera, con la durata del servizio, per i soldati;
– il *cursus honorum* nel caso di magistrati statali o locali;
– i sacerdozi;
– l'appartenenza a un collegio e le eventuali cariche ricoperte;
– la durata della vita, con formule come *vixit annos/annis* (V ANN, V A), spesso con l'aggiunta dei mesi (M) e dei giorni (D) – talora, nel caso di bambini, anche delle ore (H) – o del matrimonio, con notazioni sulla concordia coniugale, come *sine ulla querela*;
– i vincoli di parentela o di amicizia che legavano fra loro i defunti o questi ultimi con coloro che avevano eretto il sepolcro;
– aggettivi, spesso al superlativo, come *amabilis, bene merens, carus, castus, dulcis, fidus, frugi, honestus, innocens, obsequens, optimus, pius, rarus, suavis*, o sostantivi, quali *anima, auxilium, ops, solacium*, che enfatizzano le virtù del defunto;
– le circostanze della morte, in particolare quando si trattava di eventi particolari (*mortes singulares*): *a latronibus occisus* (CIL, II, 2968), *incendio oppressus* (CIL, III, 2519 = CLE, 1060), *naufragio obitus* (CIL, III, 1899 = CLE, 8516), *casus putei* (CIL, V, 2417 = CLE, 1157), *cecidit bello Variano* (cfr. FIG. 8.24) o la segnalazione di una morte prematura;
– saluti indirizzati dal defunto ai passanti, come *salve, vale* (cfr. FIG. 8.22), o rivolti dai vivi al sepolto, come *sit tibi terra levis* (S T T L) e *ossa tua bene quiescant* (O T B Q);
– riflessioni sulla vita e sulla morte, in prosa e, più spesso, in poesia; in quest'ultimo caso, i versi si ispirano ai grandi modelli, Ovidio e Virgilio soprattutto, ma non mancano espressioni originali con esiti non disprezzabili.

8.4.1. Formule relative al sepolcro

Le iscrizioni funerarie possono contenere, per lo più in chiusura, espressioni formulari relative all'estensione del sepolcro e alle sue caratteristiche, alla sua condizione giuridica, alla sua gestione.

Si possono infatti trovare:
– l'indicazione delle misure sulla fronte e in profondità: *in fronte/frontem pedes* (IN FRONT PED, IN FR P), *in agrum/agro pedes* (IN AGR PED, IN A P), *retro pedes* (RETR PED, R P), *quoquoversus pedes* (Q Q V P);

8. LA CLASSIFICAZIONE DELLE ISCRIZIONI

FIGURA 8.24
Xanten. La stele eretta dal fratello per il centurione *M(arcus) Caelius*, originario di Bologna e caduto nella battaglia di Teutoburgo (9 d.C.), il cui corpo non venne recuperato (CIL, XIII, 8648, cfr. p. 143 = AE, 1955, 34)

Sotto la protome di sinistra si legge: *M(arcus) Caelius / M(arci) l(ibertus) / Privatus* e sotto quella di destra: *M(arcus) Caelius / M(arci) l(ibertus) / Thiaminus*. Al centro, nel registro sottostante il ritratto, si legge: *M(arco) Caelio T(iti) f(ilio), Lem(onia tribu), Bon(onia), / ((centurioni)) leg(ionis) XIIX, ann(orum) LIII s(emissis). / [Ce]cidit bello Variano. Ossa / [h(uc) i]nferre licebit. P(ublius) Caelius T(iti) f(ilius), / Lem(onia tribu), frater, fecit.*

Fonte: *Die Römer* (2000, p. 326).

- la menzione del tipo di monumento: *aedes, aedificium, arca, cupa, mausoleum, monumentum, sepulcrum, tumulum*;
- il tipo di concessione del suolo ove il sepolcro è collocato ed eventuali iniziative di istituzioni o di privati : *locus datus decreto decurionum* (L D D D), *decreto decurionum* (D D), *publice* (P), *solo privato, ex arbitratu, permissu*;
- il testamento, o alcune sue parti, relative all'erezione del sepolcro, come nell'iscrizione di *P(ublius) Dasumius Priscus* (CIL, VI, 10229, cfr. p. 3502 = AE, 2005, 191);
- l'istituzione di una fondazione, mediante un lascito, di solito a un collegio, di somme di denaro, di terreni o di edifici, la cui rendita doveva servire a sostenere le spese della cura e della gestione del sepolcro e a celebrare i riti prescritti nelle feste dedicate ai defunti (*Violaria, Rosalia, Vindemialia, Parentalia*);
- l'esclusione degli eredi dal sepolcro, con formule come *hoc monumentum heredem/heredes non sequetur* (H M H N S), o la proibizione di introdurre altri defunti o di alienare la tomba;
- le minacce e le maledizioni contro eventuali violatori della sepoltura o coloro che se ne servissero come latrina.

8.5
Iscrizioni parietali

Le pareti degli edifici pubblici e privati costituirono (e costituiscono ancora oggi) il supporto privilegiato per divulgare idee, trasmettere informazioni, dare sfogo ai propri, più o meno nobili, sentimenti. Le tecniche scrittorie impiegate sono due: lettere dipinte a pennello (*tituli picti*) e realizzate con cura, spesso in scrittura *actuaria* (cfr. PAR. 4.3.2), per lo più da professionisti, chiamati *scriptores* (anche se talora si trattava di un secondo lavoro, dato che in CIL, IV, 3529 lo *scriptor* afferma di essere un tintore). Questi agivano in conto terzi e operavano solitamente di notte con la collaborazione di aiutanti addetti a preparare la parete con una mano di intonaco bianco (*dealbatores*) o a tenere la scala e la lucerna (*lanternari, tene scalam*, compare su un muro di Pompei: CIL, IV, 7621); tracciate "a sgraffio" (graffiti) con un oggetto appuntito o vergate con il carbone, con il gesso o con altre sostanze coloranti.

8.5.1. I *tituli picti*

Le iscrizioni dipinte, realizzate con vernice rossa o nera su pareti spesso imbiancate appositamente, consistono in avvisi di spettacoli gladiatorii (*edicta munerum*), annunci economici (proposte di affitto: CIL, IV, 138, 807; promesse di ricompensa per il recupero di oggetti perduti o rubati: cfr. FIG. 8.25) e soprattutto manifesti di propaganda elettorale (*candidatorum programmata*).

Questi ultimi, noti grazie alle testimonianze di Pompei (cfr. FIG. 8.26), aiutano a comprendere la vivacità delle competizioni elettorali a livello locale: vi

FIGURA 8.25
Pompei, via dei Teatri. Avviso, dipinto su un muro, dove si promette una ricompensa a chi recupererà un vaso di bronzo rubato da una taverna o consegnerà il ladro (CIL, IV, 64, cfr. add. p. 191 = CIL, I², 1680 = ILLRP, 1122)

Vi si legge: *Urna aenia pereit de taberna. / Seiquis rettulerit dabuntur / HSLXV. Sei furem / dabit unde S+++ / [s]ervare po[ssimus]*.
Fonte: Krenkel (1962), p. 62.

compare il nome del candidato, la carica cui aspirava e la richiesta di votarlo, indicata con la sigla OVF (*oro vos faciatis*), spesso con le tre lettere unite in nesso. Compaiono talora allusioni alle virtù del candidato (*vir bonus* = V B; *dignus rei publicae* = D R P) e l'indicazione di eventuali sostenitori, che potevano essere personaggi noti in città, come il *Fabius Eupor, princeps libertinorum* che appoggia la candidatura di *C. Cuspius Pansa* (CIL, IV, 117), oppure gruppi di lavoratori (*aurifices, caupones, muliones, pomarii, thurarii*: CIL, IV, 99, 115, 180, 710), mentre non mancano i casi, forse commissionati da avversari politici, in cui i sostenitori sono i ladruncoli (*furunculi*: CIL, IV, 576), gli addormentati (*dormientes*: CIL, IV, 575) o coloro che bevono fino a tardi (*seribibi*: CIL, IV, 581). Compaiono anche inviti a non cancellare i manifesti, con la minaccia di futuri malanni, come in CIL, IV, 3775: *Invidiose / qui deles, / ae-[g]rotes*.

8.5.2. I graffiti

I graffiti, talora accompagnati da immagini, sono l'occasionale espressione di un momento particolare, in cui chi scrive è spinto dal desiderio di manifestare, con un gesto liberatorio e con la possibilità di rimanere anonimo, le proprie emozioni e i propri sentimenti, oppure dal bisogno di lasciare, consciamente o inconsciamente, un segno del proprio passaggio. È una forma di

FIGURA 8.26
Pompei. Una parete della casa di P. Paquio Proculo ricoperta da manifesti di propaganda elettorale (CIL, IV, 7916, 7917, 7919-7923)

Vi si legge dall'alto in basso e da sinistra a destra: *a) C(aium) Lollium / Fuscum aed(ilem) d(ignum) r(ei) p(ublicae) o(ro) v(os) f(aciatis); b) M(arcum) Sextilium) aed(ilem) o(ro) v(os) f(aciatis) d(ignum) r(ei) p(ublicae); c) C(aium) Cuspium Pansam aed(ilem) o(ro) v(os) f(aciatis). / Purpurio cum Paridianis; d) P(ublium) Paquium IIvir(um) o(ro) v(os) f(aciatis); e) Ceium aed(ilem); f) C(neum) H(elvium) S(abinum); g) C(aium) Iulium Polybium aed(ilem), v(irum) b(onum), o(ro) v(os) f(aciatis).*

Fonte: Krenkel (1962, pp. 94-5).

FIGURA 8.27
Pompei, criptoportico dell'anfiteatro. Un passante commenta ironicamente, con un graffito in due esametri, l'uso smodato dei graffiti (CIL, IV, 2487 = CLE, 957; cfr. anche CIL, IV, 1904 e 2461)

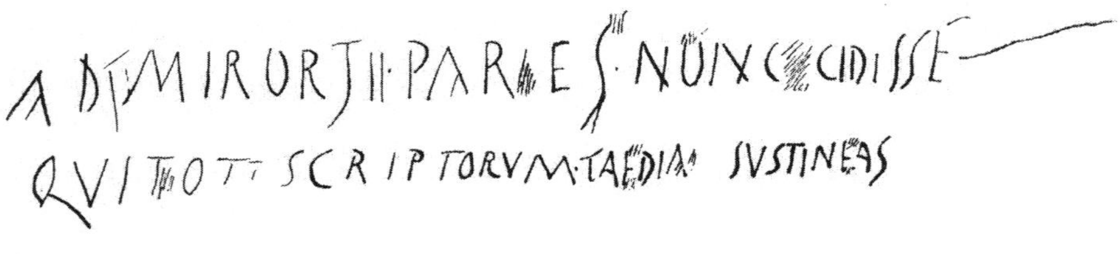

Vi si legge: *Admiror te, paries, non c[e]cidisse, / qui tot scriptorum taedia sustineas.*
Fonte: Krenkel (1962, p. 16).

comunicazione scritta presente in ogni centro, grande e piccolo, del mondo romano, tanto da provocare i commenti ironici di qualche passante (cfr. FIG. 8.27) ed è un fenomeno ricordato anche nelle fonti letterarie. Vi accennano infatti Plauto (*Il mercante*, 409), Cicerone (*Verrine*, II, 3, 77), Marziale (*Epigrammi*, XII, 61, 7-10), Plinio (*Lettere*, VIII, 8, 7), Plutarco (*Sulla curiosità*, 520E) e Luciano (*Dialoghi delle meretrici*, 4, 3).

Trasmettono quindi, subito e senza mediazioni, non solo la rabbia, l'amore, l'odio, la passione politica o sportiva, ma anche l'emozione delle piccole cose di ogni giorno: la nascita di un figlio, la contemplazione di un fenomeno naturale, la visita a un santuario, il dolore per la morte di un amico, la gioia d'una vincita al gioco o il soddisfacente esito di un incontro amoroso, anche mercenario. La parete, inoltre, è il supporto privilegiato per esercitazioni scolastiche, giochi di parole, annotazioni relative al proprio lavoro, riflessioni sulla vita, l'amore, la morte. E non si tratta sempre e solo della manifestazione di personalità deviate o perverse, di una specie di *toilette literature*, come talora la definiscono, riferendosi al mondo contemporaneo, antropologi e sociologi, un fenomeno, questo, che comunque non mancava nemmeno nel mondo antico, ma piuttosto di «una letteratura di strada e di piazza» (Cavallo, 1991, p. 5), di una forma di comunicazione estemporanea in cui ideatore ed esecutore coincidono. Ed è proprio questo uno degli aspetti che rendono i graffiti di particolare interesse non solo per la comprensione della società romana e dei suoi meccanismi comportamentali, ma anche per conoscere il livello di alfabetizzazione e la diffusione delle opere letterarie.

La lingua, anche se non è detto che l'autore sia sempre di umili condizioni o di basso livello culturale, è per lo più quella parlata (*sermo vulgaris*), con prestiti lessicali da idiomi stranieri, il greco soprattutto, con grammatica e sintassi molto semplificate e con frequenti errori di ortografia, che sono spesso la spia della pronuncia locale. La scrittura è normalmente la corsiva, con grafie ora stentate, ora affrettate, ora particolarmente curate; risente, in particolare, della cultura di chi scrive, del suo stato d'animo, della superficie su cui traccia il graffito e della sua collocazione, dello strumento adoperato.

In base al contenuto i graffiti si possono riunire in alcuni gruppi:
– *tituli memoriales*: l'autore vuol lasciare un ricordo di sé e del suo passaggio in un luogo; possono essere semplici nomi, accompagnati a volte dall'indicazione della provenienza o della professione, oppure ricordare i momenti piacevoli vissuti in compagnia di qualche donna, spesso a pagamento (e non manca chi, puntigliosamente, riporta la somma versata), o vantare vere o sperate imprese sessuali. A volte sono accompagnati da ritratti e da caricature, oppure mostrano la ricerca di gradevoli effetti grafici, com'è il caso del graffito di Pompei riportato in FIG. 8.28, ove il nome riproduce con le lettere il profilo di una nave. Molto interessanti sono quelli incisi da viaggiatori, che manifestano stupore per i monumenti ammirati, oppure rimpianto per la patria o per la donna lontana; a volte compaiono anche suggerimenti su cosa mangiare e bere nelle varie località e su cosa evitare;

FIGURA 8.28
Pompei, Casa di Trittolemo. Il *titulus memorialis* di un *architectus*

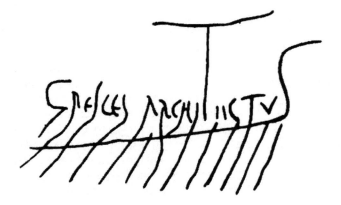

Vi si legge: *Cresce(n)s architectus*.
Fonte: CIL, IV, 4755.

– invettive o saluti e acclamazioni: nel primo caso, chi scrive, approfittando dell'anonimato, dà libero sfogo al suo livore, con insulti, per lo più triviali e attinenti ai difetti fisici o ai comportamenti sessuali, indirizzati a rivali o nemici personali. Il linguaggio è quasi sempre crudo e diretto, anche se non mancano espressioni ricercate, caratterizzate da vivace sarcasmo, da giochi di parole o doppi sensi. Del tutto diverse sono le espressioni di saluto, di buon augurio o di acclamazione, rivolte a singoli, a intere comunità, a città o all'imperatore e a membri della casa imperiale;
– sportivi: riflettono la smodata passione dei Romani per i combattimenti dei gladiatori e per le corse dei cavalli. Nell'anfiteatro trovavano spesso sfogo anche l'odio fra le fazioni politiche e le mai sopite rivalità fra le città, come accadde nel 59 d.C., quando, come narra Tacito (*Annali*, XIV, 17), nell'anfiteatro di Pompei scoppiò una gigantesca rissa fra "padroni di casa" e abitanti di Nocera, con numerosi morti e feriti. Della vicenda, che comportò la sospensione dei giochi nella cittadina campana per dieci anni (sanzione ben presto revocata), resta traccia in numerosi graffiti (cfr. FIG. 8.29). Quasi sempre questi graffiti sono accompagnati da disegni che raffigurano con vivace spontaneità i beniamini del momento, spesso colti nel momento stesso del combattimento, come nell'esempio da Pompei di FIG. 8.30;
– notazioni di vita quotidiana: sono conti, liste della spesa, promemoria, calendari, elenchi dei giorni di mercato, registrazioni di depositi per la concessione di prestiti a usura. In questo gruppo possono rientrare anche gli avvisi delle prostitute, che elencano prestazioni e prezzi (cfr. FIG. 8.31), le scritte tracciate sui muri delle caserme dai soldati che ricordano i turni di guardia

8. LA CLASSIFICAZIONE DELLE ISCRIZIONI

FIGURA 8.29
Pompei, lupanare. L'eco della rissa tra pompeiani e nocerini del 59 d.C., cui parteciparono anche gli abitanti di Pozzuoli e di Ischia, schierandosi i primi con i nocerini e i secondi coi pompeiani (CIL, IV, 2183, cfr. p. 465)

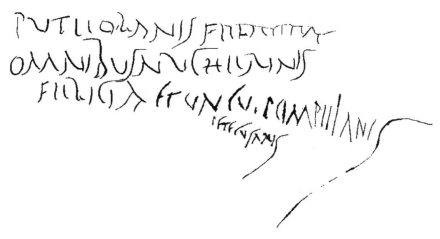

Vi si legge: *Puteolanis feliciter!* / *Omnibus Nucerinis* / *felicia et uncu(m) Pompeianis* / *Petecusanis!* L'ultima riga è stata aggiunta in un secondo momento da un'altra mano.

Fonte: CIL, IV, 2183.

FIGURA 8.30
Pompei, casa del Fauno. La fase finale di un combattimento di gladiatori: il debuttante *(tiro) Spiculus*, della scuola neroniana, ha sconfitto e ucciso il più esperto (16 vittorie all'attivo) *Aptonetus* (CIL, IV, 1474, cfr. p. 463)

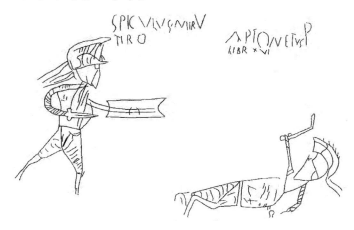

Sopra il gladiatore di sinistra si legge: *Spiculus, Neronianus, tiro, v(icit)*; sopra quello di destra: *Aptonetus, lib(e)rtus, (victoriarum) XVI, p(eriit)*.

Fonte: CIL, IV, 1474.

FIGURA 8.31
Pompei, casa dei *Vettii*. L'avviso di una prostituta: oltre al prezzo (due assi), si specifica che si tratta di una donna greca, ben educata

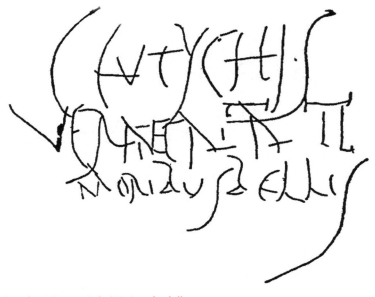

Vi si legge: *Eutychis, / Graeca, a(ssibus) II, / moribus bellis.*
Fonte: CIL, IV, 4592.

FIGURA 8.32
Pompei. Graffito d'amore su una parete della casa di Fabio Rufo (Giordano, 1966, p. 84-5)

Vi si legge: *Felicem somnum qui tecum nocte quiescet; / hoc ego si facere, multo felicior esse.*
Fonte: Varone (1994, fig. 4).

compiuti, la noia del servizio, l'attesa del cambio, le riflessioni, spesso derivate da proverbi, sui vari aspetti della vita umana;
– amorosi: vi compare l'amore, nei suoi vari aspetti e nelle sue varie manifestazioni, dolce e sentimentale (cfr. FIG. 8.32), rabbioso, esultante e disperato, eterosessuale e omosessuale. È il gruppo in cui si nota la più singolare varietà di registri, dalle espressioni colte ai toni popolari, dalle composizioni in versi

FIGURA 8.33
Pompei, casa del Menandro. A un graffito, in cui si esalta la vita tutto miele degli innamorati, un disincantato passante aggiunge una notazione ironica

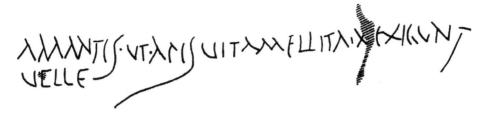

Vi si legge: a) *Amantis, ut apis, vitam mellita(m) {x}exigunt*; b) *Velle(nt)*.
Fonte: CIL, IV, 8408.

FIGURA 8.34
Pompei, casa di *Fabius Ululitremus*. Il primo verso dell'*Eneide* viene abilmente trasformato in una sorta di inno ai tintori (*fullones*) e alla civetta, il loro animale totemico (CIL, IV, 9131 = CLE, 1936)

Vi si legge: *Fullones ululamque cano, non arma virumq(ue)*.
Fonte: CIL, IV, 9131.

talora suggestive alle espressioni colorite, spesso sconfinanti nella volgarità e nella pornografia. Non sono rari i casi di graffiti a più mani, quando alla frase di un innamorato si aggiunge quella di un rivale, originando così un vivace contrasto (come in CIL, IV, 8259), o quando un passante aggiunge in calce qualche ironico commento (cfr. FIG. 8.33);
– scuola e reminiscenze scolastiche: sono i graffiti che si possono in vario modo ricollegare al mondo della scuola, sia perché sono stati incisi da scolari e da docenti, sia perché contengono spesso versi o parti di versi delle grandi opere di poesia, che venivano imparate a memoria dagli scolari, in primo luogo l'*Eneide* di Virgilio, soprattutto il primo verso del libro I, del quale esiste anche una gustosa parodia (cfr. FIG. 8.34). In questo gruppo rientrano anche le serie alfabetiche (cfr. PAR. 4.3.1), spesso ripetute con ossessiva monotonia, in osservanza alle tecniche usate per l'apprendimento della scrittura, e i giochi di parole, come i cosiddetti "quadrati magici" (cfr. FIG. 8.35) o i versi palin-

FIGURA 8.35
Cirencester, Gran Bretagna. Uno dei tanti esempi (ne sono stati ritrovati a Pompei, *Doura Europos, Aquicuncum, Sarmizegetusa, Conimbriga*, Manchester: CIL, III, 7938; IV, 8123, 8623; AE, 1938, 83; 1945, 117; 1946, 276; 1975, 493; 1979, 387; 2000, 1221; 2002, 583) del cosiddetto "quadrato magico", che in realtà è un semplice gioco di parole, formato servendosi di vocaboli palindromi

Vi si legge: *Rotas / opera / tenet /arepo / sator.*

Fonte: Rogan (2006, nt. 23).

dromi, frutto delle tecniche di memorizzazione, caratteristiche della scuola romana;
– religiosi: sono incisi sulle pareti di un tempio, di un celebre santuario o di un piccolo sacello campestre oppure nelle case private, presso i larari o all'interno di una stanza, per ricordare un atto di devozione, una preghiera o lo scioglimento di un voto. Possono anche registrare dettagliatamente le offerte del fedele o i riti sacrificali compiuti. Quando consistono solo nel nome del fedele, si distinguono dai *tituli memoriales* unicamente per il contesto in cui si trovano.

8.6
Atti pubblici e privati

Sono atti pubblici le iscrizioni che riportano testi, integrali o parziali, di leggi e di plebisciti, di senatoconsulti, di documenti inviati dall'imperatore a magistrati statali o privati cittadini (editti, disposizioni, sentenze, lettere e rescritti).

In questa classe rientrano i documenti emanati dalle città e quelli che riguardano l'amministrazione cittadina, come i decreti dei decurioni, le leggi municipali, i contratti d'appalto e i capitolati di opere pubbliche, le *tabulae patronatus*, i catasti. Sono documenti pubblici anche i fasti consolari e trionfali, i fasti municipali, i calendari, le liste di soldati, i documenti relativi a templi e santuari e a collegi professionali e funerari.

Sono atti privati le iscrizioni che riportano i contratti di acquisto e di vendita, le quietanze e i documenti che riguardano matrimoni, adozioni, divorzi, testamenti.

Il supporto su cui sono incisi gli atti pubblici è solitamente costituito da tavole di bronzo, ma non mancano i casi di testi incisi su lastre o cippi di pietra, mentre per gli atti privati si ricorreva per lo più alle tavolette cerate o, per annotazioni private, ad appunti graffiti sul muro. Si tratta di un grande numero di iscrizioni, dalla casistica estremamente varia e complessa, che rientra in una branca particolare dell'epigrafia, detta "epigrafia giuridica": per tale motivo si presentano qui solo alcuni dei casi più frequenti.

8.6.1. Leggi

Una *lex* poteva essere *rogata* (proposta da un magistrato ai comizi e approvata), *dicta* (deliberata da un magistrato che poteva *dicere legem* ed emanata senza il voto dei comizi), *data* (una *lex rogata* imposta dall'esterno a una istituzione, come una città o una provincia).

La struttura di una legge è, di solito, la seguente:
- *index*: contiene il nome della legge, derivato dal nome del magistrato proponente e, nel caso di una *lex consularis*, dai nomi della coppia consolare e l'oggetto della legge;
- *praescriptio*: vi compaiono il nome o i nomi dei magistrati proponenti, la data e il luogo dove è stata approvata dal popolo riunito nei comizi, il nome della prima tribù chiamata a votare e del primo componente della tribù che abbia dato il voto;
- *rogatio*: è il testo della proposta avanzata dal magistrato, talora distinto in paragrafi;
- *sanctio*: vi sono esposte le pene previste per chi violi la legge e le norme transitorie per regolare i rapporti con la legislazione esistente (cfr. FIG. 8.36).

8.6.2. *Senatus consulta*

Sono i decreti o le delibere del senato romano, che hanno valore di legge; *senatus consulta* sono anche le decisioni prese dal senato in caso di arbitrato nell'ambito di controversie internazionali (cfr. FIG. 8.37) oppure quelle relative all'allargamento del *pomerium* oppure alla sorveglianza delle rive del Tevere.

FIGURA 8.36
Roma, Musei capitolini. L'ultima tavola (e l'unica sopravvissuta) della *lex de imperio Vespasiani* del dicembre del 69 o del gennaio del 70 d.C. con gli ultimi paragrafi, introdotti da *utique* e la *sanctio* (CIL, VI, 930 = 31207)

Vi si legge: - - - - - - / *foedusve cum quibus volet facere liceat ita uti licuit divo Aug(usto), / Ti(berio) Iulio Caesari Aug(usto), Tiberioque Claudio Caesari Aug(usto) Germanico. / Utique ei senatum habere, relationem facere, remittere, senatus / consulta per relationem discessionemque facere liceat / ita uti licuit divo Aug(usto), Ti(berio) Iulio Caesari Aug(usto), Ti(berio) Claudio Caesari / Augusto Germanico. / Utique, cum ex voluntate auctoritateve iussu mandatuve eius / praesenteve eo senatus habebitur, omnium rerum ius perinde / habeatur servetur, ac si e lege senatus esset habereturque. / Utique quos magistratum potestatem imperium curationemve / cuius rei petentes senatui populoque Romano commendaverit, / quibusque suffragationem suam dederit promiserit, eorum / comitis quibusque extra ordinem ratio habeatur. / Utique ei fines pomerii proferre promovere, cum ex re publica / censebit esse, liceat ita uti licuit Ti(berio) Claudio Caesari Aug(usto) / Germanico. / Utique quaecunque ex usu rei publicae maiestate divinarum / huma<na>rum publicarum privatarumque rerum esse {e} / censebit, ei agere facere ius potestasque sit ita uti divo Aug(usto), / Tiberioque Iulio Caesari Aug(usto) Tiberioque Claudio Caesari / Aug(usto) Germanico fuit. / Utique quibus legibus plebeive scitis scriptum fuit, ne divus Aug(ustus) / Tiberiusve Iulius Caesar Aug(ustus) Tiberiusve Claudius Caesar Aug(ustus) / Germanicus tenerentur, iis legibus plebisque scitis Imp(erator) Caesar / Vespasianus solutus sit, quaeque ex quaque lege rogatione / divum Aug(ustum) Tiberiumve Iulium Caesarem Aug(ustum) Tiberiumve / Claudium Caesarem Aug(ustum) Germanicum facere oportuit, / ea omnia Imp(eratori) Caesari Vespasiano Aug(usto) facere liceat. / Utique quae ante hanc legem rogatam acta, gesta, / decreta, imperata ab Imperatore Caesare Vespasiano Aug(usto) / iussu mandatuve eius a quoque sunt, ea perinde iusta rataq(ue) / sint ac si populi plebisve iussu acta essent. / Sanctio. / Si quis huiusce legis ergo adversus leges rogationes plebisve scita / senatusve consulta fecit fecerit, sive, quod eum ex lege rogatione / plebisve scito s(enatus)ve c(onsulto) facere oportebit, non fecerit huius legis / ergo, id ei ne fraudi esto, neve quit ob eam rem populo dare debeto, / neve cui de ea re actio neve iudicatio esto, neve quis de ea re apud / [s]e agi sinito.*

Fonte: Calabi Limentani (1991, p. 339).

FIGURA 8.37
Verona, Museo lapidario maffeiano (nr. inv. 21180). Il termine, rinvenuto a Lobia (Vicenza), indicante il confine fra i territori dei *Vicetini* e degli *Atestini*, fu fatto collocare dal proconsole *Sex. Atilius Saranus* nel 135 a.C. su decreto del senato romano, chiamato a dirimere con un arbitrato una controversia confinaria tra le due comunità venete (CIL, V, 2490 = I², 636 = ILLRP, 477)

Vi si legge: *Sex(tus) Atilius M(arci) f(ilius) Saranus, pro co(n)s(ule), / ex senati consulto / inter Atestinos et Veicetinos / finis terminosque statui iusit.*

Fonte: *Imagines*, 203b.

Il *senatus consultum* si articola in tre parti:
– *praescriptio*: presenta il nome o i nomi dei magistrati che hanno sottoposto la questione al senato, la data e il luogo ove il senato si è riunito, i nomi dei senatori che hanno redatto il verbale;
– *relatio*: contiene il testo della questione sottoposta al senato. Inizia di solito con la formula *Quod verba facta sunt de illa re* e termina con la clausola *quid de ea re fieri placet* (Q D E R F P);
– *sententia*: comincia con la formula *de ea re ita censuerunt* (D E R I C) e riporta la decisione del senato, articolata in paragrafi introdotti dalla congiunzione *utei*.

8.6.3. Documenti emanati dall'imperatore

L'imperatore esercita il potere legislativo sia indirettamente, attraverso le *leges rogatae* e i *senatus consulta*, che richiede attraverso un discorso ufficiale (*oratio principis*), il più celebre dei quali è quello pronunciato da Claudio per ottenere la concessione del *ius honorum* ai membri dell'élite della *Gallia Comata* (CIL, XIII, 1668; cfr. Tacito, *Annali*, XI, 23), sia direttamente attraverso le *constitutiones*; queste possono essere:
- editti (*edicta*), contenenti disposizioni di carattere generale, aventi il valore di legge;
- decreti (*decreta*), con le sentenze emesse dall'imperatore in quanto giudice;
- ordini e disposizioni (*mandata*) impartiti ai funzionari;
- lettere (*epistulae*) e rescritti (*rescripta*), indirizzate le prime a magistrati e a funzionari e i secondi a privati cittadini, per rispondere ai loro quesiti.

8.6.4. Diplomi militari

Ai soldati delle coorti pretorie e urbane e delle truppe ausiliarie, nonché ai marinai delle flotte che, compiuto regolarmente il periodo di ferma, ottenevano il congedo onorevole (*honesta missio*) l'imperatore, con un'apposita disposizione, concedeva alcuni privilegi, che variavano a seconda dello stato giuridico del soldato e dell'unità in cui avesse prestato servizio, come la cittadinanza per i soldati *peregrini* delle unità ausiliarie o delle flotte, o il diritto di sposarsi per i pretoriani e gli urbaniciani, che erano già cittadini romani. In base alla documentazione esistente, sembra che i soldati legionari non ricevessero tali privilegi; gli unici casi noti, infatti, riguardano alcuni veterani appartenenti alla *legio I Adiutrix* e alla *legio II Adiutrix*, reparti che, però, erano stati formati con uomini originariamente reclutati nella marina (CIL, XVI, 7-11).

La disposizione, con i nomi di tutti i soldati che ricevevano i privilegi previsti, era incisa su una tavola di bronzo che fino all'88 d.C. veniva affissa sul Campidoglio e, dal 90 d.C., sul muro dietro il nuovo tempio del divino Augusto (cfr. FIG. 8.38: *tabula ae/nea quae fixa est Romae in muro post / templum divi Aug(usti) ad Minervam*). Ogni interessato riceveva un estratto del documento ufficiale, recante il proprio nome, convenzionalmente chiamato "diploma militare" (dal greco δίπλωμα, documento ripiegato in due), formato da due tavolette di bronzo (cfr. FIG. 8.38), unite tra loro da un triplice filo metallico, passante attraverso alcuni fori predisposti e ricoperto dai sigilli apposti da sette testimoni garanti. Internamente, di seguito su entrambe le tavolette, ed esternamente solo su una delle due e con caratteri ridotti, veniva inciso il testo della disposizione imperiale; se fosse stato necessario verificare la conformità di un testo con l'altro, era necessario rompere i sigilli.

La struttura dei diplomi è sostanzialmente omogenea e comprende:

FIGURA 8.38
Monaco, Staatliche Antikesammlungen und Glyptothek. Diploma militare del 30 giugno 107 d.C., rinvenuto a Weissenburg (CIL, III, 55 = XVI, 55)

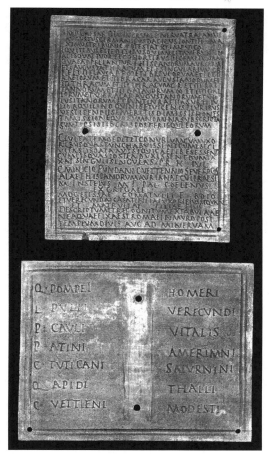

Si presentano qui i testi che compaiono all'esterno della I e della II tavoletta. Tavoletta. I: *Imp(erator) Caesar divi Nervae f(ilius) Nerva Traianus / Augustus Germanic(us) Dacicus, pontif(ex) ma/ximus, tribunic(ia) potestat(e) XI, imp(erator) VI, con)s(ul) V, p(ater) p(atriae), / equitibus et peditibus, qui militaverunt in / alis quattuor et cohortibus decem et unam / quae appellantur I Hispanorum Auriana / et I Augusta Thracum et I singularium c(ivium) R(omanorum) / P(ia) F(idelis) et II Flavia P(ia) F(idelis) (milliaria) et I Breucorum et I et II / Raetorum et III Bracaraugustanorum et / III Thracum et III Thracum c(ivium) R(omanorum) et III Bri/tannorum et III Batavorum (milliaria) et IIII Gal/lorum et V Bracaraugustanorum et VII / Lusitanorum et sunt in Raetia sub Ti(berio) Iu/lio Aquilino, quinis et vicenis pluribus/ve stipendiis emeritis, dimissis bones/ta missione, quorum nomina subscripta / sunt, ipsis liberis posterisque eorum / civitatem dedit et conubium cum uxo/ribus quas tunc habuissent, cum est ci/vitas iis data aut, siqui caelibes essent, / cum iis quas postea duxissent, dumta/xat singuli singulas. Pr(idie) K(alendas) Iul(ias), / C(aio) Minicio Fundano C(aio) Vettennio Severo co(n)s(ulibus). / Alae I Hispanorum Aurianae, cui prae(e)st / M(arcus) Insteius M(arci) f(ilius), Pal(atina tribu), Coelenus, / ex gregale / Mogetissae Comatulli f(ilio) Boio / et Verecundae Casati fil(iae), uxori eius, Sequan(ae) / et Matrullae filiae eius. / Descriptum et recognitum ex tabula ae/nea quae fixa est Romae in muro post / templum divi Aug(usti) ad Minervam.* Tavoletta II: *Q(uinti) Pompei Homeri, / L(uci) Pulli Verecundi, / P(ubli) Cauli Vitalis, / P(ubli) Atini Amerimni, / C(ai) Tuticani Saturnini, / Q(uinti) Apidi Thalli, / C(ai) Vettieni Modesti.*

Fonte: *Die Römer* (2000, fig. 257).

- il nome dell'imperatore che concede il beneficio;
- l'elenco delle unità interessate dal provvedimento;
- la provincia di guarnigione per gli ausiliari;
- il nome del comandante;
- i meriti acquisiti;
- il carattere dei privilegi concessi;
- la data;
- il nome o i nomi dei beneficiari;
- il luogo dove era affisso l'originale;
- l'elenco dei sette testimoni garanti.

8.6.5. Documenti emanati da città

Sono i decreti dei decurioni, che hanno la medesima struttura dei *senatus consulta* (cfr. PAR. 8.6.2), le liste con i nomi dei decurioni, come quella di Canosa (cfr. FIG. 8.39); le leggi e le disposizioni che regolano appalti e concessioni, come la celebre *lex parieti faciendo Puteolana* (CIL, X, 1781 = I², 698, cfr. pp. 839, 936 = ILLRP, 518); le *tabulae patronatus*, tavole in bronzo che riportavano il decreto dell'*ordo decurionum*, con cui si conferiva il *patrocinium* di una città a qualche importante personaggio, che l'onorato affiggeva nella propria casa (cfr. FIG. 8.40); le piante catastali della città e del territorio (*formae*), che venivano esposte pubblicamente sugli edifici pubblici, come attesta il gromatico Igino (*La definizione dei confini*, 203 L), ed erano redatte a fini amministrativi e fiscali (cfr. FIG. 8.41).

8.6.6. *Fasti* e calendari

Con il termine *fasti* si indicavano in primo luogo gli elenchi, mese per mese, dei giorni *fasti* (F), in cui il pretore poteva amministrare la giustizia, dei *nefasti* (N), in cui non era permesso, dei giorni *comitiales* (C), in cui si potevano tenere i comizi e svolgere affari, degli *intercisi o endotercisi* (IN, EN), che erano *fasti* solo nelle ore centrali della giornata. Potevano essere dipinti su intonaco, come i *Fasti Antiates* (*InscrIt*, XIII, II, 1 = ILLRP, 9 = AE, 1960, 2009), di notevole interesse anche perché sono anteriori alla riforma di Giulio Cesare, oppure incisi su lastre affisse su edifici pubblici. La struttura è molto simile in tutti gli esemplari noti: sono disposti su più colonne, con la prima a sinistra, formata dalle prime otto lettere dell'alfabeto (*litterae nundinales*), che servivano a indicare ogni nono giorno la data del mercato (*nundinae*). La seconda colonna riporta l'indicazione della *Kalendae* (KAL), delle *Nonae* (NON) e delle *Idus* (EID, ID), seguita dalla *nota diei*, ovvero dalla lettera indicante se il giorno era fasto, nefasto, comiziale e così via; seguivano poi le indicazioni delle feste religiose.

FIGURA 8.39
Canosa (Bari). Tavola in bronzo con i nomi dei decurioni di Canosa nell'anno 223 d.C., fatti incidere nel bronzo a cura dei *duoviri quinquenn(ales) M(arcus) Antonius Priscus e L(ucius) Annius Secundus*

I 164 nomi, corrispondenti a 160 persone, sono disposti su quattro colonne, accuratamente ordinati, con andamento decrescente, secondo il rango, nelle varie categorie di decurioni, ovvero in *patroni cc(larissimi) vv(iri), quinquennalici, allecti inter quinqu(ennalicios), IIviralicii, aedilicii, quaestoricii, pedani, praetextati* (CIL, IX, 338 = *Epigrafi romane di Canosa*, 1985, pp. 45-68, nr. 35 = AE, 2000, 359). Si riportano qui solo le prime tre righe con l'intestazione: L(ucio) Mario Maximo II, L(ucio) Roscio Aeliano co(n)s(ulibus); / M(arcus) Antonius Priscus, L(ucius) Annius Secundus, IIvir(i) quinquenn(ales), / nomina decurionum in aere incidenda curaverunt.

Fonte: *Epigrafi romane di Canosa* (1985, p. 46).

Vi erano inoltre calendari che riportavano mese per mese il segno zodiacale, il numero dei giorni e delle notti, le divinità protettrici, i lavori agricoli da fare, le pratiche religiose da compiere, come il *menologium Colotianum* (cfr. FIG. 8.42), così chiamato dal nome del primo proprietario, il vescovo Angelo Colocci (1467-1549).

FIGURA 8.40
Roma, monte Celio. *Tabula patronatus* con cui i decurioni e i coloni della città di Aelia Augusta Mercuriale Thenitana (oggi Henchir Thina, in Tunisia) attestano il conferimento dell'*hospitium* e della *clientela*, il 9 aprile del 321 d.C., al senatore Quinto Aradio Valerio Proculo, *praeses* della provincia *Valeria Byzacena* (CIL, VI, 1685 = AE, 2000, 136)

Vi si legge: *D(ominis duobus) n(ostris duobus) Crispo et Constantino nobill(issimis) Caess(aribus) et co(n)ss(ulibus), / V Idus April(es). / Decurionis et coloni coloniae Aeliae Au/gustae Mercurialis Thaenit(ana), cum Quin/to Aradio Valerio Proculo v(iro) c(larissimo), praesid(e) / provinc(iae) Val(eriae) Byzac(enae), hospitium cliente/lamque fecissent et sibi liberisque suis / posterisque eorum cooptassent, Quintus / Aradius Val(erius) Proculus v(ir) c(larissimus), praes(es) provin(ciae) Val(eriae) / Byzac(enae), a decurionibus colonis col(oniae) Ael(iae) Aug(ustae) / Merc(urialis) Thaenit(anorum) hospitio clientelaque / suscepisset liberisque suis posteris/que eorum. In quam rem legatos ire / dixerunt universos ordinis viros / censentibus cunctis. Agentibus / curiam Q(uinto) Valerio Marullo et C(aio) Hor/tensio Concilio, duoviris.*

Fonte: ILMN, p. 281, nr. 45.

FIGURA 8.41
Verona, *Capitolium*. Frammento di un catasto relativo al territorio veronese, inciso su lamina di bronzo e originariamente affisso presso il *Capitolium* di Verona

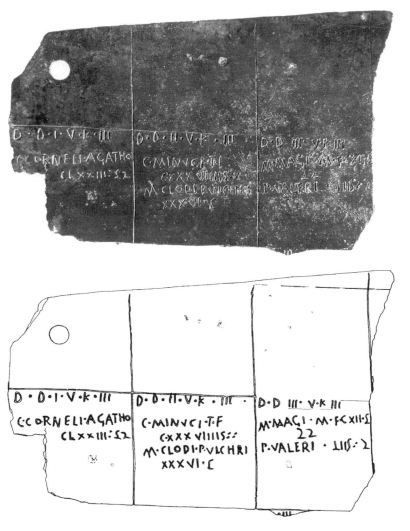

Nei tre quadrati della seconda fila e nella piccola porzione del terzo quadrato della terza riga si legge: a) D(extra) d(ecumanus) I u(ltra) k(ardinem) III / C(ai) Corneli Agatho(nis) (iugera) CLXXIII, ((sextans unus)), ((semuncia una)), ((sextula una)); b) D(extra) d(ecumanus) II u(ltra) k(ardinem) III / C(ai) Minuci T(iti)= f(ili) / (iugera) CXXXVIIII S, ((dextans unus)) / M(arci) Clodi Pulchri / (iugera) XXXVI, ((uncia una)), ((semuncia una)); c) D(extra) d(ecumanus) III u(ltra) k(ardinem) III / M(arci) Magi M(arci) f(ili) (iugera) CXII, ((uncia una)), ((semuncia una)), ((duella una)) / P(ubli) Valeri (iugera) LII S, ((bes unus)), ((sextula una)); d) [D(extra) d(ecumanus)] III [u(ltra) k(ardinem) IV] / - - - - - -.

Fonte: Cavalieri Manasse (2008, p. 291 e tav. 23).

FIGURA 8.42
Roma. I mesi di aprile, maggio e giugno su una delle quattro facce del cippo con tutti i mesi dell'anno, detto *menologium Colotianum* (CIL, VI, 2305 = 32503 = *InscrIt*, XIII, II, 47)

A ogni mese è riservata una colonna, sormontata dal relativo segno zodiacale. a) *Mensis / Aprilis. / Dies XXX. / Nonae / quintan(ae). / Dies / hor(arum) XIII s(emis), / nox / hor(arum) X s(emis). / Sol Ariete. / Tutela / Veneris. / Oves / lustrantur. / Sacrum / Phariae / item / Sarapia;* b) *Mensis / Maius. / Dies XXXI. / Non(ae) septim(anae). / Dies hor(arum) XIIII s(emis), / nox hor(arum) VIIII s(emis). / Sol Tauro. / Tutel(a) Apollin(is). / Seget(es) runcant(ur), / oves tundunt(ur), / lana lavatur, / iuvenci domant(ur), / vicea pabular(is) / secatur, / segetes / lustrantur. / Sacrum Mercur(io) / et Florae;* c) *Mensis / Iunius. / Dies XXX. / Non(ae) quint(anae). / Dies hor(arum) XV, / nox hor(arum) VIIII. / Solis institium / VIII Kal(endas) Iul(ias). / Sol Geminis. / Tutela / Mercuri. / Faenisicium. / Vin[e]ae / occantur. / Sacrum / Herculi, / Fortis / Fortunae.*

Fonte: *InscrIt*, XIII, II, 47.

FIGURA 8.43
Roma. Il frammento di una tavola dei fasti trionfali capitolini (*InscrIt*, XIII, 1, 1b)

Vi si legge: *P(ublius) Cornelius L(uci) f(ilius), Ti(beri) n(epos), Lentulus an(no) DXV[II] / Caudinus, co(n)s(ul), de Liguribus), Idib(us) Inter[k(alaribus)]. / T(itus) Manlius T(iti) f(ilius), T(iti) n(epos), Torquatus, an(no) DXV[III], / co(n)s(ul), de Sardeis VI Idus Mart(ias). / Sp(urius) Carvilius Sp(uri) f(ilius), Q(uinti) n(epos), Maximus an(no) D[XIX], / co(n)s(ul), de Sardeis K(alendis) April(ibus). / Q(uintus) Fabius Q(uinti) f(ilius), Q(uinti) n(epos), Maximus anno DXX / Verrucossus, co(n)s(ul), de Liguribus K(alendis) Febr(uariis). / M(anius) Pomponius M(ani) f(ilius), M(ani) n(epos), Matho ann(o) DX[XI], / co(n)s(ul), de Sardeis Idibus Mart(iis). / C(aius) Papirius C(ai) f(ilius), L(uci) n(epos), Maso, co(n)s(ul,) ann(o) DXXII / de Corseis, primus in monte Albano, / III Nonas Mart(ias). / Cn(aeus) Fulvius Cn(aei) f(ilius), Cn(aei) n(epos), Centumalus a(nno) DXXV, / pro co(n)s(ule), ex Illurieis naval(em) egit X K(alendas) Quint(iles). / L(ucius) Aimilius Q(uinti) f(ilius), Cn(aei) n(epos), Papus, co(n)s(ul), an(no) DXXIIX / de Galleis III Nonas Mart(ias). / C(aius) Flaminius C(ai) f(ilius), L(uci) n(epos), co(n)s(ul), anno DXXX / de Galleis VI Idus Mart(ias). / P(ublius) Furius Sp(uri) f(ilius), M(arci) n(epos), Philus, co(n)s(ul), anno DXXX / de Galleis et Liguribus IIII Idus Mart(ias)]. / M(arcus) Claudius M(arci) f(ilius), M(arci) n(epos), Marcellus an(no) DXX[XI], / co(n)s(ul), de Galleis Insubribus et Germ[an(eis)] / K(alendis) Mart(iis) isque spolia opima rettulit, / [duce] hostium Virdumaro ad Clastidium / interfecto.*

Fonte: Cagnat (1914, p. 314).

FIGURA 8.44
Pozzuoli. La terza tavoletta, con la scrittura esterna, dell'atto stipulato il 15 settembre del 39 d.C. con cui si intima a un *C(aius) Novius Eunus* di saldare entro il 1° novembre il debito residuo, obbligandolo a giurare per Giove Ottimo Massimo, per il *numen* del divino Augusto e per il *genius* dell'imperatore Caligola; gli si impone inoltre una penale di 20 sesterzi al giorno in caso di ritardo (Camodeca, 1999, pp. 164-7, nr. 68)

Vi si legge: *Cn(aeo) Domitio Afro, A(ulo) Didio Gallo co(n)s(ulibus), / XVII K(alendas) Octobres. / C(aius) N[o]vius Eunus scripsi / me debere Hesycho, C(ai) Caesaris Augusti Germa/nici s[e]r(vo) [Euenia]no, sestertios mille ducentos / quinquaginta nummos reliquos ratione / omni*(!) *putata, quos ab eo mutuos accepi, / quam summam iuratus promissi me a[u]t / ipsi* (!) *Hesycho aut C(aio) Sulpicio Fausto redditu/rum K(alendis) Novembribus primis per Iovem Optu/mum Max(umum) et numen divi Aug(usti) et Geni/um C(ai) Caesaris Augusti; / quod si ea die non / solvero, me non solum peiurio teneri / sed etiam poenae nomine in dies sing(ulos) / HS XX nummos obligatum iri et eos HS CCL, / q(ui) s(upra) s(cripti) s(unt), p(robos) r(ecte) / d(ari) stipulatus est Hesychus C(ai) Caesaris ser(vus) / spopondi C(aius) Novius Eunuus. Act(um) Puteolis.*

Fonte: Camodeca (1999, p. 591, fig. 68).

8.6.7. I *fasti* consolari e trionfali

Con il termine *fasti* si indicano anche gli elenchi dei magistrati, in particolare quelli eponimi, elencati anno per anno, a volte con l'annotazione dei principali avvenimenti. I fasti consolari riportano i nomi dei consoli, dei dittatori, dei *magistri equitum*, dei tribuni militari *consulari potestate*, dei censori; quelli trionfali riportano invece i nomi dei comandanti insigniti dell'onore del trionfo, con la data e il luogo del trionfo e i nomi dei popoli sconfitti, talora con qualche annotazione di dettaglio, come l'uccisione del comandante nemico (cfr. FIG. 8.43). Potevano essere incisi su tavole di bronzo o lastre di pietra ed erano affissi in pubblico non solo a Roma, ma anche nelle varie città; quelli più importanti, anche se in numerosi frammenti, sono detti "fasti capitolini", perché dopo la scoperta dei primi frammenti (gli ultimi sono stati rinvenuti nel 1951), avvenuta prima del 1546, furono portati nel Campidoglio, dove tuttora si trovano.

8.6.8. Atti privati

Gli atti privati sono in massima parte andati perduti, poiché venivano scritti su supporti deperibili (fanno eccezione alcuni documenti redatti su pietra, quali i testamenti di *Dasumius* e di *Flavius Artemidorus*: CIL, VI, 10229, 10289), come le *tabellae ceratae*, tavolette di legno incavate e riempite di cera, su cui si scriveva in corsivo, con uno stilo, sia internamente sia esternamente il medesimo testo relativo all'atto. Venivano poi unite (di solito sono due o tre tavolette) con un filo su cui i testimoni apponevano il sigillo. I principali ritrovamenti sono avvenuti in Romania, nell'impianto minerario di *Alburnus Maior* (CIL, III, pp. 921-60), in Campania e nei centri dell'area vesuviana. Tra questi ultimi, sono di particolare interesse i documenti relativi all'attività del banchiere *L(ucius) Caecilius Secundus* (CIL, IV, *Suppl.* I, pp. 275-454; Andreau, 1974) e quelli appartenenti all'archivio puteolano dei *Sulpicii* (cfr. FIG. 8.44). Si tratta per lo più di atti relativi alla vendita d'immobili, di schiavi e di bestiame, ai prestiti a interesse, a mutui su pegno, a cauzioni, a ricevute e a depositi, la cui lettura sovente è resa difficile sia dal cattivo stato di conservazione, sia dalla scrittura corsiva, spesso tracciata frettolosamente e con scarsa cura, sia dall'uso di termini tecnici.

9
L'*instrumentum inscriptum*

Con *instrumentum inscriptum*, espressione che ha sostituito quella tradizionale, ma più generica, di *instrumentum domesticum*, si intende una classe di materiali estremamente eterogenei, per lo più di uso quotidiano, caratterizzati tutti dalla presenza di un testo iscritto, che può essere rappresentato da un bollo impresso a stampo o a punzone, da un'iscrizione incisa a bulino con solco a sezione triangolare o con una serie di puntini o tracciata prima della cottura nel caso delle ceramiche, da graffiti e da *tituli picti*.

Si tratta di una classe di iscrizioni caratterizzata dalla grande varietà dei materiali impiegati (ceramica, bronzo, oro, argento, ferro, piombo, avorio, osso, pietre dure, ambra), delle tecniche scrittorie e, soprattutto, dei supporti. Di questi alcuni sono molto conosciuti, come i laterizi, le anfore, le lucerne, il vasellame, i lingotti, le tubature d'acquedotto (*fistulae*), le armi, mentre altri sono meno noti, come i ceppi d'ancora (cfr. FIG. 9.1), i punzoni e i marchi (*signacula*), le etichette, gli utensili da lavoro, lo strumentario chirurgico, gli

FIGURA 9.1
Santa Maria di Castellabate (Salerno). Ceppo d'ancora di piombo realizzato a matrice, con il nome del proprietario della nave, a lettere rilevate, ripetuto su entrambi i bracci (Gianfrotta, 1981, pp. 308-9)

Vi si legge: *C(ai) Aquilli Proculi*.
Fonte: rielaborazione grafica da *Imagines*, 23a-b.

FIGURA 9.2
Modena. Peso in basalto a forma di sfera, privata della calotta. Sulla parte superiore un'iscrizione, eseguita con la tecnica a punti, realizzati a bulino, indica il valore ponderale *semis*, ovvero la metà di una libbra (gr 163,58 circa) e pari a sei once

Vi si legge: *S(emis)*.
Fonte: Pondera (2001, nr. 37).

FIGURA 9.3
Aquileia. Foglia di alloro in ambra. Al centro, inciso a bulino, compare l'augurio di un nuovo anno propizio e felice

Vi si legge: *An(num) n(ovum) f(austum) f(elicem)*.
Fonte: Calvi (1979, p. 100).

strumenti ponderali (cfr. FIG. 9.2), gli oggetti d'ornamento, le *tesserae*, le tavole da gioco, le strenne benaugurali (cfr. FIG. 9.3).

Si tratta quindi di una mole incredibile di materiale, in gran parte inedito, la cui potenzialità, soprattutto ai fini della conoscenza dei fenomeni economici (produzione e distribuzione delle merci, soprattutto) e sociali del mondo romano, è stata per molto tempo sottovalutata. Infatti dopo il grande fervore che caratterizzò la seconda metà dell'Ottocento – con la pubblicazione di ampie sezioni dedicate all'*instrumentum inscriptum* nei volumi del *Corpus inscriptionum Latinarum* e di un volume monografico, il XV, dedicato all'*instrumentum domesticum* di Roma – gli studi in questo settore sono stati, tranne alcuni casi, come le anfore o i laterizi, per molto tempo trascurati. Solo nel 1986, infatti, si è tenuto a Roma il convegno internazionale dedicato alle anfore romane (*Amphores*, 1989), cui ha fatto seguito nel 1991 quello di Pécs dedicato agli *instrumenta inscripta Latina* (*Instrumenta*, 1992), mentre nel 1992 a Roma si è discusso in due distinti incontri internazionali della *inscribed economy* e dell'"epigrafia della produzione e della distribuzione" (*The Inscribed Economy*, 1993; *Epigrafia*, 1994). Questi convegni hanno dato nuova vitalità agli studi sull'*instrumentum inscriptum*, contribuendo a cancellare definitivamente quell'aura di erudizione antiquaria che sembrava avvolgerli e aprendo nuove inaspettate prospettive di ricerca, e hanno posto in evidenza almeno due problemi.

Il primo è rappresentato dal fatto che lo studio dell'*instrumentum inscriptum* richiede al tempo stesso un'analisi approfondita, sotto il profilo archeologico, archeometrico e tipologico, del supporto e il possesso di competenze approfondite di carattere epigrafico nell'esame dell'apparato iscritto, circostanza questa che, nel passato, «aveva quasi già immobilizzato gli "epigrafisti" inibiti da un contesto di informazioni specialistico e parcellizzato e, nello stesso tempo, aveva autorizzato gli "archeologi" a considerare l'elemento epigrafico non bisognoso di attenzione e preparazione scientifica precisa» (Morizio, 1994, p. 227; cfr. anche Morizio, 1991, pp. 351-60). Si tratta di un problema risolvibile solo con un'attiva collaborazione fra "archeologi" ed "epigrafisti" che porti al confronto delle diverse formazioni ed esperienze, consentendo di evitare, da una parte e dall'altra, pericolosi errori di valutazione e d'interpretazione.

Il secondo problema è costituito dalla mancanza di strumenti di consultazione aggiornati: a fronte, come si è detto, di una enorme quantità di materiali inediti o editi nelle sedi più disparate, la pubblicazione in *corpora*, generici o specifici, dell'*instrumentum inscriptum*, è sostanzialmente ferma ai volumi del *Corpus*, fatte salve alcune eccezioni, come il *Corpus Vasorum Arretinorum*, giunto alla seconda edizione (*CVArr²*).

Per ovviare a un tale problema si potrebbe, se non fosse possibile procedere alla compilazione di nuovi *corpora* o all'aggiornamento di quelli esistenti, approntare *corpora* dedicati a specifiche classi di materiali o cataloghi di singole collezioni museali, imprese tutte che comunque richiedono grande dispendio di energie, tempo e risorse economiche. Un'altra strada da percorrere è quella della schedatura informatizzata dei materiali conservati in ambito regionale o nazionale, per giungere alla creazione di un database consultabile online. Alcuni progetti sono in fase di elaborazione e di attuazione in Austria (Testimonia Epigraphica Norici – T.E.NOR. Römerzeitliche Kleininschriften aus Österreich; www.kfunigraz.ac.at/tenor), in Spagna (Corpus informático del *instrumentum domestico* – CEIPAC DATABASE; www.ceipac.ub.edu) a cura di José Remesal Rodríguez, e in Italia, dove, per esempio, l'Università di Trieste

(Claudio Zaccaria) sta creando un archivio elettronico dell'*instrumentum inscriptum* rinvenuto nell'Italia nordorientale, mentre le Università di Padova (Stefania Pesavento) e Verona (Patrizia Basso, Alfredo Buonopane) per conto della Regione del Veneto stanno effettuando la schedatura elettronica dell'*instrumentum inscriptum* conservato presso i musei civici della regione.

Nell'impossibilità di presentare tutti i vari tipi di *instrumenta inscripta*, si esaminano qui di seguito quelli che sono comunemente presenti nelle collezioni museali o quelli, forse meno noti, che offrono nuove prospettive di ricerca.

9.1
Laterizi

La produzione di laterizi costituiva un'importante voce nell'economia del mondo romano, perché si trattava di manufatti prodotti in enormi quantità per soddisfare la richiesta del settore edile che impiegava largamente mattoni, tegole, coppi. In molti casi, sui laterizi possono essere presenti bolli impressi prima della cottura, iscrizioni tracciate a mano libera anch'esse prima della cottura, graffiti e, molto raramente, *tituli picti* (cfr. FIG. 9.4).

I bolli, impressi con un punzone di legno o di metallo prima della cottura, possono essere a lettere incavate o rilevate, con un cartiglio che può avere le seguenti forme (Steinby, 1977-78, p. 27):

- rettangolare; può avere anche la forma di una *tabula ansata*;
- semicircolare, talora con la presenza di un orbicolo interno;
- circolare, senza orbicolo, con centro rilevato;
- circolare, senza orbicolo, con centro non rilevato;
- lunato, con orbicolo che oltrepassa il centro;
- orbicolare; l'orbicolo può essere alto una o più righe del testo;
- orbicolare, con centro rilevato.

L'uso di imprimere il bollo sui laterizi risale alla fine dell'età repubblicana, in connessione con la costruzione di edifici pubblici di carattere religioso o civi-

FIGURA 9.4
Montegrotto Terme (Padova). Frammento di tegola con marchio di fabbrica in cartiglio rettangolare e *titulus pictus* (Bonini, Busana, 2004, p. 126, nr. 5)

Il marchio è: *C(ai) Rûtili Pud(entis)*. In alto, tracciata a pennello con vernice rossa, si legge l'iscrizione: *M / VIII*.

Fonte: Bonini, Busana (2004, tav. XXI,1).

le, dato che vi compaiono i nomi di divinità o di magistrati provinciali o locali. All'inizio del Principato cominciarono a diffondersi i bolli con nomi di privati cittadini, spesso di rango elevato, probabilmente i proprietari delle cave di argilla e degli impianti di produzione, uniti a quelli di servi e liberti, che erano incaricati di condurre materialmente l'attività produttiva (*officinatores*). I nomi, di solito in genitivo (è sottinteso il termine *tegula*), possono comparire per esteso oppure variamente abbreviati, spesso con due o tre lettere unite in nesso, fatto questo che ne rende difficile l'interpretazione. A volte al posto del nome in genitivo del *dominus* si può trovare un aggettivo in *-ana* derivato da un gentilizio che sottintende la parola *tegula*, come CIL, V, 8110, 272 a-l: *Cartoriana (tegula)*; o CIL, XI, 6679, 2a-d: *Cinniana (tegula)*.

L'interpretazione della funzione del bollo, come accade per altri *instrumenta inscripta*, non è univoca, anche perché la questione è complicata dal fatto che solo una percentuale minima di laterizi, e soprattutto le tegole, veniva contrassegnata; per cui si è pensato a un sistema per riconoscere i propri lotti avviati a una fornace comune, oppure a un metodo con cui il *dominus* oppure l'amministrazione locale o statale poteva controllare tutta la filiera produttiva o, infine, a una forma di garanzia del prodotto, particolarmente importante per materiali come le tegole (Manacorda, 1993).

Le iscrizioni tracciate a mano libera prima della cottura consistono in notazioni spesso accompagnate da numerali, relative alle varie fasi della produ-

FIGURA 9.5
Aquileia. Mattone con iscrizione, tracciata prima della cottura, che allude, forse scherzosamente, al lavoro di lisciatura dei mattoni (CIL, V, 8110, 176)

Vi si legge: *Cave malum si non / raseris lateres ÐC. / Si raseris, minus malum formidabis*.
Fonte: *Fornaci* (1987, p. 31).

zione, mentre i graffiti, anch'essi per lo più con indicazioni numerali, si riferiscono alle operazioni di stoccaggio, di trasporto e di vendita; estremamente rari sono i *tituli picti*: spesso si tratta di indicazioni numeriche (cfr. FIG. 9.4) applicate in magazzino oppure nelle fasi di posa in opera.

I laterizi, poi, fornivano anche, sia prima sia dopo la cottura (cfr. FIG. 9.5), il supporto privilegiato per esercitazioni scrittorie, motti spiritosi, invettive, trascrizioni di versi famosi.

9.1.1. I bolli urbani

Vengono definiti "bolli urbani" quelli a lettere rilevate (più raramente incavate), impressi con un punzone in legno o in metallo prima della cottura sui laterizi (e sugli altri manufatti in ceramica, come *dolia, mortaria, fistulae* lavorati nelle medesime officine) prodotti nelle fornaci site nel bacino meridionale del Tevere e posti in opera nelle costruzioni di Roma e delle località vicine

FIGURA 9.6
Ostia. Bollo urbano con lettere rilevate in cartiglio di forma orbicolare, con orbicolo alto quanto le due righe del testo; al centro protome galeata rivolta a destra con asta sulla spalla. Nel bollo compaiono i nomi della *domina*, Matidia Minore, figlia di *Salonia Matidia*, la suocera di Adriano, e del proprietario dell'officina, *Claudius Fortunatus* (Steinby, 1977-78, nr. 600).

Vi si legge, partendo dalla riga esterna: *Ex praed(is) Matidiae, Aug(ustae) f(iliae), ofic(ina)* (!) / *Claudi Fortunati*.
Fonte: Steinby (1977-78, tav. CVII, nr. 600).

(Ostia in particolare), e, più raramente, anche in qualche centro costiero e insulare del mar Tirreno. Soprattutto a partire dalla metà del I secolo d.C. essi presentano caratteristiche proprie, con l'uso di cartigli circolari, semicircolari e lunati, fino alla definitiva affermazione, verso la fine del secolo, del cartiglio orbicolare, che li rende facilmente riconoscibili, perché non attestato in altre aree. Questo tipo di bollo (cfr. FIG. 9.6), il cui testo si legge da sinistra a destra partendo dalla riga più esterna, rimase in uso fino ai primi decenni del III secolo d.C., mostrando nel tempo una progressiva e sensibile riduzione dell'orbicolo e un aumento del numero delle righe del testo. Vi possono comparire, tutti o in parte, i seguenti elementi: *opus doliare* (il laterizio; a volte compare il termine *tegula*), i *praedia* (proprietà) o le *figlinae* (cave di argilla? officine? cfr. *infra*), il nome del proprietario o dei proprietari, a volte indicato con un nome prediale in -*anum*, il termine *officina*, il nome dell'*officinator*, il nome di un *negotiator*, la datazione con la menzione di una coppia consolare.

La base imprescindibile per le ricerche sui bolli urbani rimane la sezione a essi dedicata nel volume XV del *Corpus inscriptionum Latinarum*, pubblicato da Heinrich Dressel nel 1891, ove sono editi (cfr. FIG. 9.7) secondo le norme del *Corpus*, con la trascrizione in maiuscolo tondo, che cerca di riprodurre fedelmente l'originale così come si presenta, rispettandone l'impaginazione e

FIGURA 9.7
Un bollo urbano come compare nel volume XV del *Corpus inscriptionum Latinarum*

729 1 prope thermas Diocletiani rep. cum fundamenta fiebant aerario publico, 2 ex. [mus. Kircher. ampl.].
2 ad viam Latinam: in·vinea Gentilini, sepulcro Vibiorum (tegula).
3 ad viam Tiburtinam: in coemeterio s. Hippolyti.
4 in agro Cryptoferratensi [Cryptoferratae in mus. coenobii].

 OPVS DOL EX PRAE FAVST AVG
EX OFIC METATAL
cervus dextrorsum currens

Opus dol(iare) ex prae(dis) Faust(inae) Aug(ustae), ex ofic(ina) Met(ili?) Atal(i?)

1 Descripsi.
2—4 Descripsi ex ectypis quae mecum communicavit Stevenson.

Si noti a sinistra il simbolo che indica la forma del cartiglio e la sintetica descrizione (*cervus dextrorsum currens*) dell'emblema figurato (*signum*), che compare al centro del bollo.

con l'uso di simboli per descrivere il tipo di cartiglio. Diversamente dalle iscrizioni lapidee, è sempre presente la lettura interpretativa con gli scioglimenti e, nel caso di lacune, con le integrazioni. Rimangono i limiti caratteristici del *Corpus* (cfr. PAR. 3.1.3): mancanza delle misure, nessun accenno al supporto, sintetica descrizione di eventuali elementi figurati.

Nel 1947 Herbert Bloch pubblicò un *Supplementum*, in seguito edito insieme agli indici, non presenti nell'opera di Dressel (Bloch, 1948); negli anni seguenti ulteriori aggiornamenti sono stati pubblicati a cura di Margareta Steinby, tra cui il fondamentale studio dedicato ai bolli dei laterizi rinvenuti ad Ostia (Steinby, 1977-78).

Lo studio dei bolli urbani, che è di notevole interesse sia perché i personaggi che vi compaiono sono spesso individui di spicco della società romana (cavalieri, senatori, membri della casa imperiale e, in molti casi, l'imperatore e l'imperatrice), sia perché contribuisce a chiarire alcuni aspetti della storia economica e sociale di Roma, incontra parecchie difficoltà. Queste dipendono dalla grande mole di materiale ancora inedito, dalla non sempre sicura identificazione di alcuni personaggi a causa di frequenti omonimie, da un formulario che presenta espressioni come *ex praedis* ed *ex figlinis*, per le quali nessuna spiegazione finora è del tutto soddisfacente (*praedia* e *figlinae* indicano uno i possedimenti terrieri e l'altro le strutture per produrre laterizi oppure sono sinonimi?), dalla datazione, quando questa non sia espressamente indicata dalla coppia consolare.

Un problema fondamentale, e tuttora fonte di vivo dibattito, riguarda i modi di gestione delle proprietà, delle cave di argilla, delle officine di produzione, dello stoccaggio, dello smistamento, del collocamento sul mercato dei laterizi e, soprattutto, il rapporto fra il proprietario terriero (*dominus*) e il responsabile dell'officina (*officinator*). Il primo aveva solo un ruolo marginale e si limitava ad affittare i suoi possedimenti con cave di argilla a terzi (gli *officinatores*) in cambio di denaro o di parte della produzione? Oppure era attivamente coinvolto in tutte le varie fasi, dalla produzione al collocamento sul mercato? E gli *officinatores*, per lo più schiavi e liberti, ma non mancano gli *ingenui*, conducevano personalmente o per mezzo di schiavi gli impianti, la cui produzione rimaneva tutta al *dominus*? (cfr. Bruun, 2005).

Altro interessante fenomeno che emerge dall'analisi dei bolli urbani è la graduale concentrazione delle proprietà con *figlinae* di grande importanza nel patrimonio personale di alcune donne della casa imperiale, come *Domitia Lucilla minor*, madre di Marco Aurelio, e *Annia Galeria Faustina minor*, sua moglie, costituendo la premessa al monopolio imperiale su questo tipo di attività che si compì nell'età severiana.

9.2
Anfore

Con il termine "anfora" si indica una classe di recipienti ceramici di forma chiusa e muniti di anse, utilizzati come contenitori per il trasporto, principalmente via mare – è significativo che il tonnellaggio delle navi romane fosse calcolato in *amphorae* –, di derrate alimentari (in particolare vino, olio, olive, pesce lavorato e salse di pesce, miele, frutta), ma anche, specie se usate una seconda volta, di sabbia, calce, pece, sostanze minerali di vario genere come l'allume. Il suo uso era talmente diffuso che l'*amphora* costituiva, inoltre, un'unità di misura, pari a 26,2 l circa. Infine, le anfore, una volta svuotate, potevano essere riutilizzate in ambito funerario come segnacoli o come contenitori dei resti del defunto, oppure impiegate nella bonifica e nel drenaggio di terreni, nella costruzione di vespai, di volte, di canalizzazioni idrauliche. Le anfore presentano una notevole varietà morfologica, legata al tipo e alla quantità delle sostanze da trasportare, all'area produttiva di provenienza e all'evoluzione cronologica. La prima classificazione tipologica delle anfore romane si deve a Heinrich Dressel, che nel 1879 schedò le iscrizioni presenti sulle anfore rinvenute a Roma ed elaborò una tavola (CIL, XV, 2, tab. II) ancora in gran parte valida (cfr. FIG. 9.8). L'intensificarsi degli studi, soprattutto dopo la Seconda guerra mondiale, ha poi portato alla creazione di ulteriori tipologie (un

FIGURA 9.8
La tavola con le forme delle anfore romane elaborata da Heinrich Dressel e allegata a CIL, XV, 2

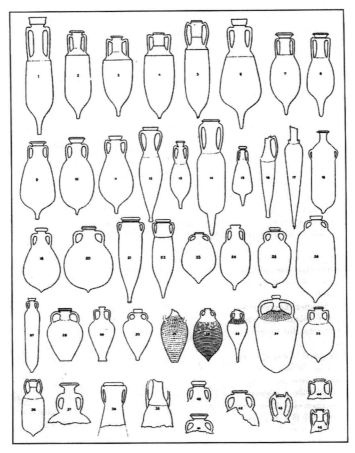

quadro completo, suddiviso per aree di produzione, è in Pannella, 2002, pp. 631-7).

9.2.1. L'apparato epigrafico

Le anfore possono avere un corredo epigrafico molto vario, il cui studio, unito all'analisi della tipologia, fornisce importanti informazioni sui modi e sull'organizzazione della produzione, tanto dei recipienti quanto dei contenuti, e sul loro commercio.

FIGURA 9.9
Verona. Bollo a lettere rilevate in cartiglio rettangolare, impresso sull'orlo di un'anfora Dressel 6A (Pesavento Mattioli, 2007, pp. 463-5)

Vi si legge: *Primus Gavi* (scil. *servus*) oppure *Primus Gaviorum* (scil. *servus*), a seconda che si voglia intendere lo schiavo di un *Gavius* non meglio definito oppure di un gruppo famigliare.
Fonte: Pesavento Mattioli (2007, p. 464, fig. 3).

Le anfore possono presentare sulla superficie testi realizzati prima della cottura (bolli impressi e iscrizioni tracciate con un utensile o con le dita) o dopo la cottura (*tituli picti* e graffiti).

I bolli (cfr. FIG. 9.9) venivano apposti prima della cottura sull'orlo, sulle anse, sul collo, sulla spalla e, più raramente, sul fondo con un punzone rettangolare (occasionalmente circolare, quadrato o a forma di *planta pedis*), in legno, metallo o ceramica, a lettere rilevate o incavate; sulla stessa anfora può comparire più volte il medesimo bollo oppure possono essere impressi bolli diversi.

Il testo contiene un'indicazione onomastica, solitamente in genitivo, variamente articolata (*tria nomina*, *nomen* e *cognomen*, *cognomen*) e talora abbreviata, spesso limitata alle sole iniziali, oppure il nome di uno schiavo o di un liberto al nominativo seguito dall'indicazione del *dominus* o del *patronus* in genitivo. Il motivo per cui le anfore venivano bollate, così come accadeva per altri manufatti, è tuttora fonte di dibattito: la circostanza che il bollo fosse impresso nelle fasi di fabbricazione dell'anfora induce a ritenere che identificasse il produttore dell'anfora (o degli schiavi e dei liberti addetti di fatto alle varie fasi della fabbricazione); ciò non esclude che quest'ultimo potesse anche essere il proprietario del *fundus* ove si producevano le derrate destinate a essere trasportate. Il bollo, poi, consentendo all'acquirente dell'anfora di risalire

FIGURA 9.10
Magdalensberg (Austria). Il *titulus pictus*, tracciato a pennello con inchiostro nero su un'anfora Dressel 7-11, indica il contenuto (*garum*), la sua provenienza (*Hispanicum*), i due fratelli proprietari dell'azienda produttrice e, nell'ultima riga, forse, il distributore (AE, 2000, 1167)

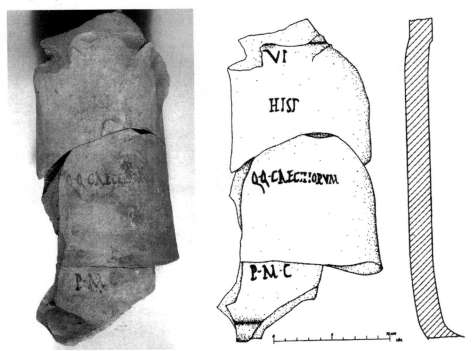

Vi si legge: [Gar]um / Hisp(anicum) / Q(uinti) (et) Q(uinti) Caeciliorum. / P(ublius) M(- - -) C(- - -).
Fonte: Piccottini (2003, fig. 16).

al produttore, forniva garanzie di carattere qualitativo (solidità, integrità, corrispondenza per capacità e peso alle norme di legge del prodotto), fiscale e commerciale (come la conformità in peso e capacità) contro eventuali frodi (Manacorda, 1993).

Le iscrizioni tracciate prima della cottura sono costituite per lo più da simboli o da sigle o da indicazioni numeriche o calendariali oppure da nomi e vanno riferite soprattutto alle varie fasi della fabbricazione del contenitore.

I *tituli picti*, apposti a pennello con inchiostro nero o rosso, sono relativi alla vita commerciale del recipiente e del suo contenuto, poiché forniscono informazioni sul tipo, sulla qualità e sulla quantità della merce contenuta, sulla località di provenienza, sulla data di spedizione e, talvolta, sui produttori, sui commercianti e sui trasportatori (cfr. FIG. 9.10).

FIGURA 9.11
La posizione, con valore indicativo, dei *tituli picti* su un'anfora Dressel 20. α) tara; β) nome del commerciante o dei commercianti; γ) peso netto; δ) attestazione del controllo, con il nome di una località della Betica e del *fundus* di provenienza, la datazione consolare, il nome del funzionario; ε) note di magazzino(?)

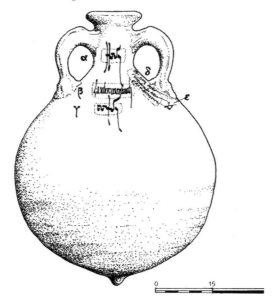

Fonte: Rodríguez Almeida (1984, fig. 71).

Un caso particolare è rappresentato dalle anfore Dressel 20, che contenevano l'olio della Betica (cfr. FIG. 9.11): su queste, il cui contenuto, destinato all'approvvigionamento di Roma e degli eserciti, era sottoposto a una complessa prassi amministrativa, i *tituli picti* compaiono in posizioni diverse e pressoché codificate, con indicazioni numeriche relative alla tara e al peso netto, con il nome dei commercianti e le notazioni dei funzionari addetti ai controlli.

I graffiti, tracciati con uno strumento appuntito su vari punti dell'anfora, in particolare sulla spalla o sul ventre, sono per lo più relativi alle sue vicende commerciali. I più comuni indicano il peso dell'anfora con l'espressione *t(esta) pondo)* (TP) seguita da un'indicazione numerica oppure i dati riferibili allo stoccaggio o, ancora, riportano con la menzione della coppia consolare l'indicazione dell'anno in cui il vino è stato travasato nel recipiente (cfr. FIG. 9.12). Le anfore, infine, come tutti i materiali ceramici, potevano offrire, sia integre sia in frammenti, un utile ed economico supporto per esercitazioni scrittorie o per tracciare appunti, promemoria, liste o frasi occasionali.

FIGURA 9.12
Vicenza. Un graffito con la menzione del consolato di Cesare e Lepido (46 a.C.) sulla spalla di un'anfora tipo Lamboglia 2 (AE, 1987, 448 = 2003, 27)

Vi si legge: *C(aio) Câeser(e)* (!) / *M(arco) Lepid(o) co(n)s(ulibus)*.
Fonte: Buchi (2003, p. 142).

Di notevole interesse, anche se finora poco indagati, sono i coperchi (*opercula*) in terracotta o in altro materiale, posti a chiusura dell'anfora (cfr. Mayer i Olivé, 2008). Alcuni venivano realizzati a matrice e presentano sulla superficie un nome di persona, per lo più abbreviato, a lettere rilevate (cfr. FIG. 9.13); altri, invece, hanno bolli impressi con nomi oppure simboli o sigle o, più raramente, iscrizioni graffite. Nel caso dei nomi di persona, potrebbe trattarsi dei produttori o dei commercianti e talora dei proprietari delle navi addette al trasporto.

9.3
Lucerne

La lucerna, in metallo o, soprattutto, in ceramica, era il principale strumento d'illuminazione nel mondo antico e subì nel tempo varie trasformazioni nella forma e nelle tecniche di fabbricazione, legate al progresso tecnologico e alla ricerca sia di forme esteticamente gradevoli, sia di caratteristiche funzionali che ne agevolassero l'uso. La prima classificazione tipologica delle lucerne romane si deve, anche in questo caso, ad Heinrich Dressel, che nel 1879 realizzò, per il volume XV del *Corpus*, una dettagliata tavola (CIL, XV, 2, tab. III), poi rielaborata da Siegfried Loeschke, che nel 1919 pubblicò le lucerne rinvenute

FIGURA 9.13
Aquileia. Coperchio di anfora, fabbricato a matrice, con bollo a lettere rilevate (Gomezel, 1994, pp. 543-5)

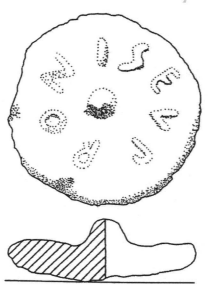

Vi si legge: *Eupronis* (!). Dovrebbe trattarsi del cognome, con psilosi del fonema *ph*, di un personaggio il cui nome compare su bolli di anfore Dressel 20: *M(arci) E(- - -) Eupro(nis)* (!).

Fonte: Gomezel (1994, fig. 1).

nello scavo di *Vindonissa* in Svizzera presentando una tavola tipologica ancor oggi utilizzata (Loeschke, 1919).

Dapprima modellata a mano e in seguito realizzata al tornio, la lucerna conobbe la sua massima diffusione con l'affermarsi della tecnica produttiva dello stampo in due matrici, che consentiva di fabbricare rapidamente un grande numero di esemplari. Fino all'età augustea, l'uso di contrassegnare le lucerne con un marchio è alquanto raro: un caso interessante è rappresentato da un gruppo di lucerne di produzione norditalica (forse aquileiese), realizzate al tornio tra il 150 e il 50 a.C. e simili al "tipo cilindrico dell'Esquilino", che presentano il bollo *Tibur(- - -) / C(ai) Vibi* o *C(ai) Vibi / Tibur(- - -)* (CIL, V, 8114, 130; *SupplIt*, 1079, 41) con lettere a rilievo in cartiglio rettangolare. A partire dalla metà del I secolo a.C., invece, sulla base di lucerne prodotte a matrice compaiono nomi tracciati a mano libera oppure marchi di fabbrica a lettere impresse (cfr. FIG. 9.14) o rilevate.

Dalla seconda metà del I secolo d.C., nell'area della pianura padana – alcune officine sono state localizzate ad Aquileia, Modena (cfr. FIG. 9.15), Forlì, Angera – si produsse in enormi quantità un particolare tipo di lucerna, detta

FIGURA 9.14
Trento. Lucerna a disco ansata; sul fondo, a lettere impresse, compare il nome di un fabbricante attivo nella zona di Roma, e al di sotto, un piccolo cerchio impresso

Sul fondo si legge: *C(ai) Op(pi) Rest(ituti)*.
Fonte: Gualandi Genito (1986, nr. 61).

FIGURA 9.15
Aquileia. Matrice inferiore per la fabbricazione di lucerne a canale con marchio di fabbrica; al centro compare, impresso a punzone in negativo, il nome del fabbricante (Buchi, 1975, p. 33)

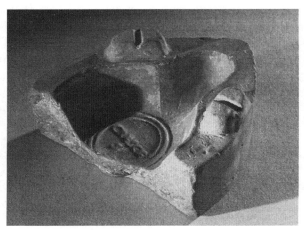

Vi si legge: *Cresce(n)/s*.
Fonte: *Da Aquileia* (1980, fig. 571).

FIGURA 9.16
Augsburg (Germania). Lucerna a canale chiuso. Sul fondo, in lettere rilevate, sono indicati il nome del fabbricante e la località di produzione (Modena)

Vi si legge: M̂ut(inae) / Menander / f(acit).
Fonte: Die Römer (2000, fig. 270).

"lucerna a canale" per la presenza di un canale, aperto o chiuso, che unisce il disco al beccuccio, e nota nella letteratura specialistica con il nome di *Firmalampe* (lucerna con marchio di fabbrica) oppure Loeschke IX e X. Sono manufatti semplici, solidi, funzionali che presentano sulla base, impresso dalla matrice inferiore (cfr. FIG. 9.15), un bollo a lettere rilevate con il nome del proprietario dell'officina o del fabbricante (spesso le due figure coincidono) al genitivo o al nominativo, talora accompagnato dal verbo *f(acit)* (F) e, molto raramente, dall'indicazione della località di fabbricazione (cfr. FIG. 9.16).

Spesso sono presenti piccoli cerchi impressi in numero e posizione variabile o altre sigle e simboli la cui funzione, non ancora chiara, è forse da riferirsi alle varie fasi di fabbricazione.

La richiesta di questo tipo di lucerna era molto sostenuta non solo sul mercato italico, l'Italia settentrionale in particolare, ma anche su quello delle province europee, tanto che alcuni produttori vi aprirono delle filiali. Inoltre, alcune officine locali avviarono produzioni che imitavano pedissequamente (anche nei marchi) i modelli italici, giungendo fino alla falsificazione, con l'uso di matrici ricavate da esemplari originali importati e servendosi della tecnica detta *surmoulage*.

Come tutti i materiali ceramici, anche le lucerne possono presentare iscrizioni graffite dopo la cottura: possono essere nomi al genitivo, indicanti il proprietario dell'oggetto, oppure espressioni beneaugurali o conviviali o, infine, dediche a una divinità, dato che la lucerna era impiegata anche in ambito religioso come dono votivo.

9.4
Vasellame ceramico

Sul vasellame ceramico, tanto su quello comune quanto su quello fine da mensa, compaiono iscrizioni di vario genere, realizzate sia prima sia dopo la cottura: si possono trovare, infatti, bolli ottenuti a punzone o a matrice, iscrizioni tracciate a mano libera prima della cottura, *tituli picti* e graffiti.

I bolli, impressi prima della cottura con il nome del produttore, sono riferibili alla produzione dell'oggetto e presentano un'ampia gamma di varianti, dai *tria nomina* indicati per esteso alle sole iniziali, e possono comparire su vari punti del recipiente (orlo, spalla, ventre, ansa), sia all'interno sia all'esterno. Un caso del tutto particolare è rappresentato dai bolli impressi sulla terra sigillata (cfr. PAR. 9.4.1). Le iscrizioni tracciate a mano libera prima della cottura sono anch'esse riferibili alle varie fasi della produzione e sono costituite da indicazioni numeriche, simboli e sigle non sempre perspicue. In qualche

FIGURA 9.17
Remagen (Germania). Un'iscrizione in versi tracciata a mano libera prima della cottura sul fondo di un vaso in ceramica comune (CLE, 2153)

Vi si legge: *Quisquis ammat* (!) / *pueros sene* (!) / *finem* (!) *puellas* / *rationem sacc(u)li* / *non habet*. È interessante notare che un componimento simile è graffito a Roma sulle pareti della *Domus Aurea* (AE, 1981, 28).
Fonte: Geritz (2004, fig. 118).

9. L'INSTRUMENTUM INSCRIPTUM

FIGURA 9.18
Altino (Venezia). Il nome del proprietario graffito all'esterno della parete di una coppa in terra sigillata (Buonopane, 2003, p. 286)

Vi si legge: *M(ani) Sext(i) Lan(- - -)*.
Fonte: Buonopane (2003, fig. 1b).

raro caso possiamo trovare esercitazioni scrittorie, motti di spirito e persino composizioni in versi (cfr. FIG. 9.17).

I *tituli picti*, piuttosto rari, contengono indicazioni relative al tipo di contenuto, alla sua quantità e qualità. I graffiti, invece, eseguiti quasi esclusivamente sulla superficie esterna del vaso, sono di solito costituiti da indicazioni onomastiche, estese o variamente abbreviate, in genitivo: normalmente si riferiscono al possessore del recipiente (cfr. FIG. 9.18), mentre in pochi casi indicano il contenuto oppure il peso del recipiente, pieno o vuoto. Sul fondo esterno compaiono talora graffiti con segni numerali o alfabetici, simboli e sigle la cui presenza va probabilmente posta in relazione con le fasi di stoccaggio nell'ambito dell'officina o dei magazzini del venditore.

I frammenti di vasellame, che erano disponibili sempre e in grandi quantità, venivano inoltre usati per annotare, sempre con la tecnica del graffito, appunti relativi ad attività produttive e commerciali, liste della spesa, promemoria, versi, esercitazioni scrittorie, motti di vario genere.

9.4.1. I bolli sulla terra sigillata

Un caso particolare è rappresentato dai bolli impressi su un tipo di vasellame fine da mensa, che con una denominazione derivata dall'erudizione antiquaria settecentesca viene ancor oggi convenzionalmente definito "terra sigillata", ov-

FIGURA 9.19
Friburgo (Germania). Patera in terra sigillata con bollo in *planta pedis* destra con lettere rilevate, impresso sulla superficie interna del fondo, in posizione centrale (inedito, per confronti: CVArr², 879)

Vi si legge: *L(uci) Gell(i)*. Si tratta di un vasaio molto probabilmente attivo ad Arezzo, la cui produzione ebbe larga diffusione in Italia centrale e settentrionale e nelle province europee.

Fonte: foto dell'autore.

vero decorato con piccole figure a rilievo (*sigilla*). Il centro principale della produzione, per qualità e quantità, come ricordano anche le fonti letterarie (Plinio, *Storia naturale*, XXXV, 160-1; Marziale, *Epigrammi*, 14, 98), era ad *Arretium* (Arezzo), ma importanti produzioni si trovavano anche in altre località dell'Impero. Le tecniche di fabbricazione erano due: al tornio, nel caso di forme lisce, per le quali si ricorreva all'ausilio di sagome che consentivano al vasaio di ottenere rapidamente recipienti standardizzati, e a matrice, nel caso di vasi con decorazioni a rilievo.

Molto spesso i fondi interni dei vasi di terra sigillata recano marchi, impressi con un punzone prima della cottura; dalla metà del I secolo a.C. fino all'inizio dell'età augustea erano in un cartiglio quadrangolare di piccole dimensioni e si disponevano a raggiera sul fondo interno del vaso intorno al centro, a gruppi di tre o quattro, mentre nella prima età augustea si diffuse l'uso di imprimere un solo bollo in cartiglio rettangolare al centro, con testo disposto su due righe. Negli anni seguenti si ricorse a testi disposti su una sola riga e a cartigli circolari o conformati a *tabula ansata* o a foglie trilobate. Intorno al 15 d.C. si affermò, per rimanere in uso lungo tutto il I secolo d.C., il bollo con cartiglio conformato a pianta di piede (*planta pedis*), solitamente il destro, considerato fausto (cfr. FIG. 9.19), anche se non mancano esempi con il piede sinistro o con entrambi i piedi affiancati.

Nel caso dei vasi con decorazione a rilievo prodotti a matrice, il marchio poteva comparire in cartiglio rettangolare rilevato sulla parete esterna, oppure il nome del fabbricante si stendeva su tutta la superficie del vaso.

I marchi possono recare i *tria nomina* di un ingenuo o di un liberto, oppure il nome di uno schiavo accompagnato da quello del *dominus*, ma, purtroppo, non è sempre chiaro se questi nomi si riferiscano al proprietario dell'officina o al responsabile della produzione (*officinator*) o a chi materialmente aveva fabbricato il vaso (*figulus*). Anche l'interpretazione del significato del marchio non è univoca: la sua funzione potrebbe essere quella di rendere riconoscibili i lotti di vasi prodotti da una singola officina, ma cotti in fornaci comuni, o quella di consentire al proprietario di più officine di seguire e di controllare meglio le varie produzioni o, infine, potrebbe rappresentare per l'acquirente, come per le anfore, una sorta di garanzia di qualità del prodotto. Non è neppure da escludere la possibilità, specie per i manufatti di pregio, prodotti da vasai molto noti, che il marchio rappresentasse una sorta di "firma" da ostentare. In ogni caso, lo studio dei marchi di fabbrica ha fornito molte informazioni sull'organizzazione della produzione, mostrando che si trattava di impianti con un numero di schiavi specializzati (quelli che appongono il proprio nome sul vaso) che non sorpassava mai le venti unità e che alcuni di questi, talora, passavano da un'officina all'altra; non si può quindi neppure escludere che esistessero anche piccoli laboratori gestiti direttamente dal proprietario e, forse, coordinati fra loro.

Lo studio scientifico dei bolli sulla terra sigillata (ma anche sugli altri tipi di ceramica) risale alla seconda metà dell'Ottocento, quando Theodor Mommsen decise di raccoglierli sistematicamente nella parte dedicata all'*instrumentum domesticum* posta alla fine dei vari volumi del *Corpus inscriptionum Latinarum*, sotto la sezione denominata *vasis cretaceis inscripta*. Al 1968 risale la pubblicazione del *Corpus Vasorum Arretinorum* (*CVArr*), redatto tra il 1912 e il 1943 da August Oxé e pubblicato, dopo la morte di quest'ultimo, da Howard Comfort, ove sono raccolti tutti i nomi presenti sui bolli, ordinati sia alfabeticamente, sia per aree di produzione. Nel 2000 è stata edita la seconda edizione, a cura di Philip Kenrick, cui è allegato un articolato database consultabile su CD-ROM (*CVArr²* = *OCK*).

9.5
Vetri

Con l'introduzione della tecnica della soffiatura in stampo, avvenuta alla fine del I secolo d.C., si diffuse l'uso di segnare i prodotti con marchi, che potevano essere impressi dal fabbricante per contrassegnare e rendere distinguibile la propria produzione, soprattutto nel caso di prodotti di pregio, come una sorta di "firma", quindi, che identificava e qualificava il prodotto agli occhi dell'acquirente. È questo il caso, ad esempio, dei prodotti del vetraio *Ennion*, dapprima attivo a Sidone, in Siria, e poi trasferitosi in Italia settentrionale, forse ad Aquileia, dove impiantò una nuova officina, dedita alla produzione di oggetti particolarmente raffinati, contrassegnati dalla presenza del suo nome, racchiuso in una *tabula ansata* collocata sulla parete esterna. Più diffuso e di interpretazione controversa è l'uso di imprimere un marchio sul fondo di recipienti, di solito bottiglie a sezione quadrata, di dimensioni medio-piccole e destinate a contenere olii, balsami, essenze e forse anche vino di pregio. Rimane aperta la questione se il marchio identificasse il produttore o il commerciante del contenuto oppure il fabbricante del recipiente vitreo, come sembra confermare il bollo impresso sul fondo di una bottiglia rinvenuta a Linz in Austria, ove si ricorda che una *Sentia Secunda* fabbricava vetri ad Aquileia (cfr. FIG. 9.20).

Un caso particolare è rappresentato poi dai bolli impressi sul fondo di balsamari nei quali si fa menzione del fisco o del patrimonio imperiale (cfr. FIG. 9.21), poiché documentano il controllo dei funzionari imperiali sulla produzione e la vendita di alcuni prodotti.

La superficie dei recipienti vitrei si prestava anche a far da supporto a inscrizioni incise, per lo più con la tecnica a puntini; queste avevano di solito lo scopo di fornire la didascalia alle raffigurazioni presenti sui vetri (scene di giochi dell'anfiteatro o del circo, prospetti di città, ritratti di divinità), com'è il caso delle bottiglie con i paesaggi di Baia e di Pozzuoli o di una coppa rinvenuta nel *Capitolium* di Brescia, con il busto del dio indigeno *Bergimus* (cfr. FIG. 9.22).

9.6
Signacula

Il termine, dal latino *signare* (marchiare, contrassegnare), indica un'ampia gamma di strumenti di materiale vario (ceramica, legno, metallo) impiegati per contrassegnare, con indicazioni relative al proprietario o al produttore o al venditore, merci e prodotti di ogni genere, nonché animali e uomini (per un'ampia disamina cfr. Di Stefano Manzella, in stampa). I più conosciuti sono quelli definiti *signacula aenea* oppure *ex aere* nel *Corpus* e nella letteratura specialistica: sono utilizzati per imprimere a freddo (la forma stessa, con la presenza di un anello non isolato, esclude la possibilità di un uso a caldo) un nome o una frase su materiali molli o semiduri, argilla, pani di cera, di calce o di colore, nonché su prodotti alimentari, tra cui, sicuramente, il pane, come ricorda Plinio il Vecchio (*Storia naturale*, XXXIII, 26) e come è forse confermato da una pagnotta rinvenuta a Ercolano e recante il marchio *[C]eler(is) Q(uinti) Grani / Veri ser(vus)*, di cui è stato ritrovato il timbro metallico nell'Antiquarium Capitolino a Roma (CIL, X, 8058, 18; Loreti, 1994, nr. 4). Risulta che raramente siano stati impiegati per contrassegnare laterizi, mentre non è escluso l'impiego, previa l'applicazione di sostanze coloranti, su superfici semidure o dure come stoffe, pellami, legni. Fabbricati a fusione in matrice, hanno la forma di una piccola targa rettangolare o, più raramente, circolare, oppure conformata a delfino, a *planta pedis*, a foglia, a croce o a cuore. Sulla targa è saldato un anello digitale, con castone piano, su cui compaiono elementi ornamentali o simbolici, oppure le iniziali degli elementi onomastici del proprietario, o ancora il nome di

9. L'INSTRUMENTUM INSCRIPTUM

FIGURA 9.20
Linz (Austria). Fondo di bottiglia di vetro a sezione rettangolare con il marchio del fabbricante impresso a stampo, con lettere rilevate e disposte dal basso in alto e da destra a sinistra, con andamento bustrofedico; si tratta di una donna, *Sentia Secunda*, che aveva la sua officina di produzione ad Aquileia (AE, 1955, 101 = 1999, 121 4a)

Vi si legge: *Sentia Se/cunda fa/cit Aq(uileiae) viîr(a)*.

Fonte: *Da Aquileia* (1980, p. 315 la foto; il disegno è di Fulvia Mainardis).

FIGURA 9.21
Verona. Bollo circolare con lettere incavate, impresso a stampo sul fondo di un balsamario vitreo, attestante l'esistenza di un particolare regime di controllo fiscale su alcuni prodotti (AE, 1994, 712b)

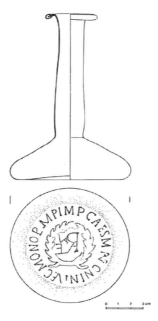

Vi si legge: *Vec(tigal) monop̂(o)liûm p(atrimoni) imp(eratoris) Caes(aris) M(arci) Ântonini / R̂âv̂e(nnae)*. L'imperatore qui ricordato potrebbe essere Marco Aurelio (161-180) o, molto più probabilmente, Caracalla (211-217), se non Elagabalo (218-222).

Fonte: Roffia (1994, fig. 3; disegno di Raffaella Piva Giacometti).

FIGURA 9.22
Brescia. Coppa in vetro con la raffigurazione del dio indigeno *Bergimus* realizzata mediante incisione. Con la medesima tecnica è stata realizzata anche l'iscrizione in scrittura capitale, che ha, forse, funzione di didascalia (Roffia, 2002, pp. 414-20)

Vi si legge: *Bergim[us]*.
Fonte: Roffia (2002, figg. 1-2).

uno schiavo o di un liberto. L'iscrizione presenta lettere rilevate retrograde, più raramente incavate, spesso unite in nesso e separate da segni d'interpunzione, rilevati anch'essi, di forma triangolare, oppure a forma di edera, di caduceo, di palma, di croce (cfr. FIG. 9.23).

Lo studio di questi materiali presenta alcune problematiche legate alla grande fortuna di cui essi hanno goduto (e godono) fra i collezionisti di antichità, un fenomeno che da un lato ha provocato una notevole dispersione dei materiali e un loro allontanamento dal luogo di rinvenimento (le città vesuviane e Roma in particolare), con la perdita, nella maggior parte dei casi, di ogni dato relativo alle circostanze di reperimento, e dall'altro ha dato vita a una produzione di falsi, talora di buona fattura e quindi difficilmente identificabili.

Più rari, ma non meno interessanti, sono i *signacula* impiegati per mar-

FIGURA 9.23
Roma. Sigillo in bronzo, già in possesso di Francesco Bianchini (cfr. CAP. 2) e ora conservato presso il Museo archeologico di Verona (nr. inv. 34341) (CIL, XV, 8312)

Vi si legge: *Cn(ei) Lucreti / Philippici*. Sul castone compaiono le iniziali dei *tria nomina*: *Cn(ei) L(ucreti) P(hilippici)*.
Fonte: ALEUVR.

FIGURA 9.24
Ratisbona (Germania). Bollo impresso a fuoco sullo spillo sigillato di una botte (Baratta, 1994, p. 560; Ead., 2007, p. 102)

Vi si legge: *P(ubli) L(- - -) A(- - -)*, seguito da un simbolo, forse un sistro.
Fonte: Baratta (1994, fig. 3, facsimile; 2007, fig. 8, fotografia).

chiare a caldo oggetti in legno come le botti (cfr. FIG. 9.24), le pelli, i generi alimentari, gli animali e gli uomini (schiavi fuggitivi, colpevoli di reati, soldati).

Sono per lo più in ferro e presentano un manico abbastanza lungo (che inserito in un'impugnatura di legno ne consentiva un impiego sicuro), innestato su un cartiglio rettangolare dove compaiono elementi onomastici completi oppure limitati alle sole iniziali, oppure, in ambito militare, il nome di un'unità o di un reparto (cfr. FIG. 9.25).

Un tipo particolare di *signacula* è rappresentato dai sigilli per collirio, comunemente chiamati sigilli da oculista, con una definizione non del tutto esatta, perché nessun elemento assicura che i personaggi ivi ricordati siano dei

FIGURA 9.25
Magonza (Germania). *Signaculum* per marchiare a fuoco (CIL, XIII, 10023,1 = Baratta, 2007, p. 106, nr. 13)

Sul cartiglio, a lettere retrograde rilevate, si legge: *Leg(ionis) XXII Ant(oninianae)*. Il soprannome *Antoniniana* è stato portato dalla *legio XXII* solo dal 212 al 222 d.C.

Fonte: Geritz (2004, fig. 53).

FIGURA 9.26
Este (Padova). Sigillo da collirio con iscrizione, a lettere retrograde incavate, incisa su ognuno dei quattro lati (cfr. FIG. 9.27)

Fonte: Voinot (1999, nr. 226).

medici e non, piuttosto, i preparatori del medicamento, anche se non si può nemmeno escludere che talora le due figure coincidessero. Normalmente sono delle tavolette parallelepipedi di moderato spessore (cfr. FIG. 9.26) in steatite, scisto, ardesia e serpentino (un solo esemplare è noto in bronzo), che riportano su ognuno dei quattro lati un'iscrizione a lettere retrograde incavate, che veniva impressa sui bastoncini di collirio (cfr. FIG. 9.27).

I testi riportano, nell'ordine, il nome in genitivo del preparatore del farmaco, la denominazione del preparato, di solito in greco traslitterato in lettere latine, e l'indicazione delle affezioni per cui era indicato.

FIGURA 9.27
Este (Padova). Le quattro facce, qui riportate in negativo per facilitarne la lettura, di un sigillo da collirio (cfr. FIG. 9.26) con il nome di chi lo ha confezionato (*Epagathus*), la denominazione del preparato e l'indicazione delle affezioni per cui era indicato (Voinot, 1999, nr. 226; AE, 2004, 98)

Vi si legge: *a) Epagathi diasmyrnes / post impet(um) lippitud(inis); b) Epagathi diamysus / ad aspritudines tol(lendas); c) Epagathi horaeon / croc(odes) ad aspritudines; d) Epagathi theoctiston / ad diathesis tolle(ndas)*.

Fonte: Voinot (1999, nr. 226).

9.7
Tesserae

Sono oggetti di piccole dimensioni, di varia forma (cubica, discoidale, conformati ad animale) e realizzati con materiali diversi (osso, avorio, pasta vitrea, pietre dure, metallo), inscritti su una o più facce. Erano impiegati nella contabilità (*nummulariae*), nel gioco (*lusoriae*) oppure come gettone per l'accesso agli spettacoli (*theatrales*), ai banchetti (*conviviales*), alle distribuzioni di grano (*frumentariae*) o, ancora, come segno di riconoscimento in ambito militare (*militares*), con i numeri relativi alle unità, ai reparti e ai comandanti (cfr. FIG. 9.28), oppure fra appartenenti ad associazioni o collegi o fra persone legate da vincoli di ospitalità (*hospitales*).

9.7.1. *Tesserae nummulariae*

Il termine non è antico (fu coniato nel 1919 da Rudolph Herzog) e si usa convenzionalmente, in alternativa al meno usato *tesserae consulares*, per indicare dei bastoncini a sezione quadrangolare di piccole dimensioni, realizzati in osso o in avorio, con un'estremità arrotondata, separata da una strozzatura e spesso attraversata da un foro. Con un laccio o un cordone la *tessera* veniva fissata a una borsa, il cui contenuto era stato controllato (e quindi garantito) in peso e tipo di monete da personale specializzato (i *nummulari*, secondo Herzog, ipotesi però non accettata da Andreau, 1987, pp. 495-500): in tal modo si potevano effettuare i pagamenti senza dover contare necessariamente ogni volta le somme di denaro. Normalmente, ognuna delle facce presenta, nell'ordine, queste indicazioni:

FIGURA 9.28
Aalen (Germania). Una *tessera militaris* (erroneamente pubblicata come etichetta, anche se è priva del foro caratteristico di questa classe di materiali) in bronzo con il nome di un soldato della cavalleria (*Concessus*), lo squadrone di appartenenza (*I turma*) e il nome del comandante (*Firmanus*); poiché nell'accampamento di Aalen era di stanza l'*ala II Flavia milliaria*, il cavaliere era inquadrato in questa unità. L'iscrizione è realizzata con la tecnica a punti (AE, 2004, 1061)

Vi si legge: *T(urma) / Firmani. / Concesi* (!).
Fonte: Geritz (2004, p. 4).

1. il nome di uno schiavo o, in epoca posteriore, di un liberto o di un ingenuo; 2. il nome del padrone (o del *patronus*) al genitivo in forma completa o abbreviata; 3. il verbo *spectavit* (SP, SPECT) con l'indicazione del giorno e del mese; 4. la coppia consolare (cfr. FIG. 9.29). Gli esemplari finora noti, circa 160, provengono quasi tutti dall'Italia, fatta eccezione per 13 esemplari, di cui 7 dal sito di Alt-*Virunum* sul Magdalensberg in Austria, e si datano in un periodo che va dal 96 a.C. al 33 a.C. Da segnalare, infine, il rischio elevato di imbattersi in falsi, poiché tra il XVII e il XVIII secolo la forte richiesta di questi oggetti da parte dei collezionisti di antichità innescò una fiorente attività di falsificazione.

9.7.2. *Tesserae hospitales*

Impiegate come segno simbolico di riconoscimento fra individui legati da un vincolo di ospitalità (*hospitium*), sono per lo più costituite da un unico oggetto in metallo, a forma di animale (ariete, delfino, maialino) segato longitudi-

FIGURA 9.29
Le quattro facce di una *tessera nummularia* rinvenuta a Fiesole e datata al 76 a.C. (CIL, XI, 6728,1 = I², 894, cfr. p. 961 = ILLRP, 1008)

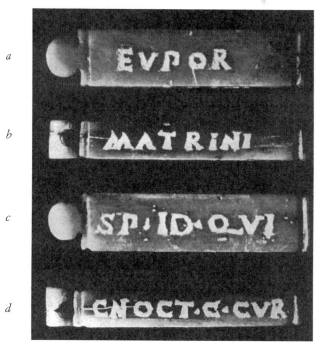

Vi si legge: *a) Eupor; b) Matrini* (scil. *servus*); *c) sp(ectavit) Id(ibus) Qui(nctilibus); d) Cn(eo) Oct(avio), C(aio) Cur(ione) (consulibus)*.

Fonte: *Imagines*, 342 a-d.

FIGURA 9.30
Le due facce di una tessera ospitale, conformata a testa di ariete, tagliata longitudinalmente, databile intorno alla metà del III secolo a.C., con lettere a rilievo (CIL, I², 23, cfr. p. 861 = ILLRP, 1064)

Sulla faccia interna si legge: *Atilies / Saranes C(ai), M(arci) f(ili)*.
Fonte: *Imagines*, 351a-b.

nalmente in due parti, ognuna delle quali reca sulla faccia interna, in lettere incise o a rilievo, il nome di una delle due persone, o di entrambe, che avevano contratto il rapporto di ospitalità (cfr. FIG. 9.30).

9.8
Etichette

Sono sottili lamine di metallo (solitamente piombo, talora bronzo) di forma quadrangolare o, più raramente, circolare, di piccole dimensioni, caratterizzate dalla presenza, all'estremità, di uno o più fori pervii, attraverso i quali si faceva passare una corda, un filo metallico o un laccio per poterle unire all'ansa di un'anfora o di una bottiglia (come i *pittacia* ricordati da Petronio, *Satyricon*, 34,3) oppure a contenitori per il trasporto di merci (casse, ceste, sacchi), a balle di lana o di stoffe, o ai bagagli di un soldato. Normalmente, le etichette sono iscritte su entrambe le facce, con testi distinti, ma

FIGURA 9.31
Karlsdorf, Steiermark (Germania). Etichetta di piombo, impiegata in un laboratorio di lavorazione dei tessuti. Vi compaiono la menzione di un tintore (*fullo*) e, sul lato opposto, le lettere PAS, forse la parte iniziale di una parola indicante una sostanza colorante o una lavorazione e l'importo di 15 denari. L'etichetta era già stata usata perché presenta, su entrambi i lati, tracce di un'iscrizione eseguita in precedenza, purtroppo di difficile lettura; sul rovescio si leggono le lettere *RVC*, forse iniziali di una parola che indicherebbe un tipo di trattamento, se non un colore (Römer-Martijnse, 1990, nr. 24)

L'iscrizione più recente è: *a*) *Titus / fullo*; *b*) PAS / X XV, mentre la più antica è: *a*) A[- - -] / PAS; *b*) RVC.
Fonte: Römer-Martijnse (1990, p. 50 e tav. 7).

reciprocamente collegati, e con scrittura parallela, ma rovesciata sul "verso" rispetto al "recto", in modo da agevolare l'utilizzatore che, ruotando l'etichetta di 180° lungo l'asse maggiore, poteva facilmente leggere il testo nella sua interezza. Le iscrizioni sono tracciate a "sgraffio" con uno strumento metallico appuntito, esercitando talora una notevole pressione, come mostra la presenza, a volte, di materiale di riporto nei punti di arresto dello strumento. La scrittura impiegata è la capitale corsiva, ma non mancano i casi, soprattutto nelle indicazioni numeriche incise sul "verso", di lettere in minuscola corsiva. Spesso si nota l'intervento di mani diverse, mentre sono numerosi i casi di etichette usate più volte, con scritture sovrapposte, fenomeno, questo, che, unito alla sinteticità dei testi, che privilegiano le sigle e le abbreviature, rende molto difficile lo studio di questa classe di materiali (cfr. FIG. 9.31).

9.9
Armi

Spesso le armi, sia da offesa sia da difesa, recano iscrizioni incise accuratamente a bulino, con solco triangolare o con la tecnica a puntini, oppure realizzate a sgraffio con uno strumento appuntito. In alcuni casi l'iscrizione è a lettere rilevate, come sulle ghiande missili (cfr. PAR. 9.9.1 e FIG. 9.34), che venivano fuse in matrice, o impresse a caldo con punzoni, come sulle punte dei dardi destinati a essere lanciati dalle *ballistae* (cfr. FIG. 9.32).

I contenuti sono estremamente vari: oltre ai casi, non molto comuni, in cui compaiono i nomi delle officine che producevano le armi, talora nell'ambito stesso della legione, molte riportano in genitivo il nome, spesso accompagnato dal rango e dal reparto, del soldato che usava l'arma, e alcune presentano più nomi, segno che le armi erano di proprietà dell'esercito e che nel tempo passavano di mano in mano (cfr. FIG. 9.33), mentre in altri casi com-

---

FIGURA 9.32
Döttenbichl bei Oberammergau (Germania). Punta in ferro di dardo da *ballista* con il contrassegno della *legio XIX*, una delle tre legioni annientate nel 9 d.C. nella foresta di Teutoburgo (*Die Römer*, 2000, p. 315, nr. 9a)

Vi si legge: *Leg(ionis) XIX*.
Fonte: *Die Römer* (2000, fig. 10).

FIGURA 9.33
Eining (Germania). Maschera da parata di bronzo per muso di cavallo in tre elementi mobili incernierati fra loro. In quello centrale, ai lati della testa di Ercole, a sinistra e a destra, compaiono, tracciati con la tecnica a punti, un nome e un cognome in genitivo, forse indicanti il proprietario; su quello di destra, al centro, compare un'iscrizione eseguita a sgraffio da altra mano (*Die Römer*, 2000, fig. 44, nr. 44b4)

Vi si legge: a) *Eli* (!) *Virilis*; b) *Provincialis*.
Fonte: *Die Römer* (2000, fig. 44).

pare solamente l'indicazione della legione o del reparto che le aveva in dotazione.

Esistono infine di iscrizioni di carattere votivo, legate al fatto che l'arma poteva essere donata come *ex voto* a qualche divinità; in questi casi il testo era inciso direttamente sull'oggetto oppure su un'etichetta o una tabella, che veniva unita al dono, com'è il caso di CIL, XIII, 3592 (*Vihansae / Q(uintus) Catius Libo Nepos, / centurio leg(ionis) III / Cyrenaicae, scu/tum et lanceam d(onum) d(edit)*).

9.9.1. Ghiande missili

Un caso del tutto particolare di armi con iscrizioni è rappresentato dalle *glandes missiles* in piombo, ossia proiettili di forma ovoidale che venivano scagliati dai frombolieri. Molte di esse recano sulla superficie iscrizioni a rilievo oppure graffite (cfr. FIG. 9.34). I rinvenimenti più cospicui sono avvenuti nei luoghi dove si combatté la guerra sociale (Ascoli Piceno e Fermo in particolare) e la guerra civile fra Cesare e Pompeo (a Perugia, soprattutto). Il contenuto è vario, perché si va dal nome del proprio comandante e della propria unità alle esortazioni rivolte al proiettile, invitandolo a colpire (*feri*), alle invettive, spesso oscene, rivolte ai nemici e al loro generale.

Il grande favore che le ghiande missili godevano presso i collezionisti di antichità fece sì che ad Ascoli Piceno, nella seconda metà dell'Ottocento, si sviluppasse una singolare industria di falsificazione, i cui prodotti, spesso di elevata qualità e difficilmente riconoscibili dagli originali, confluirono a centinaia nelle collezioni di importanti musei italiani e stranieri. In effetti, il principale autore di questi falsi, Giuseppe Vincenzini, aveva escogitato una tecnica singolare grazie alla quale, servendosi di due matrici in legno duro, con lettere incise al negativo all'interno di ognuna di esse, imprimeva nuove iscrizioni su ghiande antiche ma anepigrafi, che venivano poi, grazie a un'organizzata rete di venditori, immesse sul mercato antiquario. Le polemiche sulla loro autenticità, i cui protagonisti furono principalmente Ernest Desjardins, Theodor Bergk e Theodor Mommsen, raggiunsero toni particolarmente accesi, fino a quando Karl Zangemeister non si recò sul posto per condurre un'approfondita indagine, confluita in un'accurata pubblicazione (Zangemeister, 1885). Qui lo studioso, discernendo ghiande genuine, false e dubbie, segnò il punto definitivo sulla questione (su tutta la vicenda cfr. Laffi, 1981). Per tali motivi lo studio di una ghianda missile che provenga da una collezione privata o pub-

FIGURA 9.34
Ascoli Piceno. Due *glandes missiles*, una autentica, l'altra falsa

Sulla prima, rinvenuta a Corropoli (Teramo), un castello non lontano da Ascoli Piceno assediato da Cn. Pompeo Strabone durante la guerra sociale (CIL, IX, 6086, IV = I², 850: 90-89 a.C.), a lettere rilevate si legge: *Ital(i)*; la seconda, invece, appartiene al nutrito gruppo delle ghiande dette "vincenziniane", dal nome dell'autore della falsificazione, l'ascolano Giuseppe Vincenzini. Si tratta di una copia di CIL, IX, 6086, IX = I², 856 = ILLRP, 1092 (*Feri // Pomp(eium)*), riconosciuta come falsa da Karl Zangemeister. A lettere rilevate compare l'iscrizione: *Feri*.

Fonte: Zangemeister (1885, tav. VI).

blica e non da uno scavo archeologico scientificamente condotto va affrontato con particolare cautela.

9.10
Fistulae aquariae

Nelle città romane l'acqua veniva distribuita dall'amministrazione statale o locale solo per gli usi pubblici e, di conseguenza, i privati che avessero voluto avvalersi del *ius aquae ducendae ex castello*, ovvero del diritto di portare l'acqua alla propria abitazione, dovevano ottenere l'autorizzazione dagli uffici preposti e pagare le spese dell'allacciamento. Da qui la necessità di contrassegnare le condutture idriche, normalmente tubazioni in piombo (*fistulae aquariae*), di diametro variabile (da cm 2,3 a cm 22) e di lunghezza pressoché costante (intorno ai 10 piedi, pari a m 2,95 circa), con iscrizioni impresse a matrice che indicassero l'appartenenza pubblica (statale o municipale) dell'impianto o i nomi dei proprietari delle abitazioni, concessionari del diritto. Sulle *fistulae* compaiono spesso anche i nomi dei fabbricanti (*plumbarii*), talora accompagnati dall'indicazione della località di produzione (cfr. FIG. 9.35), oppure i nomi di imperatori o di membri della casa imperiale o di magistrati statali o locali, soprattutto quando l'adduzione dell'acqua era collegata alla realizzazione di un acquedotto o di qualche altra iniziativa evergetica o alla costruzione di sontuose residenze.

Sulle *fistulae* possono comparire anche sigle alfabetiche o numeriche, indicanti il calibro della tubatura o la sua posizione nell'ambito dell'impianto. Condutture con iscrizioni sono state rinvenute anche nelle aree extraurbane,

FIGURA 9.35
Abano (Padova). *Fistula aquaria* con la menzione del fabbricante e della località di produzione (CIL, V, 8117,10)

Vi si legge: *C(aius) Lollius Gratus / Patavi facit.*
Fonte: Buchi (1987, p. 142).

relative a ville residenziali, a impianti termali o a santuari. Oltre alle *fistulae* venivano contrassegnati anche i *calices*, i bocchettoni di raccordo fra il tubo proveniente dal *castellum aquae* e i tubi di prelievo, che avevano anche funzione di misuratori della portata e di decantatori.

9.11
Lingotti

Per essere trasportati, i metalli estratti nei numerosi giacimenti minerari del mondo romano venivano trasformati in lingotti di varie forme, ognuna delle quali era caratteristica di un metallo: larghi e spessi dischi per il rame, lastre

FIGURA 9.36
Mahdia (Tunisia). Lingotti di piombo con i nomi dei produttori trovati nel carico di una nave affondata (AE, 1913, 146; CIL, I², 2394 = ILLRP, 1261; CIL, I², 2395a, 2396)

Dall'alto in basso, nel primo, nel terzo, nel quarto e nel quinto si legge: *M(arci) Plani L(uci) f(ili) Russini*, con un delfino a rilievo impresso in cartiglio rettangolare a separare prenome e nome dal cognome; nel secondo si legge *L(uci) Plani L(uci) f(ili) Russini*, con un'ancora a rilievo impressa in cartiglio rettangolare all'estremità destra; nel sesto si legge *Cn(ei) Atelli T(iti) f(ili), Men(enia tribu)*.

Fonte: Gianfrotta (1981, p. 187).

con ampie aperture atte a facilitare il trasporto per lo stagno, barre parallelepipedi o a sezione triangolare o trapezoidale per il piombo. Sulla superficie dei lingotti potevano comparire bolli a lettere rilevate, ottenuti quando si colava il metallo fuso nella matrice, bolli a lettere incavate, impressi a freddo con un punzone, graffiti. Nei lingotti di piombo, i primi presentano i nomi degli individui o delle società che sfruttavano l'impianto minerario di estrazione (cfr. FIG. 9.36), mentre i secondi, che iniziano ad apparire in età augustea, sarebbero riferibili alle fasi del commercio del metallo; i graffiti, infine, sono costituiti da numeri e indicano solitamente il peso del lingotto ai fini del trasporto, della commercializzazione e, probabilmente, anche a scopi amministrativi.

Appendice 1
Sigle e abbreviazioni (*litterae singulares*) di uso comune

Di seguito vengono presentate alcune delle sigle e delle abbreviazioni che compaiono con maggiore frequenza nelle iscrizioni; elenchi più completi si possono consultare in Cagnat (1914, pp. 408-73), Lassère (2005, pp. 1061-99), in ILS, III, 2 e negli indici delle annate dell'"Année épigraphique".

Un elenco pressoché completo è consultabile sul sito www.case.edu/artsci/clsc/asgle/abbrev/latin/norefa.html.

A	*albata (factio), Alexandriana (legio), annus, Antoniniana (legio), as*
A A	*Auli duo*
A A A F F	*auro, argento aere flando feriundo*
AAGG, AAAGGG	*Augusti duo, Augusti tres*
A B	*amicus bonus*
A B M	*amicus bene merens*
A C	*aere collato*
A COGN	*a cognitionibus*
A COMM	*a commentariis*
A CVBIC	*a cubiculo*
A D A	*agris dandis adsignandis*
A D A I	*agris dandis adsignandis iudicandis*
A F	*agitator factionis*
A P	*aedilicia potestate*
A R, A RAT	*a rationibus*
A S	*a sacris, a solo*
A V	*agens vices*
AB AER	*ab aerario*
AB ARG	*ab argento*
AB EPIST	*ab epistulis*
ABN, ABNEP	*abnepos*
ACC	*accensus*
ACT	*actor, actuarius*
AD	*Adiutrix (legio)*
AD P F	*Adiutrix Pia Fidelis (legio)*
ADF	*adfuerunt*
ADIAB	*Adiabenicus*
ADL, ADLEC	*adlectus*

ADN, ADNEP	*adnepos*
ADV	*advocatus*
ADV F	*advocatus fisci*
AED	*aedilis, aedituus*
AED CAER	*aedilis Caerialis*
AED PL	*aedilis plebis*
AED POT	*aedilicia potestate*
AED Q Q	*aedilis quinquennalis*
AEG	*Aegyptus*
AEM	*Aemilia (tribus)*
AER	*aerarium*
AER MIL	*aerarium militare*
AER SAT	*aerarium Saturni*
AER COLL	*aere collato*
AET	*aeternus*
AGIT	*agitator*
AL	*ala*
ALLECT	*allectus*
AMP	*amphora*
AN, ANN	*annus*
ANN FRVM	*annona frumentaria*
ANN VRB	*annona Urbis*
ANNOR	*annorum*
APR	*Aprilis*
AQVIL	*aquilifer*
ARCH, ARCHIT	*architectus*
ARB	*arbitratus*
ARG	*argentum*
ARG P	*argenti pondus*
ARK	*arkarius*
ARN	*Arnensis (tribus)*
AVG	*Augustus, augur, augustalis*
B	*beneficiarius, bene, bonum*
B F, BF	*beneficiarius*
B M	*bene merens*
B M P	*bene merenti posuit*
B M V	*bonae memoriae vir*
B P	*bonus puer*
B R P N	*bono rei publicae natus*
B V	*bene vale*
BIP, BIPED	*bipedalis*
BIS	*bisellarius*
BVC	*bucinator*
C	*centenarius, centuria, centurio, cohors, colonia, coloni, comitialis, conductor, cura, curaverunt, curia*
C B	*coniux bona, coniux bonus*

APPENDICE I. SIGLE E ABBREVIAZIONI (*LITTERAE SINGULARES*) DI USO COMUNE

C C	*collegium centonariorum*
C C R	*curator civium Romanorum*
C D D	*creatus decreto decurionum, cultor domus divinae*
C F	*clarissima femina, collegium fabrum, conductor ferrariarum*
C F C	*collegium fabrum centonariorum, coniux faciundum curavit*
C I	*clarissimus iuvenis, constitui iussit*
C K	*coniux karissima, coniux karissimus*
C M	*clarissima memoria, corpus mensorum*
C M F	*clarissimae memoriae femina*
C M I	*clarissimae memoriae iuvenis*
C M P	*clarissimae memoriae puer, clarissimae memoriae puella*
C M V	*clarissimae memoriae vir*
C N	*Caesar noster*
C N S	*Caesaris nostri servus*
C P	*castra praetoria, clarissima puella, clarissimus puer*
C P F	*Claudia Pia Fidelis (legio)*
C P P	*conductor publici portorii*
C Q V A	*cum qua (-o) vixit annos (-is)*
C R	*cives Romanus*
C V	*clarissimus vir*
CAES	*Caesar*
CAESS	*Caesares duo*
CAESS AVGG	*Caesares Augusti duo*
CAM	*Camilia tribus*
CAMP	*campidoctor*
CAND	*candidatus*
CANN	*cannophori*
CAP	*capitalis*
CAPS	*capsarius*
CAR M, CAR MAX	*Carpaticus maximus*
CAS	*castra*
CAS PR, CASTR PR	*castra praetoria*
CC	*ducenarius, Caii duo*
CC II	*clarissimi iuvenes*
CC PP	*clarissimae puellae, clarissimi pueri*
CC VV	*clarissimi viri*
CCC	*trecenarius*
CENS	*censor*
CENT	*centuria, centurio*
CL	*Claudia (tribus), Claudialis, classis*
CL PR	*classis praetoria*
CLA	*Claudia (tribus)*
CLASS	*classis*
CLAVD	*Claudialis*
CLV, CLVST	*Clustumina (tribus)*
COH	*cohors*
COLL	*collega, collegium, collegiatus*

COLL CENT	*collegium centonariorum*
COLL DENDR	*collegium dendrophorum*
COLL FABR	*collegium fabrum*
COLLIB	*colliberta, -us*
COM	*comes*
CON	*consul*
COND	*conductor*
COND FER	*conductor ferrariarum*
COND P P	*conductor publici portorii*
CONL	*conlega, conlegium, conlegiatis*
CONNSS	*consules*
CONS	*consul*
CONS M V	*consularis memoriae vir*
CONS ORD	*consul ordinarius*
CONS P	*consularis provinciae*
CONT, CONTVB	*contubernalis*
COR	*Cornelia (tribus), cornicularius, corona*
CORN	*Cornelia (tribus), cornicularius*
CORR	*corrector*
CORR P	*corrector provinciae*
COS, COSS	*consul, consules*
COS DES	*consul designatus*
COSOB	*consobrinus*
CP	*Cautopates*
CRET	*Creta*
CRV, CRVST	*Crustumina (tribus)*
CVB, CVBIC	*cubicularius*
CVLT	*cultor, cultus*
CVR	*curator*
CVST	*custos*
CYR	*Cyrenaica*
D	*dedit, decuria, dedicatus, deus, dies, domus*
D A	*deus augustus, deus aeternus, defunctus annorum*
D B S	*dis bonis sacrum*
D C	*decurio coloniae, decurionum consulto*
D C S	*de collegii sententia*
D COL	*decurio coloniae*
D D	*decreto decurionum, dedicatus, dedit dedicavit, dii deaeque, domini duo, domus divina, donis donatus, dono (-um) dat, dono (-um) dedit*
D D A L	*dono (-um) dedit animo laeto*
D D D	*datus decreto decurionum, dono (-um) dedit dedicavit*
D D L M	*dono dedit libens merito*
D D P	*decreto decurionum publice, dono dedit posuit*
D D P P	*decreto decurionum pecunia publica*
D D S	*de decurionum sententia*
D D S P	*dedit de sua pecunia*

APPENDICE 1. SIGLE E ABBREVIAZIONI (LITTERAE SINGULARES) DI USO COMUNE

D F	*de figlinis, dulcissima (-us) filia (-us)*
D I M	*deus invictus Mithra*
D M	*dis Manibus, decurio municipii, dea Magna, deum Mater*
D M I	*dea Magna Idaea, deus Mithra invictus*
D M S	*dis Manibus sacrum*
D N	*dominus noster*
D OP F	*doliare opus fecit*
D P S	*de pecunia sua*
D P S D	*de pecunia sua dedit*
D S	*de suo, decreto Senatus, dea (-us) sancta (-us), deus Saturnus, deus Silvanus, deus Sol*
D S D	*de suo dedit*
D S D D	*de suo dono dedit*
D S F	*de suo fecit*
D S F C	*de suo faciundum curavit*
D S I M	*deus Sol invictus Mithra*
D S P	*de sua pecunia, de suo posuit*
D S P D	*de sua pecunia dedit*
D S P F C	*de sua pecunia faciundum curavit*
D S P P	*de sua pecunia posuit*
D S S	*de Senatus sententia*
DAC	*Dacicus*
DC	*dicatus*
DD NN AVGG	*domini nostri Augusti duo*
DD NN PP AVGG	*domini nostri perpetui Augusti duo*
DEC	*decuria, decurio*
DED	*dedicatus, dedit*
DEF	*defensor*
DEND, DENDR	*dendrophorus*
DE PEC PVB	*de pecunia publica*
DEV N MQ	*devotus numini maiestatique*
DIC	*dicatus, dictator*
DIG, DIGN	*dignissimus, dignissime*
DISP	*dispensator*
DN	*dominus*
DOC, DOCT	*doctor*
DOL	*doliare (opus)*
DON DON	*donis donatus*
DP	*depositus*
DVPL	*duplicarius*
DVC	*duce*
E A C A	*exactus ad Castoris aedem*
E M V	*egregiae memoriae vir*
E V	*egregius vir*
EMP, EMPT	*emptor, emptus*
EQ, EQQ	*eques, equites*
EQ P, EQ PVBL	*equo publico*

EQ P ORN	*equo publico ornatus*
EQ R	*eques Romanus*
EQ S, EQ SING	*eques singularis*
ESQ	*Esquilina (tribus)*
ESS	*essedarius*
EV, EVOC	*evocatus*
EXAC, EXACT	*exactor, exactus*
EX AE	*ex aere*
EX A P	*ex argenti pondo*
EX AD CAST	*exactus ad Castoris (aedem)*
EX C, EX CONS	*ex consule*
EX D D	*ex decreto decurionum*
EX FIGL	*ex figlinis*
EX OFF	*ex officina*
EX P	*ex pondo*
EX P M	*ex pecunia multaticia*
EX P P	*ex pecunia publica*
EX P P F C	*ex pecunia publica faciundum curavit*
EX PEC CONL	*ex pecunia conlata*
EX PR, EX PRAED	*ex praedis*
EX S C	*ex senatus consulto*
EX T	*ex testamento*
EX T F I	*ex testamento fieri iussit*
F	*fastus (dies), fecit, fetialis, filia (-us), frater, fundus*
F D	*fecit dedicavit*
F D S	*fecit de suo*
F F	*Felix Fidelis (legio), filius fecit, Flavia Felix (legio), Flavia Fidelis (legio), funus fecit*
F K	*filia (-us) karissima (-us)*
F P	*filia (-us) piissima (-us), flamen perpetuus, funus publicum*
F S	*fecit sibi, Fortunae sacrum*
FAB	*faber, Fabia (tribus)*
FAC COER, FAC COIR, FAC CVR	*faciundum coeravit, faciundum coiravit, faciundum curavit/ curaverunt*
FAM GLAD	*familia gladiatoria*
FERAL	*Feralia*
FERR	*ferrariae, Ferrata (legio)*
FERR F C	*Ferrata Fidelis Constans (legio)*
FICT	*fictor*
FIG, FIGL	*figlinae*
FL, FLAM	*flamen, flaminica*
FL P	*flamen perpetuus*
FOL	*folles*
FR ARV	*frater Arvalis*
FRVM	*frumentarius*

APPENDICE I. SIGLE E ABBREVIAZIONI (*LITTERAE SINGULARES*) DI USO COMUNE

FVL C C	*Fulminata Certa Constans (legio)*
FVL CON PVBL	*fulgur conditum publice*
G	*garum, Gemina (legio), Genius*
G ANT	*Gemina Antoniniana (legio)*
G C D	*Genius collegii dendrophorum*
G D	*Genitura dei*
G GORD	*Gemina Gordiana (legio)*
G H L	*Genius huius loci*
G K P	*Genius kastrorum peregrinorum*
G M	*Genius municipii*
G M V	*Gemina Martia Victrix (legio)*
G P F	*Gemina Pia Fidelis (legio)*
G P	*gratis posuit*
GAL	*Galeria (tribus)*
GEM	*Gemina (legio)*
GEM ANT P FEL	*Gemina Antoniniana Pia Felix (legio)*
GEM MART VICTR	*Gemina Martia Victrix (legio)*
GEM P F	*Gemina Pia Fidelis (legio)*
GEM SEV	*Gemina Severiana (legio)*
GEN	*Genius, Genetrix*
GL PAR, GLAD PAR	*gladiatorum paria*
GLAD	*gladiator*
GNAT	*gnatus*
GRAMM	*grammaticus*
GRAT	*gratis, gratuito*
GREG	*gregalis*
GR VRB	*grex urbanus*
GVBERN	*gubernator*
H	*heres, hic, homo, hora*
H B	*homo bonus*
H C	*hic conditus, honore contentus, honoris causa*
H E	*hic est*
H F	*heres fecit, honesta femina, honore functus*
H F C	*heres faciundum curavit*
H M D M A	*huic monumento dolus malus abesto*
H M EXT H N S	*hoc monumentum externum heredem non sequetur*
H M H N S	*hoc monumentum heredem non sequetur*
H M M	*honesta missione missus*
H P	*heres posuit*
H S	*hic situs*
H V	*honore usus*
HAR	*haruspex*
HAS, HAST	*hastatus*
HON	*honoratus*
HOR	*Horatia (tribus), hora, horreum*
HORAT	*Horatia (tribus)*

I D	*invictus deus, Iuppiter Dolichenus, iure dicundo*
I H D D	*in honorem domus divinae*
I M	*invictus Mithra*
I O D	*Iuppiter optimus Dolichenus*
I O M	*Iuppiter optimus maximus*
I P	*iter prohibitum*
I Q S S S	*ii qui supra scripti sunt*
I S P	*impensis suis posuit*
ID	*Idus*
IDQ P	*idemque probavit*
IM, IMM	*immunis*
IMAG	*imaginifer*
IMP	*imperator*
IN A P, IN AGR P	*in agro (-um) pedes*
IN F P, IN FR P	*in fronte pedes*
INF S S	*infra scripti sunt*
IN H	*in honorem*
IN H D D	*in honorem domus divinae*
INL	*inlustris*
INL F	*inlustris femina*
INP	*inpensa*
IN R P, IN RETR P	*in retro pedes*
IVD EX V DEC	*iudex ex quinque decuris*
IVG	*iugerum*
IVN REG	*Iuno regina*
IVR, IVRID	*iuridicus*
K	*Kalendae, kaput, kardo*
KAL	*Kalendae*
KAN LEG	*kanabae legionis*
L	*legatus, legio, libens, libertus*
L A S	*libens animo solvit*
L C	*locus concessus*
L D	*libens dat, locus datus*
L D D D	*locus datus decreto decurionum*
L D D D P	*locus datus decreto decurionum publice*
L L	*legatus legioni, libens laetus, Lucii duo*
L L P E	*libertis libertabusque posterisque eorum*
L M	*locus monumenti*
L P	*latus pedes, longus pedes, libens posuit, libertus patrono*
L P D D D	*locus publice datus decreto decurionum*
L Q P	*locus quadratus pedes*
LAT	*laticlavius*
LAT P	*latus pedes*
LAVR LAV	*Laurens Lavinas*
LC	*laticlavius*

APPENDICE 1. SIGLE E ABBREVIAZIONI (*LITTERAE SINGULARES*) DI USO COMUNE

LEG	*legio*
LEG AVG	*legatus Augusti*
LEG AVG PR PR PROV	*legatus Augusti pro praetore provinciae*
LEG LEG	*legatus legionis*
LIB	*liberta (-us), libens*
LIB PAT	*Liber Pater*
LICT	*lictor*
LOC	*locus*
LOC PVBL	*locus publicus*
LOC MON	*locus monumenti*
LOC SEP	*locus sepulturae*
LVPERC	*Lupercus*
M	*magister, memoria, Minervia (legio), modius, monumentum, municipium*
M A	*militavit annos*
M D I	*Mater deum Idaea*
M D M	*Mater deum Magna*
M F	*monumentum fecit, munere functus*
M M	*Marcii duo, Mater Magna, Mater Matuta, Minerva Memor, municipes municipii*
M N	*milia nummum*
M P	*milia passuum*
M P F	*Minervia Pia Fidelis (legio)*
MAC	*Macedonica (legio)*
MAG	*magister*
MAG EQ	*magister equitum*
MANC	*manceps*
MED	*medicus*
MEN	*Menenia (tribus), mensor*
MES	*mensor*
MIL	*miles, militavit*
MIN	*minister*
MVL	*mulier, mulio*
MVNER	*munerarius*
N	*natione, nefastus, nepos, nomine, noster, numen, numerus, nummus*
N A S	*numini Augusti sacrum*
N P	*nobilissima puella*
NAVT	*nauta*
NEG	*negotiator*
NNBB CAESS, NOBB CAESS	*nobilissimi Caesares duo*
NVM	*numerus, numerarius*
NVMMVL	*nummularius*
NVTR	*nutrix*

O	*obiit, obitus*
O D	*opus doliare*
O D D F	*opus doliare de figlinis*
O F	*oro faciatis*
O H F	*omnibus honoribus functus*
O M	*optime meritus, ordo municipii*
O ORN DEC	*ornatus ornamentis decurionalibus*
O V	*optimus vir*
O V F	*oro vos faciatis*
OB	*obiit, obitus*
OFF	*officina, officinator*
OL, OLL	*olla*
OP, OPT	*optio*
OP DOL	*opus doliare*
ORD	*ordinarius*
ORN	*ornatus*
ORN DEC HON	*ornamentis decurionalibus honoratus*
OVF	*Oufentina (tribus), oro vos faciatis*
P	*passus, patronus, pecunia, pes, pius, pondus, posuit, prasina (factio), publice, puella*
P B M	*parentes bene merentes*
P C	*patres conscripti, pecunia conlata, ponendum curavit*
P D D	*publice decreto decurionum*
P D S	*posuit de suo*
P F	*pater fecit, Pia Felix (legio), Pia Fidelis (legio)*
P I D	*praefectus iure dicundo*
P M	*patronus municipii, plus minus, pro meritis*
P P	*pater patriae, pecunia publica, pro parte, pro pietate, publice positus, publicum portorium*
P P F F A	*Parthica Pia Felix Fidelis Aeterna (legio)*
P PIL	*primipilus*
P R	*populus Romanus*
P S	*pecunia sua, pro salute, proprio sumptu*
P V	*perfectissimus vir, Pia Vindex (legio), praefectus Urbi*
PAG	*pagus, pagani*
PAL	*Palatina (tribus)*
PAP	*Papiria (tribus)*
PARTH	*Parthicus*
PAT	*patronus*
PERM	*permissus*
PL M	*plus minus*
POB, POBL	*Poblilia (tribus)*
POL	*Pollia (tribus)*
POM, POMPT	*Pomptina (tribus)*
PONT	*pontifex*
POS	*posuit, positus*
PP	*perpetuus, praepositus, primipilus*

APPENDICE 1. SIGLE E ABBREVIAZIONI (*LITTERAE SINGULARES*) DI USO COMUNE

PRAEC	*praeco*
PRAEF	*praefectus*
PRAEF I D	*praefectus iure dicundo*
PRAEF PR	*praefectus praetorii*
PRAEF VIGIL	*praefectus vigilum*
PRAEF VRB	*praefectus Urbi*
PRAEP	*praepositus*
PRAET	*praetor*
PRINC	*principalis*
PROC	*procurator*
PROC AVG	*procurator Augusti*
PROCOS	*proconsul*
PRO S	*pro salute*
PRO S D N	*pro salute domini nostri*
PROV	*provincia*
PR PR	*praefectus praetorii, pro praetore*
PVLL	*pullarius*
PVP	*Pupinia (tribus)*
Q	*quaestor, quondam*
Q A	*quaestor aerarii*
Q ALIM	*quaestor alimentorum*
Q D E R F P D E R I C	*quid de ea re fieri placeret de ea re ita censuerunt*
Q M	*qui militavit*
Q N	*quorum nomina*
Q P	*quadrati pedes*
QQ	*quinquennalis*
QQV P	*quoquoversus pedes*
Q V	*qui vixit*
QVAEST	*quaestor*
QVAEST AVG	*quaestor Augusti*
QVIR	*Quirina (tribus)*
R	*ratio, regio, recognitus, russata (factio)*
R P	*ratio privata, res publica, retro pedes*
R P C	*rei publicae costituendae*
R P D	*ratio domus Augustae*
RAP	*Rapax (legio)*
REC	*recessit*
RED	*redemptor, reditus*
REG	*regio*
RET	*retiarius*
ROB	*Robigalia*
ROM	*Romulia (tribus)*
ROS	*Rosalia*
S	*sacerdos, sacer, sanctus, semis*
S A	*sodalis Augustalis*

S A S	*Saturnus augustus sanctus*
S C	*Senatus consultum, scribendum curavit, sub cura*
S D	*sacerdos deae, sancta dea, sub die*
S D S	*Saturno deo sacrum*
S F	*sacris faciundis*
S L L M	*solvit laetus libens merito*
S P	*sua pecunia*
S P D D	*sua pecunia dono dedit*
S P Q R	*Senatus populusque Romanus*
S R	*summa res*
S S	*Senatus sententia, sestertii, sumptu suo*
S T T L	*sit tibi terra levis*
S V	*se vivo*
S V Q	*sine ulla querela*
SAC	*sacerdos*
SAL	*Salius*
SAN, SANCT	*sanctus*
SC ADF, SCR ADF	*scribundo adfuerunt*
SCRIB	*scriba*
SEC	*secutor*
SEN SEN	*Senatus sententia*
SIGNAT	*signator*
SIGNIF	*signifer*
SOC	*societas, socius*
SOD	*sodalis*
SOD AVG	*sodalis Augustalis*
SPEC, SPECVL	*speculator*
SPL EQ R	*splendidus eques Romanus*
SPR	*subpraefectus*
STLIT IVDIC, STL IVD	*stlitibus iudicandis*
STR	*strator*
SVB A D	*sub ascia dedicavit*
SVB D	*sub die*
SVM SVM	*summa summarum*
T	*tabula, tesserarius, tiro, turma*
T F	*testamento fecit*
T F I	*testamento fieri iussit*
T L	*testamento legavit*
T P	*titulum posuit*
T V	*titulo usus*
TAB	*tabellarius, tabularius*
TER, TERM	*terminus*
TESS	*tesserarius*
TIR	*tiro*
TR, TRIB	*tribunus*
TRIB COH	*tribunus cohortis*
TRIB LEG	*tribunus legionis*

APPENDICE 1. SIGLE E ABBREVIAZIONI (*LITTERAE SINGULARES*) DI USO COMUNE

TRIB MIL	*tribunus militum*
TRIB PL	*tribunus plebis*
TR POT, TRIB POT, T P	*tribunicia potestas*
TVB	*tubicen*
TVR	*turma*
TVT	*Tutela*
V	*Veneta (factio), via, Victrix (legio), virgo, vivus(-a), vixit*
V A	*vices agens*
V A L	*vices agens legati*
V B	*vir bonus*
V B O V F	*vir bonum oro vos faciatis*
V C	*vir clarissimus*
V CONS	*vir consularis*
V D N	*verna Domini nostri*
V E	*vir eminentissimus, vir egregius*
V EM	*vir eminentissimus*
V F	*viva (-us) fecit*
V H	*vir honestissimus*
V I, V INL	*vir inlustris*
V K	*ultra kardinem*
V L	*veteranus legionis, vir laudabilis*
V LEG	*veteranus legionis*
V P	*vir perfectissimus*
V Q F	*valeat qui fecit*
V S	*vir spectabilis, votum solvit*
V S F	*viva (-us) sibi fecit, votum solvit feliciter*
V S L L M	*votum solvit laetus libens merito*
V S L M	*votum solvit libens merito*
V V	*virgo vestalis, vir venerabilis, ut vovit*
V V F	*vivus vivo fecit*
VAL V	*Valeria Victrix (legio)*
VEL	*Velina (tribus)*
VEN	*venatio*
VET, VETER	*veteranus*
VEX, VEXILL	*vexillatio, vexillarius*
VI P F	*Victrix Pia Fidelis (legio)*
VIAT	*viator*
VICIM	*vicimagister*
VICT	*victimarius*
VIL, VILIC	*vilicus*
VIX	*vixit*
VNCT	*unctor*
VOL, VOLT	*Voltinia (tribus)*
VT F	*utere felix*
VV EE	*viri egregii*
VV PP	*viri perfectissimi*

Appendice 2
Gli imperatori romani
da Augusto a Teodosio

La lista si basa sulle tabelle elaborate da D. Kienast, *Römische Kaisertabelle*, Darmstadt 1996, al cui lavoro (in particolare agli ampi riferimenti bibliografici) si rimanda per ulteriori approfondimenti.

Con il segno * si indica se l'imperatore è stato divinizzato dopo la morte e con ** se ha ricevuto la *damnatio memoriae*.

Tutte le date, quando non diversamente indicato, sono da intendersi d.C.

Augusto

C. Octavius; dall'8 maggio del 44 a.C.: *C. Iulius Caesar*
16 gennaio 27 a.C.-19 agosto 14 d.C.*

IMP CAESAR DIVI F AVGVSTVS
IIIVIR R P C, 43-37 a.C.; II, 37-33 a.C.
DIVI F, 42 a.C.
AVGVSTVS, 27 a.C.
PONT MAX, 12 a.C.
TRIB POT, 26 giugno 23 a.C. e, in seguito, ogni anno, sempre dal 26 giugno, fino alla XXXVII (26 giugno del 14).
IMP I, 43 a.C.; II, 40 a.C. (?); III, 40 a.C. (?); IV, 36 a.C.; V, 33 a.C. (?); VI, 31 a.C.; VII, 30 a.C.; VIII, 25 a.C.; IX, 20 a.C.; X, 15 (o 14) a.C.; XI, 12 a.C.; XII, 11 a.C.; XIII, 10 (o 9) a.C.; XIV, 8 a.C.; XV, 2 d.C.; XVI, 6 (?); XVII, 7; XVIII, 8; XIX, 9; XX, 11; XXI, 13.
COS I, 43 a.C.; II, 33 a.C.; III, 31 a.C. (poi annualmente fino all'XI nel 23 a.C.); XII, 5 a.C.; XIII, 3 a.C.
P P, 5 febbraio del 2 a.C.

Tiberio

Ti. Claudius Nero; dal 26 giugno del 4 d.C.: *Ti. Iulius Caesar*
19 agosto 14 a.C.-16 marzo 37 d.C.

TI CAESAR AVGVSTVS
PONT MAX, 10 marzo del 15.
TRIB POT, 26 giugno del 6 a.C. e poi annualmente, fino alla V nel 26 giugno del 2 a.C.;

VI, 26 giugno del 4 d.C. e poi annualmente fino alla XXXVIII, il 26 giugno del 36 d.C.
IMP I, 9 (o 10) a.C.; II, 8 a.C.; III, 6 (o 5) d.C.; IV, 8 d.C.; V, 9 d.C. (?); VI, 11 d.C. (?); VII, 13 d.C.(?); VIII, 16 d.C.
COS I, 13 a.C.; II, 7 a.C.; III, 18 d.C.; IV, 21 d.C.; V, 31 d.C.

Caligola

C. Iulius Caesar
18 marzo 37-24 gennaio 41**

C CAESAR GERMANICVS
TRIB POT, 18 (?) marzo del 37; II, 18 marzo del 38; III, 18 marzo 39; IV, 18 marzo 40.
COS I, 37; II, 39; III, 40; IV, 41.
P P, 37.

Claudio

Ti. Claudius Nero Germanicus
24 gennaio 41-13 ottobre 54*

TI CLAVDIVS CAESAR AVGVSTVS GERMANICVS
TRIB POT, 25 gennaio del 41 (e poi annualmente fino alla XIV, 25 gennaio del 54).
IMP II-III, 41; IV-VII, 43; VIII, 43-45; IX, 45; X 45-46; XI, 46, XII, 46-47; XIII-XIV, 47; XV, 47-48; XVI, 48-49; XVII, 49; XVIII, 49-50; XIX-XXI, 50; XXII-XXIV, 51; XXV, 51-52; XXVI-XXVII, 52
COS I, 37; II, 42; III, 43; IV, 47; V, 51.
P P, 42.
CENS, 47-48.

Nerone

L. Domitius Ahenobarbus; poi, dal 50: *Nero Claudius Caesar Drusus Germanicus*
13 ottobre 54-9 giugno 68**

NERO CLAVDIVS CAESAR AVGVSTVS GERMANICVS
TRIB POT, 4 dicembre del 54; II, 13 ottobre 55; e poi annualmente fino alla XIV, nell'ottobre o dicembre del 67.
IMP II, 56; III, 57; IV, 57 (o 58); V-VI, 58; VII, 59; VIII-IX, 61 (o 62); X, 64 (o 65); XI, 66; XII, 67; XIII, 67 (o 68).
COS I, 55; II, 57; III, 58; IV, 60; V, 68.
P P, 55 (o inizio del 56).

Galba

L. Livius Ocella Ser. Sulpicius Galba
9 giugno 68-15 gennaio 69

SER GALBA IMPERATOR CAESAR AVGVSTVS
COS I, 33; II, 69.

Ottone

M. Salvius Otho
15 gennaio 69-16 aprile 69**

IMP M OTHO CAESAR AVGVSTVS
COS, 69.
TRIB POT I, 28 febbraio del 69.

Vitellio

A. Vitellius
2 gennaio 69-20 dicembre 69**

A VITELLIVS GERMANICVS IMPERATOR
A VITELLIVS GERMANICVS IMPERATOR AVGVSTVS
COS I, 48; *consul perpetuus* 69.
TRIB POT I, 30 aprile 69.

Vespasiano

T. Flavius Vespasianus
1º luglio 69-23 giugno 79*

IMP CAESAR VESPASIANVS AVGVSTVS
TRIB POT, 21 dicembre (?) del 69; II, 1 luglio del 70 (e poi annualmente fino alla X, il 1º luglio del 78).
IMP II-V, 70; VI-VIII, 71; IX-X, 72; XI, 73; XII-XIV, 74; XV-XVIII, 76; XIX, 77 (o 78); XX, 78.
COS I, 51; II, 70; III, 71; IV, 72; V, 74; VI, 75; VII, 76; VIII, 77; IX, 79.
P P, 70.
CENS, 73-74.

Tito

T. Flavius Vespasianus
24 giugno 79-13 settembre 81*

IMP T CAESAR VESPASIANVS AVGVSTVS
CAESAR, 69.
TRIB POT, 1º luglio del 71 (e poi annualmente fino alla XI, il 1º luglio dell'81).
IMP II, 71; III-IV, 72; V, 73; VI-VIII, 74; IX-XII, 76; XIII, 77 (o 78); XIV, 78; XV, 79; XVI-XVII, 81.
COS I, 70; II, 72; III, 74; IV, 75; V, 76; VI, 77; VII, 79; VIII, 80.

Domiziano

T. Flavius Domitianus
14 settembre 81-18 settembre 96**

IMP CAESAR DOMITIANVS AVGVSTVS
CAESAR, 69.
GERMANICVS, settembre (?) dell'83.
TRIB POT, 14 settembre dell'81 (e poi annualmente fino alla XVI, il 14 settembre del 96).
IMP II, 82; III-V, 83; VI-VII, 84; VIII-XI, 85; XII-XIV, 86; XV-XVII, 88; XIX-XXI, 89; XXII, 92; XXIII, 92.
COS I, 71; II, 73; III, 75; IV, 76; V, 77; VI, 79; VII, 80; VIII, 82; IX, 83; X, 84; XI, 85; XII, 86; XIII, 87; XIV, 88; XV, 90; XVI, 92; XVII, 95.
CENSOR PERP, 85.
P P, 81.

Nerva

M. Cocceius Nerva
18 settembre 96-27 (?) gennaio 98*

IMP NERVA CAESAR AVGVSTVS
GERMANICVS, 97.
TRIB POT, 18 settembre 96; II, 18 settembre 97; III, 10 dicembre 97.
IMP II, 97.
COS I, 71; II, 90; III, 97; IV, 98.
P P, 96.

Traiano

M. Ulpius Traianus
28 gennaio 98-7 agosto 117*

IMP NERVA CAESAR TRAIANVS AVGVSTVS
GERMANICVS, novembre del 97.
DACICVS, autunno del 102.
PARTHICVS, 20 (o 21) febbraio del 116.
OPTIMVS, tra il 10 agosto e il 1° settembre del 114.
TRIB POT, 28 ottobre del 97; II, 10 dicembre del 97, e poi annualmente fino alla XXI, il 10 dicembre del 116.
IMP II, autunno del 101; III-IV, 102; V-VI, 106; VI-VIII, 114; IX-XI, 115; XII-XIII, 116.
COS I, 91; II, 98; III, 100; IV, 101; V, 103; VI, 112.
P P, 98.

Adriano

P. Aelius Hadrianus
11 agosto 117-10 luglio 138*

IMP CAESAR TRAIANVS HADRIANVS AVGVSTVS
TRIB POT, 11 agosto del 117; II, 10 dicembre del 117 e poi annualmente fino alla XXII, il 10 dicembre del 137.
IMP II, 135 (?).
COS I, 108; II, 118; III, 119.
P P, 128 (su alcune iscrizioni e monete compare prima).

Antonino Pio

T. Aurelius Fulvius Boionius Arrius Antoninus
10 luglio 138-7 marzo 161*

IMP CAESAR T AELIVS HADRIANVS ANTONINVS AVGVSTVS PIVS
CAESAR, 138.
GERMANICVS (non ufficialmente), DACICVS (non ufficialmente) 157.
TRIB POT, 25 febbraio 138; II, 10 dicembre 138 e poi annualmente fino alla XXIV, il 10 dicembre del 160.
IMP II, 142.
COS I, 120; II, 139; III, 140; IV, 145.
P P, 139.

Marco Aurelio

M. Annius ? Catilius Severus; dal 17 marzo del 136 *M. Annius Verus*; dal 25 febbraio del 138 *M. Aelius Aurelius Verus*
7 marzo 161-17 marzo 180*

IMP CAESAR M AVRELIVS ANTONINVS AVGVSTVS
ARMENIACVS, 164.
PARTHICVS MAX, 166.
MEDICVS, 166.
GERMANICVS, 172.
SARMATICVS, 175.
TRIB POT, 1° dicembre 147; II, 10 dicembre 147 poi annualmente fino alla XXXIV, il 10 dicembre del 179.
IMP II, 163; III, 165; IV, 166; V, 167 (?); VI, 171; VII, 174; VIII, 175; IX, 177; X, 179.
COS I, 140; II, 145; III, 161.
P P, 166.

Lucio Vero

L. Ceionius Commodus; dal 25 febbraio del 138 *L. Aelius Aurelius Commodus*
7 marzo 161-gennaio o febbraio 169*

IMP CAESAR L AVRELIVS VERVS AVGVSTVS
ARMENIACVS, 163.
PARTHICVS MAX, 165.
MEDICVS, 166.
TRIB POT, 7 marzo 161; II, 10 dicembre 161 e poi annualmente fino alla IX, il 10 dicembre del 168.
IMP II, 163; III, 165; IV, 166; V, 167 (?).
COS I, 154; II, 161; III, 167.
P P, 166.

Commodo

L. Aurelius Commodus
17 marzo 180-31 dicembre 192*, **

IMP CAESAR AELIVS AVRELIVS COMMODVS AVG (dal 177)
IMP CAESAR M AVRELIVS COMMODVS ANTONINVS AVGVSTVS (dal 17 marzo 180)
CAESAR, 12 ottobre 166.
GERMANICVS, 172.
SARMATICVS, 175.
GERMANICVS MAX, 182.
BRITANNICVS, 184.
ARMENIACVS, MEDICVS, PARTHICVS MAX, 182 o 183 (non ufficialmente).
PIVS, 182.
FELIX, 185.
HERCVLES, 192.
TRIB POT, 177 (ma in seguito computata dal 27 novembre del 176); II, 10 dicembre 177 e poi annualmente fino alla XVIII, il 10 dicembre del 192.
IMP I, 176; II, 177; III, 179; IV, 180; V, 182; VI, 183; VII, 184; VIII, 186.
COS I, 177; II, 179; III, 181; IV, 183; V, 186; VI, 190; VII, 192.
P P, 177.

Pertinace

P. Helvius Pertinax
31 dicembre 192-28 marzo 193*

IMP CAESAR P HELVIVS PERTINAX AVGVSTVS
COS I, 174; II, 192.
TRIB POT, 1º gennaio 193.
P P, 1º gennaio 193.

Didio Iuliano

M. Didius Severus Iulianus
28 marzo 193-1° giugno 193

IMP CAESAR M DIDIVS SEVERVS IVLIANVS AVGVSTVS
COS, 175 (?).
P P, 28 marzo 193.

Settimio Severo

L. Septimius Severus
9 aprile 193-4 febbraio 211*

IMP CAESAR L SEPTIMIVS SEVERVS PERTINAX AVGVSTVS
PIVS, 195.
(PARTHICVS) ARABICVS e (PARTHICVS) ADIABENICVS, estate del 195.
PARTHICVS MAX, 198.
BRITANNICVS MAX, 210.
TRIB POT, 9 aprile (o giugno) 193; II, 10 dicembre 193 e poi annualmente fino alla XIX, il 10 dicembre del 210.
IMP I-II, 193; III-IV, 194; V-VII, 195; VIII, fine del 195; IX-XI, 197; XII, 205; XIII, 206.
COS I, 189 (o 190); II, 194; III, 202.
P P, 194.

Pescennio Nigro

C. Pescennius Niger Iustus
aprile 193-ottobre 194**

IMP CAESAR C PESCENNIVS NIGER IVSTVS AVGVSTVS
COS I, tra il 183 e il 191; II, 194.

Clodio Albino

D. Clodius Septimius Albinus
fine del 195/inizio del 196-19 febbraio 197**

IMP CAESAR D CLODIVS SEPTIMIVS ALBINVS AVGVSTVS
CAESAR, 193.
COS I, 187 (circa); II, 194.

Caracalla

L. Septimius Bassianus
4 febbraio 211-8 aprile 217*

IMP CAESAR M AVRELIVS SEVERVS ANTONINVS AVGVSTVS
CAESAR, 196.

BRITANNICVS MAX, 210.
PARTHICVS MAX, 211.
ARABICVS MAX, ADIABENICVS MAX, dal 211.
GERMANICVS MAX, 213.
PIVS, 198.
PIVS FELIX, 200.
INVICTVS, 211.
MAGNVS, dal 213.
TRIB POT, 28 gennaio (?) 198; II, 10 dicembre 198 e poi annualmente fino alla XX, il 10 dicembre del 216.
COS I, 202; II, 205; III, 208; IV, 213.
P P, 199.

Geta

P. Septimius Geta
4 febbraio 211-26 dicembre 211 (come collega di suo fratello Caracalla)**

IMP CAESAR P SEPTIMIVS GETA AVGVSTVS
CAESAR, 198 (o 197).
PIVS, 209.
BRITANNICVS MAX, 210.
TRIB POT, settembre (o ottobre) 209; II, 10 dicembre 209; III, 10 dicembre 210; IV, 10 dicembre 211.
COS I, 205; II, 208.
P P, 211 (?).

Macrino

M. Opellius Macrinus
11 aprile 217-8 giugno 218**

IMP CAESAR M OPELLIVS SEVERVS MACRINVS AVGVSTVS
TRIB POT, 11 aprile 217; II, 10 dicembre 217.
COS, 218.
P P, 217.

Elagabalo

Varius Avitus
16 maggio 218-11 marzo 222**

IMP CAESAR M AVRELIVS ANTONINVS AVGVSTVS
TRIB POT I, 16 maggio 218; II, 10 dicembre 218 e poi annualmente fino alla V, il 10 dicembre 221.
COS I, 218; II, 219; III, 220; IV, 222.
P P, 218.

Severo Alessandro

Bassianus Alexianus
13 marzo 222-21 marzo 235*, **

IMP CAESAR M AVRELIVS SEVERVS ALEXANDER AVGVSTVS
TRIB POT, 13 marzo 222; II, 10 dicembre 222 e poi annualmente fino alla XIV, il 10 dicembre 234.
COS I, 222; II, 226; III, 229.
P P, 222.

Massimino il Trace

C. Iulius Maximinus
febbraio/marzo 235-aprile 238**

IMP CAESAR C IVLIVS VERVS MAXIMINVS AVGVSTVS
GERMANICVS MAX, SARMATICVS MAX, DACICVS MAX, 236
TRIB POT, febbraio/marzo 235; II, 10 dicembre (?) 235; III, 10 dicembre 236; IV, 10 dicembre 237.
IMP II, 235; III-IV, 236; V-VI, 237; VII, 238.
COS, 236.
P P, 235.

Gordiano I

M. Antonius Gordianus
gennaio (?) 238*

IMP CAESAR M ANTONIVS GORDIANVS SEMPRONIANVS ROMANVS AFRI-
   CANVS AVGVSTVS
COS, tra il 220 e il 222.

Gordiano II

M. Antonius Gordianus
gennaio (?) 238*

IMP CAESAR M ANTONIVS GORDIANVS SEMPRONIANVS ROMANVS AFRI-
   CANVS AVGVSTVS

Balbino

D. Caelius Calvinus Balbinus
gennaio/febbraio (?) del 238-maggio (?) del 238**

IMP CAESAR D CAELIVS CALVINVS BALBINVS AVG
TRIB POT, gennaio/febbraio 238.
COS I, ?; II, 213.

Pupieno

M. Clodius Pupienus Maximus
gennaio/febbraio (?) del 238-maggio (?) 238**

IMP CAESAR M CLODIVS PVPIENVS MAX AVGVSTVS
TRIB POT, gennaio/febbraio 238.
COS I, 205 (circa o 217 ?); II, 234.

Gordiano III

M. Antonius Gordianus
gennaio/febbraio (?) del 238-inizio del 244*

IMP CAESAR M ANTONIVS GORDIANVS AVGVSTVS
TRIB POT, maggio (?) 238; II, 10 dicembre 238 e poi annualmente fino alla VII, il 10 dicembre 243.
IMP II, 239 (?); III, 240; IV, 241 (?); V-VI 242; VII, 243 (?).
COS I, 239; II, 241.

Filippo l'Arabo

M. Iulius Philippus
inizio 244-settembre/ottobre 249**

IMP CAESAR M IVLIVS PHILIPPVS AVGVSTVS
PERSICVS MAX, PARTHICVS MAX, PARTHICVS ADIABENICVS, 244.
CARPICVS MAX, 247-248.
GERMANICVS MAX, dal 248 (non ufficialmente).
TRIB POT, 244; II, 245; III, 1° gennaio del 246 poi annualmente fino alla VI, il 1° gennaio del 249.
COS I, 245; II, 247; III, 248.

Filippo II

M. Iulius Philippus
luglio/agosto 247-settembre/ottobre 249*, **

IMP CAESAR M IVLIVS SEVERVS PHILIPPVS AVGVSTVS
CAESAR, 244.
TRIB POT, luglio/agosto 247; II, 1° gennaio 248; III, 1° gennaio 249.
COS I, 247; II, 248.

Decio

C. Messius Quintus Decius Valerianus
settembre/ottobre 249-giugno 251*, **

IMP CAESAR C MESSIVS QVINTVS TRAIANVS DECIVS AVGVSTVS
DACICVS MAX, 250.

TRIB POT, settembre/ottobre 250; II, maggio/giugno 250; III, settembre 250; IV, gennaio (?) 251.
COS I, prima del 232; II, 250; III, 251.

Treboniano Gallo

C. Vibius Trebonianus Gallus
giugno (?) 251-agosto (?) 253**

IMP CAESAR C VIBIVS TREBONIANVS GALLVS AVGVSTVS
TRIB POT, giugno (?) 251; II, 1° gennaio 252; III, 1° gennaio 253; IV, 253 (?).
COS I, 245 (circa); II, 252.

Volusiano

C. Vibius Volusianus
agosto (?) 251-agosto (?) 253*,**

IMP CAESAR C VIBIVS AFINIVS GALLVS VELDVMNIANVS VOLVSIANVS AVGVSTVS
CAESAR, 251.
TRIB POT, agosto (?) 251; II, 1° gennaio 252; III, 1° gennaio 253; IV, agosto (?) 253.
COS I, 252; II, 253.

Emiliano

M. Aemilius Aemilianus
luglio/agosto-settembre/ottobre 253

IMP CAESAR M AEMILIVS AEMILIANVS AVGVSTVS
TRIB POT, luglio/agosto 253.
COS I, prima del 253.

Valeriano

P. Licinius Valerianus
giugno/agosto 253-giugno (?) 260*

IMP CAESAR P LICINIVS VALERIANVS AVGVSTVS
GERMANICVS, fine del 254.
GERMANICVS MAX, 255.
GERMANICVS MAX III, 257.
TRIB POT, settembre/ottobre (?) 253; II, 10 dicembre 253 e poi annualmente fino all'VIII, 10 dicembre 259.
COS I, prima del 238; II, 254; III, 255; IV, 257.

Gallieno

P Licinius Egnatius Gallienus
settembre/ottobre 253-settembre 268 (circa)*, **

IMP CAESAR P LICINIVS EGNATIVS GALLIENVS AVGVSTVS
GERMANICVS, fine del 254.
GERMANICVS MAX, 255.
GERMANICVS MAX III, 257; V, 258.
DACICVS MAX, 257 (?).
PERSICVS (o PARTHICVS) MAX, 265 (?).
TRIB POT, settembre/ottobre 253; II, 10 dicembre 253 e poi annualmente fino alla XVI, il 10 dicembre del 267.
IMP I, 253; III, 257; VI, 262 (o 263); XII, 265; XV, 268.
COS I, 254; II, 255; III, 257; IV, 261; V, 262; VI, 264; VII, 266.

Claudio il Gotico

M. Aurelius Claudius
settembre/ottobre 268-settembre 270*

IMP CAESAR M AVRELIVS CLAVDIVS AVGVSTVS
GERMANICVS MAX, 268.
GOTHICVS MAX, 269.
PARTHICVS MAXIMVS, 270.
TRIB POT, 268; II, 10 dicembre 268; III, 10 dicembre 269.
COS, 269.

Quintillo

M. Aurelius Claudius Quintillus
settembre 270

IMP CAESAR M AVRELIVS CLAVDIVS QVINTILLVS AVG

Aureliano

L. Domitius Aurelianus
settembre 270-settembre/ottobre 275*, **

IMP CAESAR L DOMITIVS AVRELIANVS AVGVSTVS
GERMANICVS MAX, 271.
GOTHICVS MAX, 272.
PARTHICVS MAXIMVS, 272.
CARPICVS MAX, 273.

RESTITVTOR ORBIS, 274.
ARABICVS MAXIMVS, DACICVS MAX, PALMERENICVS MAX, 272 (non ufficialmente).
ARMENICVS, ADIABENICVS (solo in *Storia augusta, Aureliano*, 30, 5).
TRIB POT, settembre/ottobre 270; II, 10 dicembre 270 e poi annualmente fino alla VII, il 10 dicembre 274.
COS I, 271; II, 274; III, 275.

Tacito

M. Claudius Tacitus
fine del 275-metà del 276

IMP CAESAR M CLAVDIVS TACITVS AVGVSTVS
GOTHICVS MAX, 276.
TRIB POT, novembre/dicembre 275; II, 10 dicembre 275.
COS I, 273; II, 275 (?); III, 276 (sulle monete).

Floriano

M. Annius Florianus
estate del 276

IMP CAESAR M ANNIVS FLORIANVS AVGVSTVS

Probo

M. Aurelius Probus
estate del 276-autunno del 282*, **

IMP CAESAR M AVRELIVS PROBVS AVGVSTVS
GOTHICVS, 277.
GOTHICVS MAX, GERMANICVS MAX, 279.
PARTHICVS/MEDICVS MAX, 279.
TRIB POT, 276; II, 277; III, 278; poi annualmente fino alla VII, nell'estate del 282.
COS I, 277; II, 278; III, 279; IV, 281; V, 282.

Caro

M. Aurelius Carus
agosto/settembre 282-luglio/agosto 283*, **

IMP CAESAR M AVRELIVS CARVS AVGVSTVS
GERMANICVS, GERMANICVS MAX, PERSICVS MAX, PARTHICVS, 283.

TRIB POT, settembre/ottobre 282; II, gennaio (?) 283.
COS I, 282; II, 283.

Carino

M. Aurelius Carinus
inizi del 283-agosto/settembre 285**

IMP CAESAR M AVRELIVS CARINVS AVGVSTVS
GERMANICVS MAX, PERSICVS MAX, 283.
BRITANNICVS MAXIMVS, 284.
TRIB POT, 1º gennaio 283; II, 1º gennaio 284; III, 1º gennaio 285.
COS I, 283; II, 284; III, 285.

Numeriano

M. Aurelius Numerius Numerianus
luglio/agosto 283-novembre 284*, **

IMP CAESAR M AVRELIVS NVMERIANVS AVGVSTVS
GERMANICVS MAX, PERSICVS MAX, 283.
BRITANNICVS MAX, 284.
TRIB POT, settembre (?) 283; II, 1º gennaio 284.
COS, 284.

Diocleziano

C. Valerius Diocles
20 novembre 284-1º maggio 305*,**

IMP CAESAR C AVRELIVS VALERIVS DIOCLETIANVS AVGVSTVS
GERMANICVS MAX, 285; II-III, 287; IV, 288; V, 293; VI, 300 (o 301).
SARMATICVS MAX, 285; II, 289; III, 294; IV 299 (o 300).
GOTHICVS MAX, 293 (o 296/297).
BRITANNICVS MAX, 296 (o 297).
CARPICVS MAX, 296 (o 297).
MEDICVS MAXIMVS, ARMENICVS MAX, ADIABENICVS MAX, 298.
PERSICVS MAX, 295; II, 298.
IOVIVS, 287.
TRIB POT, 20 novembre 284; II, 10 dicembre 284 e poi annualmente fino alla XXII, il 10 dicembre del 304.
IMP I, 20 novembre 284; II, 20 novembre 285 e poi annualmente fino alla XXI, acclamazione il 20 novembre del 304.
COS I, 283 (o 284); II, 285; III, 287; IV, 290; V, 293; VI, 296; VII, 299; VIII, 303; IX, 304; X, 308.

Massimiano

M. Aurelius Valerius Maximianus
ottobre/dicembre 285-luglio 310*,**

IMP CAESAR M AVRELIVS VALERIVS MAXIMIANVS AVGVSTVS
CAESAR, ottobre/dicembre 285.
HERCVLIVS, 287.
SENIOR AVGVSTVS, 305.
GERMANICVS MAX, 287; II, 287; III, 288; IV, 293; V, 300 (o 301).
SARMATICVS MAX, 289; II, 294; III, 299 (o 300).
PERSICVS MAX, 295 (?); II, 298.
BRITANNICVS MAX, 296 (o 297).
CARPICVS MAX, 296 (o 297).
GOTHICVS MAX, 293 o 296/297.
MEDICVS MAX, ARMENICVS MAX, ADIABENICVS MAX, 298.
TRIB POT I, 1° aprile 286; II, 10 dicembre 286 e poi annualmente fino alla VIII, il 10 dicembre del 292; IX, 1° marzo 293; X, 10 dicembre 293 e poi annualmente fino alla XXI, il 10 dicembre del 304.
IMP I, 286; II, 287; III, 288; IV, 289; V, 290; VI, 291; VII, 292; VIII, 293; IX, 293; poi annualmente fino alla XX, 305.
COS I, 287; II, 288; III, 290; IV, 293; V, 297; VI, 299; VII, 303; VIII, 304; IX, dall'estate del 307 con Costantino.

Costanzo Cloro

Iulius Constantius
1° maggio 305-25 luglio 306*

IMP CAESAR FLAVIVS VALERIVS CONSTANTIVS AVGVSTVS
D N C FLAVIVS VALERIVS CONSTANTIVS AVGVSTVS
CAESAR, dal 1° marzo 293.
AVGVSTVS, 305.
GERMANICVS MAX, 293; II, 300 (o 301); III, 302, IV, 303, V, 304.
SARMATICVS MAX, 294; II, 299 (o 300); III, 302 (?).
PERSICVS MAX, 295 (?); II, 298.
CARPICVS MAX, 296 (o 297); II, 301, III, 302, IV, 303, V, 304.
BRITANNICVS MAXIMVS, 296 (o 297); II, 305.
MEDICVS MAX, ADIABENICVS MAX, 298.
TRIB POT, marzo 293; II, 10 dicembre 293 e poi annualmente fino alla XIV, nel 305, oppure alla XIII, 10 dicembre 304; XIV, 1° maggio 305; XV, 10 dicembre 305.
IMP I, 1° maggio 305-30 aprile 306; II, 306.
COS I, 294; II, 296; III, 300; IV, 302; V, 305; VI, 306.

Galerio

1° maggio 305-5 maggio 311*, **

IMP CAESAR VALERIVS GALERIVS MAXIMIANVS
D N C GALERIVS VALERIVS MAXIMIANVS AVGVSTVS

CAESAR, dal 293.
TRIB POT, 21 maggio (?) 293; II, 10 dicembre 293 e poi annualmente fino alla XIII, il 10 dicembre 304; XIV, 1° maggio 305; XV, 10 dicembre del 305 e poi annualmente fino alla XX, il 10 dicembre del 310.
IMP I, 305; II, 306.
COS I, 294; II, 297; III, 300; IV, 302; V, 305; VI, 306; VII, 308.

Flavio Severo

agosto 306-primavera 307

IMP SEVERVS AVGVSTVS
D N FLAVIVS VALERIVS SEVERVS AVGVSTVS
CAESAR, dal 305.
COS, 307.

Massenzio

aprile (?) 307-28 ottobre 312**

M AVRELIVS VALERIVS MAXENTIVS AVGVSTVS
CAESAR, dal 28 ottobre 306.
TRIB POT, 307; II, 10 dicembre 307 poi annualmente fino alla VI, il 10 dicembre del 311.
COS I, 308; II, 309; III, 310; IV, 312.

Massimino Daia (Daza)

maggio 309-agosto (?) 313**

IMP C GALERIVS VALERIVS MAXIMINVS AVGVSTVS
CAESAR, dal 1° maggio 305.
COS I, 307; II, 311; III, 313.

Licinio

11 novembre 308-18 settembre 324**

IMP CAES C VALERIVS LICINIANVS LICINIVS AVG
D N IOVIVS LICINIVS SEMPER AVGVSTVS
GERMANICVS, SARMATICVS, 310.
GERMANICVS MAX, SARMATICVS MAXIMVS 315 (?).
TRIB POT, 11 novembre 308; II, 10 dicembre 308 e poi annualmente fino alla XVII, il 10 dicembre 323.

IMP I, 11 novembre 308; II, 11 novembre 309 e poi annualmente fino alla XVI l'11 novembre del 323.
COS I, 309; II, 312; III, 313; IV, 315; V, 318; VI, 321 (solo in Oriente).

Costantino I

L. o M. o C. Flavius Valerius Constantinus
estate (?) 307-22 maggio 337*

IMP CONSTANTINVS PIVS FELIX INVICTVS AVGVSTVS
D N FLAVIVS VALERIVS CONSTANTINVS AVGVSTVS
CAESAR, dal 25 luglio 306.
GERMANICVS, 313 (?).
GERMANICVS MAX, 313 (?); III, 318; IV, 328/329.
SARMATICVS MAX, 313 (?); II, 323.
BRITANNICVS MAX, 313/314.
PERSICVS MAX, ADIABENICVS MAX, MEDICVS MAX prima del 315.
GOTHICVS MAX, 315; II, 328/329 o 332.
CARPICVS MAX, ARABICVS MAX, ARMENICVS MAXIMVS, prima del 318.
DACICVS MAX, 336.
TRIB POT, 25 luglio 306; II, 10 dicembre 306; III, settembre 307; IV, 10 dicembre 307 e poi annualmente fino alla XXXIII, il 10 dicembre 336.
IMP I, 25 luglio 306; II, 307; III, 307; IV, 308 e poi annualmente fino alla XXXII il 25 luglio del 336.
COS I, 307 (o 309); II, 312; III, 313; IV, 315; V, 319; VI, 320; VII, 326; VIII, 329.

Costantino II

Flavius Claudius Constantinus
9 settembre 337-inizio dell'aprile 340**

D N FLAVIVS CLAVDIVS CONSTANTINVS AVGVSTVS
CAESAR, dal 1° marzo 317.
ALAMANNICVS MAX, 328.
GERMANICVS MAXIMVS, 338 (?).
COS I, 320; II, 321; III, 324; IV, 329.

Costante I

9 settembre 337-18 gennaio 350**

D N FLAVIVS IVLIVS CONSTANS AVGVSTVS
CAESAR, dal 25 dicembre 333.
SARMATICVS, 338.
COS I, 339; II, 342; III, 346 (solo in Oriente).

Costanzo II

9 settembre 337-3 novembre 361*

D N FLAVIVS IVLIVS CONSTANTIVS MAX AVGVSTVS
IMP CAESAR FLAVIVS IVLIVS CONSTANTIVS AVGVSTVS
CAESAR, dall'8 novembre 324.
GERMANICVS, GERMANICVS MAXIMVS, ALAMANNICVS MAX, tra il 323 e 332.
GOTHICVS MAX, 332.
SARMATICVS, 337.
ADIABENICVS MAX, 343.
PERSICVS, 338.
TRIB POT, 8 novembre 324; II, 10 dicembre 324 e poi annualmente fino alla XV, il 9 settembre del 337; XVI, 10 dicembre 337 e poi annualmente fino alla XXXIX, il 10 dicembre 360.
COS I, 326; II, 339; III, 342; IV, 346 (solo in Oriente); V, 352; VI, 353; VII, 354; VIII, 356; IX, 357; X, 360.

Giuliano

febbraio (circa) 360-26 giugno 363*

D N FLAVIVS CLAVDIVS IVLIANVS AVGVSTVS
IMP CAESAR FLAVIVS CLAVDIVS IVLIANVS AVGVSTVS
CAESAR, dal 355.
GERMANICVS MAX, ALAMANNICVS MAX, FRANCICVS MAX, SARMATICVS MAX, 360-362.
IMP VII (o II ?), 360-362.
COS I, 356; II, 357; III, 360; IV, 363.

Gioviano

27 giugno 363-17 febbraio 364*

D N FLAVIVS IOVIANVS AVGVSTVS
COS I, 364.

Valentiniano I

25 febbraio 364-17 novembre 375*

D N FLAVIVS VALENTINIANVS AVGVSTVS
GERMANICVS MAX, ALAMANNICVS MAX, FRANCICVS MAX, 368.
GOTHICVS MAX, 369.
TRIB POT, 25 febbraio 364; II, 10 dicembre 364 e poi annualmente fino alla XII, il 10 dicembre 374.

IMP I, 364; II, 365; III, 366 e poi annualmente fino alla XII il 25 febbraio del 375.
COS I, 365; II, 368; III, 370; IV 373.

Valente

28 marzo 364-9 agosto 378*

D N FLAVIVS VALENS AVGVSTVS
GERMANICVS MAX, ALAMANNICVS MAX, FRANCICVS MAX, 368.
GOTHICVS MAX, 369.
TRIB POT, 28 marzo 364; II, 10 dicembre 364 e poi annualmente fino alla XV, il 10 dicembre del 377.
IMP I, 28 marzo 364; II, 365 e poi annualmente fino alla XV il 28 marzo del 378.
COS I, 365; II, 368; III, 370; IV, 373; V, 376; VI, 378.

Graziano

24 agosto 367-25 agosto 383*

D N FLAVIVS GRATIANVS AVGVSTVS
GERMANICVS MAX, ALAMANNICVS MAX, FRANCICVS MAX, 368.
GOTHICVS MAX, 369.
TRIB POT, 24 agosto 367; II, 10 dicembre 367 e poi annualmente fino alla XVII, il 10 dicembre del 382.
IMP I, 24 agosto 367; II, 368 e poi annualmente fino alla XVII il 25 agosto del 383.
COS I, 366; II, 371; III, 374; IV, 377; V, 380.

Valentiniano II

22 novembre 375-15 maggio 392 *

D N VALENTINIANVS AVGVSTVS
COS I, 376; II, 378; III, 387; IV, 390.

Teodosio

19 gennaio 379-17 gennaio 395*

D N FLAVIVS THEODOSIVS AVGVSTVS
COS I, 380; II, 388; III, 393.

Appendice 3
Il calendario giuliano

	Ianuarius, Augustus, December	Februarius	Aprilis, Iunius, September	Martius, Maius, Iulius, October
1	**Kalendis**	**Kalendis**	**Kalendis**	**Kalendis**
2	a.d. IV *Nonas*	a.d. IV *Nonas*	a.d. IV *Nonas*	a.d. VI *Nonas*
3	a.d. III "	a.d. III "	a.d. III "	a.d. V "
4	*pridie* "	*pridie* "	*pridie* "	a.d. IV "
5	**Nonis**	**Nonis**	**Nonis**	a.d. III "
6	a.d. VIII *Idus*	a.d. VIII *Idus*	a.d. VIII *Idus*	*pridie* "
7	a.d. VII "	a.d. VII "	a.d. VII "	**Nonis**
8	a.d. VI "	a.d. VI "	a.d. VI "	a.d. VIII *Idus*
9	a.d. V "	a.d. V "	a.d. V "	a.d. VII "
10	a.d. IV "	a.d. IV "	a.d. IV "	a.d. VI "
11	a.d. III "	a.d. III "	a.d. III "	a.d. V "
12	*pridie* "	*pridie* "	*pridie* "	a.d. IV "
13	**Idibus**	**Idibus**	**Idibus**	a.d. III "
14	a.d. XIX *Kal.*	a.d. XVI *Kal.*	a.d. XVIII *Kal.*	*pridie* "
15	a.d. XVIII "	a.d. XV "	a.d. XVII "	**Idibus**
16	a.d. XVII "	a.d. XIV "	a.d. XVI "	a.d. XVII *Kal.*
17	a.d. XVI "	a.d. XIII "	a.d. XV "	a.d. XVI "
18	a.d. XV "	a.d. XII "	a.d. XIV "	a.d. XV "
19	a.d. XIV "	a.d. XI "	a.d. XIII "	a.d. XIV "
20	a.d. XIII "	a.d. X "	a.d. XII "	a.d. XIII "
21	a.d. XII "	a.d. IX "	a.d. XI "	a.d. XII "
22	a.d. XI "	a.d. VIII "	a.d. X "	a.d. XI "
23	a.d. X "	a.d. VII "	a.d. IX "	a.d. X "
24	a.d. IX "	a.d. VI "	a.d. VIII "	a.d. IX "
25	a.d. VIII "	a.d. V "	a.d. VII "	a.d. VIII "
26	a.d. VII "	a.d. IV "	a.d. VI "	a.d. VII "
27	a.d. VI "	a.d. III "	a.d. V "	a.d. VI "
28	a.d. V "	*pridie* "	a.d. IV "	a.d. V "
29	a.d. IV "		a.d. III "	a.d. IV "
30	a.d. III "		*pridie* "	a.d. III "
31	*pridie* "			*pridie* "

N.B. Negli anni bisestili si aggiungeva il giorno intercalare dopo il 24 febbraio con la dizione *bis sextus ante Kal. Martias* = a.d. *bis* VI *Kal. Mart.*; la denominazione dei giorni seguenti variava di conseguenza.

Bibliografia

ADAM J.-P. (1994), *L'arte di costruire presso i Romani. Materiali e tecniche*, Milano.
ALFÖLDY G. (1977), *Konsulat und Senatorenstand unter den Antoninen. Prosopographische Untersuchungen zur senatorischen Führungsschicht*, Bonn.
Amphores (1989), *Amphores romains et histoire économique: dix ans de recherches*, Rome.
ANDREAU J. (1974), *Les affaires de Monsieur Jucundus*, Rome.
ID. (1987), *La vie financière dans le monde romain: les métiers des manieurs d'argent (IVe siècle av. J.-C.-IIIe siècle ap. J.-C.)*, Rome.
BAGNALL R. S., CAMERON A., SCHWARTZ S. R., WORP K. A. (1987), *Consuls of the Later Roman Empire*, Atlanta.
BARATTA G. (1994), *Bolli su botti*, in *Epigrafia della produzione e della distribuzione*, Actes de la VIIe Rencontre franco-italienne sur l'épigraphie du monde romain, Rome, pp. 555-65.
ID. (2007), *Una particolare categoria di* signacula: *marchi per legno, pellame ed animali*, in *Acta XII Congressus Internationalis Epigraphiae Graecae et Latinae: provinciae imperii Romani inscriptionibus descriptae*, Barcelona, pp. 99-108.
BASSIGNANO M. S. (1987), *La religione: divinità, culti, sacerdozi*, in *Il Veneto nell'età romana*, I: *Storiografia, organizzazione del territorio, economia e religione*, a cura di E. Buchi, Verona, pp. 311-75, 410-22.
EAD. (2001-02), *Un signifero atestino*, in "Atti e Memorie dell'Accademia Galileiana in Padova", CXIV, pp. 167-81.
BLOCH H. (1948), *The Roman Brick Stamps not Published in vol. XV, 1 of the* Corpus inscriptionum Latinarum *Including Indices to the Roman Brick-Stamps*, Cambridge (MA).
ID. (1969), *L'épigraphie latine*, Paris (4e éd.).
BOLLA M. (a cura di) (2000), *Archeologia a Verona*, Milano.
BONINI P., BUSANA M. S. (2004), *Il materiale laterizio*, in *Montegrotto Terme – Via Neroniana. Gli scavi 1989-1992*, Padova, pp. 134-5.
BONOMI S., SIGOLO S. (2006), *Le pietre parlano: il lapidario romano di Adria*, Adria.
BRUUN CH. (2005), *La ricerca sui bolli laterizi. Presentazione generale delle varie problematiche*, in *Interpretare i bolli laterizi di Roma e della valle del Tevere: produzione, storia economica e topografica*, Atti del Convegno, Roma, pp. 3-24.
BUCHI E. (1987), *Assetto agrario, risorse e attività economiche*, in *Il Veneto nell'età romana*, I: *Storiografia, organizzazione del territorio, economia e religione*, a cura di E. Buchi, Verona, pp. 103-84.
ID. (2003), *Un graffito anforario dei consoli Cesare e Lepido*, in *Miscellanea in memoria*

di Franco Sartori ("Studi Trentini di Scienze Storiche", LXXXII, 1), Trento, pp. 139-42.

BUONOPANE A. (1985), *Le iscrizioni latine spurie del Museo Maffeiano*, in *Nuovi Studi Maffeiani*, Atti del Convegno internazionale "Scipione Maffei e il Museo Maffeiano", Verona, pp. 141-64.

ID. (1987), *Estrazione, lavorazione e commercio dei materiali lapidei*, in *Il Veneto in età romana*, I: *Storiografia, organizzazione del territorio, economia e religione*, a cura di E. Buchi, Verona, pp. 185-218.

ID. (1988), *Un caso di* ordinatio *graffita in una iscrizione funeraria atestina (SupplIt, 537)*, in "Epigraphica", L, pp. 226-34.

ID. (2003), *La produzione tessile ad Altino: le fonti epigrafiche*, in *Produzioni, merci e commerci in Altino preromana e romana*, Atti del Convegno, Roma, pp. 285-97.

ID. (2003-04), *Un nuovo* servus publicus *di Verona*, in "Relationes Budvicenses", 3-4 (*In honorem. Professori Ph. Dr. Ioanni Burian*, CSc. annos LXXV nato), České Budĕjovice, pp. 53-7.

ID. (2007), *Le iscrizioni romane di* Grumentum*: rivisitazioni e novità da scavi e studi recenti*, in "Atti della Pontificia Accademia Romana di Archeologia. Rendiconti", LXXIX, pp. 315-41.

ID. (2008), *Il materiale epigrafico*, in G. Cavalieri Manasse (a cura di), *L'area del* Capitolium *di Verona. Ricerche storiche e archeologiche*, Verona, pp. 269-88.

BUONOPANE A., CRESCI MARRONE G., TIRELLI M. (2007), *Tra devozione e magia: una laminetta plumbea iscritta da Altino*, in *Studi in ricordo di Fulviomario Broilo*, Padova, pp. 109-21.

BUONOPANE A., GROSSI P., GUARNIERI A., PIROTTI F. (2006), *L'impiego del laser scanner nel rilievo delle iscrizioni sui miliari*, in *Misurare il tempo. Misurare lo spazio*, Atti del Colloquio AIEGL-Borghesi 2005, Faenza, pp. 373-88.

BUONOPANE A., MASTROCINQUE A. (2004), *Un* phylaktérion *iscritto dal territorio di* Vicetia, in *Epigrafia di confine, confine dell'epigrafia*, Atti del Colloquio AIEGL-Borghesi 2003, Faenza, pp. 239-56.

CAGNAT R. (1914), *Cours d'épigraphie latine*, Paris (4e éd.).

CALABI LIMENTANI I. (1991), *Epigrafia latina*, Milano (5^a ed.).

CALDERINI A. (1974), *Epigrafia*, Torino.

CALVI M. C. (1979), *Le ambre romane di Aquileia*, Aquileia.

CAMODECA G. (1991), *Novità sui fasti consolari dalle tavolette cerate della Campania*, in *Epigrafia*, Actes du Colloque en mémoire de Attilio Degrassi, Rome, pp. 45-74.

ID. (1999), *Tabulae Pompeianae Sulpiciorum*, Roma.

ID. (2006), *Le iscrizioni funerarie dei* Fadieni, in *Mors immatura. I Fadieni e il loro sepolcreto* ("Quaderni di Archeologia dell'Emilia Romagna", 16), Firenze, pp. 21-7.

CAVALIERI MANASSE G. (2008), *Il frammento di catasto rurale*, in Ead. (a cura di), *L'area del* Capitolium *di Verona. Ricerche storiche e archeologiche*, Verona, pp. 289-91.

CAVALLO G. (1991), *Prefazione*, in G. Cavallo, I. Canali, *Graffiti latini. Scrivere sui muri in Roma antica*, Milano, pp. 5-13.

CHASTAGNOL A. (1988), *Le formulaire de l'épigraphie latine officielle dans l'antiquité tardive*, in *La terza età dell'epigrafia*, Atti del Colloquio AIEGL-Borghesi 1986, Faenza, pp. 11-63.

CHIOFFI L. (2005), *Museo Provinciale Campano di Capua. La raccolta epigrafica*, Capua.

CHISTÉ P. (1971), *Epigrafi trentine dell'età romana*, Rovereto.

COATES-STEPHENS R. (2002), *Epigraphy as* spolia. *The Reuse of Inscriptions in Early Medieval Buildings*, in "Papers of the British School at Rome", LXX, pp. 273-96.

CORBIER M. (2008), *Les chemins de l'épigraphie: une expérience / Le vie dell'epigrafia: un'esperienza*, in *Epigrafia 2006*, Actes du XIVe Rencontre sur l'épigraphie in onore di Silvio Panciera, Roma, pp. 1281-90.

CRAWFORD M. (1996), *Roman Statutes*, London.

Da Aquileia (1980), *Da Aquileia a Venezia. Una mediazione tra l'Europa e l'Oriente dal II secolo a.C. al VI secolo d.C.*, Milano.

DEGRASSI A. (1952), *I Fasti consolari dell'impero romano dal 30 avanti Cristo al 613 dopo Cristo*, Roma.

ID. (1954), *Fasti Capitolini*, Torino.

DEVIJVER H. (1995), *Les milices équestres et la hiérarchie militaire*, in *La hiérarchie (Rangordnung) de l'armée romaine sous l'Haute-Empire*, Actes du Congrès de Lyon, Paris, pp. 175-91.

Die Römer (2000), *Die Römer zwischen Alpen und Nordmeer*, München.

DI STEFANO MANZELLA I. (1987), *Mestiere di epigrafista. Guida alla schedatura del materiale epigrafico lapideo*, Roma.

ID. (in stampa), Signacula ex aere. *Gli antichi timbri romani di bronzo e le loro impronte.*

DOLCI E. (1997), Notae lapicidinarum *inedite dalle cave lunensi di Carrara*, in "Atti e Memorie della Deputazione di Storia Patria per le Antiche Province Modenesi", s. IX, XIX, pp. 3-49.

DONATI A. (2003), Lutatio, damnatio, restitutio: *tre momenti della memoria*, in *Usi e abusi epigrafici*, Atti del Colloquio internazionale di epigrafia latina, Genova, pp. 521-4.

ECK W. (1975), *Bemerkungen zu den* Fasti consulares *des 1. und 2. Jh.s n. Chr.*, in "Historia", 24, pp. 324-44.

ID. (1977), *Miscellanea consularia*, in "Zeitschrift für Papyrologie und Epigraphik", 25, pp. 227-40.

ID. (1980), *Epigraphische Untersuchungen zu Konsuln und Senatoren des 1.-3. Jh. n. Chr.*, in "Zeitschrift für Papyrologie und Epigraphik", 37, pp. 31-68.

ID. (1981), *Miscellanea prosopographica*, in "Zeitschrift für Papyrologie und Epigraphik", 42, pp. 227-56.

ID. (1991), Consules ordinarii *und* consules suffecti *als eponyme Amtsträger*, in *Epigrafia*, Actes du Colloque en mémoire de Attilio Degrassi, Rome, pp. 15-44.

Epigrafia (1994), *Epigrafia della produzione e della distribuzione*, Actes de la VIIe Rencontre franco-italienne sur l'épigraphie du monde romain, Rome.

FEDELI E., STANGHERLIN G. (2008), *Analisi diagnostiche eseguite sulle tracce di rubricatura presenti su alcuni frammenti di iscrizioni*, in G. Cavalieri Manasse (a cura di), *L'area del Capitolium di Verona. Ricerche storiche e archeologiche*, Verona, pp. 649-50.

FERRERO E. (1887-88), *Di alcune iscrizioni romane della valle di Susa*, in "Atti della Reale Accademia delle Scienze di Torino", XXIII, pp. 180-88.

Fornaci (1987), *Fornaci e fornaciai in Friuli*, Udine.

FORNI G. (1985), *Le tribù romane*, III, *Le pseudo tribù*, Roma.

FRANZONI L. (1990), *La Valpolicella nell'età romana*, Verona.

GAGER J. G. (1992), *Curse Tablets and Binding Spells from the Ancient World*, New York-Oxford.

GALLIAZZO V. (1982), *Sculture greche e romane del Museo Civico di Treviso*, Roma.

Geritz (2004), Geritz und Entziffert. Schriftzeugnisse der römischen Informationsgesellschaft, Esslingen am Neckar.
GIANFROTTA A. (1981), *Archeologia subacquea*, Milano.
GIORDANO C. (1966), *Le iscrizioni della casa di M. Fabio Rufo*, in "Rendiconti dell'Accademia di Archeologia di Napoli", n.s., XLI, pp. 73-89.
GOMEZEL C. (1994), *Un tappo di anfora Dressel 20 ad Aquileia?*, in *Epigrafia della produzione e della distribuzione*, Actes de la VIIe Rencontre franco-italienne sur l'épigraphie du monde romain, Rome, pp. 543-5.
GORDON A. E. (1983), *Illustrated Introduction to Latin Epigraphy*, Berkeley-Los Angeles-London.
GORDON J. S., GORDON A. E. (1958-65), *Album of Dated Latin Inscriptions. Rome and the Neighborhood*, voll. I-IV, Berkeley-Los Angeles.
GUALANDI GENITO M. C. (1986), *Le lucerne antiche del Trentino*, Trento.
HARRIS W. V. (1983), *Literacy and Epigraphy, I*, in "Zeitschrift für Papyrologie und Epigraphik", 52, pp. 87-111.
HELTTULA A. (2007), *Le iscrizioni sepolcrali latine dell'Isola Sacra* ("Acta Instituti Romani Finlandiae", 30), Roma.
HÜBNER E. (1885), *Exempla scripturae epigraphicae Latinae a Caesaris dictatoris morte ad aet. Iustiniani*, Berlin.
Il lapidario Zeri (1982), *Il lapidario Zeri di Mentana*, Roma.
Instrumenta (1992), *Instrumenta inscripta*, in "Specimina nova dissertationum ex Instituto Historico Universitatis quinqueeclessiensis de Iano Pannonio nominatae", VII, 1, Pécs.
KAJAVA M. (1994), *Roman Female* praenomina. *A Study in the Nomenclature of Roman Women*, Rome.
KIENAST D. (1996), *Römische Kaisertabelle. Grundzüge einer römischen Kaiserchronologie*, Darmstadt (2. Aufl.).
KRENKEL W. (1962), *Pompeianische Inschriften*, Heidelberg.
LAFFI U. (1981), *Ricerche antiquarie e falsificazioni ad Ascoli Piceno nel secondo Ottocento*, in *Ausculum*, vol. II, t. II, Pisa.
LASSÈRE J.-M. (2005), *Manuel d'épigraphie romaine*, Paris.
Le epigrafi romane di Canosa (1985), *Le epigrafi romane di Canosa*, vol. I, Bari.
LEUNISSEN P. M. M. (1989), *Konsuln und Konsulare in der Zeit von Commodus bis Severus Alexander, 180-235 n. Chr.: prosopographische Untersuchungen zur senatorischen Elite im römischen Kaiserreich*, Amsterdam.
LOESCHKE S. (1919), *Lampen aus* Vindonissa, Zürich.
LORETI E. M. (1994), Signacula *bronzei dell'Antiquarium comunale di Roma*, in *Epigrafia della produzione e della distribuzione*, Actes de la VIIe Rencontre franco-italienne sur l'épigraphie du monde romain, Rome, pp. 645-53.
MAGIONCALDA A. (1991), *Lo sviluppo della titolatura imperiale da Augusto a Giustiniano attraverso le testimonianze epigrafiche*, Torino.
MANACORDA D. (1993), *Appunti sulla bollatura in età romana*, in *The Inscribed Economy: Production and Distribution in the Roman Empire in the Light of* Instrumentum Domesticum, Proceedings of the Conference, Ann Arbor (MI), pp. 37-54.
ID. (2006), *Appunti sparsi di un archeologo*, in *Il monumento iscritto come punto d'incontro tra epigrafia, archeologia, paleografia e storia* ("Scienze dell'Antichità. Storia, archeologia, antropologia", 13), pp. 646-52.

MARCHESINI S. (2004), *Excursus metodologico sugli errori di scrittura. Analisi di un corpus epigrafico dell'Italia antica*, in "Studi Classici e Orientali", L, pp. 173-218.

MAYER I OLIVÉ M. (2008), Opercula, *los tapones de ánfora: un indicador económico controvertido*, in *Instrumenta Latina* II, Akten des 2. Internationalen Kolloquiums, Klagenfurt, pp. 223-39.

MAZZER A. (2005), *I recinti funerari in area altinate*, Gruaro.

MENNELLA G. (1993), *Epigrafi nei villaggi e lapicidi rurali: esempi dalla IX regio*, in *L'epigrafia del villaggio*, Atti del Colloquio internazionale di epigrafia latina, Faenza, pp. 261-80.

ID. (2003), *La copia in marmo della tavola di Polcevera: un abuso ideologico della repubblica di Genova nel XVI secolo*, in *Usi e abusi epigrafici*, Atti del Colloquio internazionale di epigrafia latina, Genova, pp. 315-32.

MERKELBACH R. (1984), *Mithras*, Königstein Ts.

MONTECCHI G. (1995), *Lo spazio del testo scritto nella pagina del Feliciano*, in *L'"antiquario" Felice Feliciano veronese tra epigrafia antica, letteratura e arti del libro*, Atti del Convegno di studi, Padova, pp. 251-88.

MORIZIO V. (1991), *Criteri di edizione dell'instrumentum inscriptum: un breve profilo storico*, in *Instrumenta Inscripta*, in "Specimina nova dissertationum ex Instituto Historico Universitatis quinqueeclesiensis de Iano Pannonio nominatae", VII, 1, Pécs, pp. 351-60.

ID. (1994), *Proposta di uno schema guida per la schedatura dell'instrumentum inscriptum*, in *Epigrafia della produzione e della distribuzione*, Actes de la VIIe Rencontre franco-italienne sur l'épigraphie du monde romain, Rome, pp. 227-33.

MUESS J. (1989), *Das römische Alphabet. Entwicklung, Form und Konstruktion*, München.

PACI G. (1992), *L'iscrizione viaria del Furlo sulla Flaminia*, in *Rupes loquentes*, Atti del Convegno internazionale di studio sulle "Iscrizioni rupestri di età romana in Italia", Roma, pp. 225-42.

PANCIERA S. (1981), *Struttura dei Supplementi*, in *SupplIt*, n.s., 1, pp. 9-11.

ID. (2006), *Epigrafi, epigrafia, epigrafisti. Scritti vari editi e inediti (1956-2005) con note complementari e indici*, Roma.

PANNELLA C. (2002), *Le anfore: definizione e generalità. Le anfore del mondo romano*, in *Il mondo dell'archeologia (Enciclopedia archeologica)*, Roma, pp. 623-5, 630-8.

PESAVENTO MATTIOLI S. (2007), *Aquileia e le anfore: lo stato della ricerca*, in G. Cuscito, C. Zaccaria (a cura di), *Aquileia dalle origini alla costituzione dello stato longobardo. Territorio, economia, società*, vol. II, Trieste, pp. 459-77.

PETRUCCI A. (2002), *Prima lezione di paleografia*, Roma-Bari.

PFLUG H. (1989), *Römische Porträtstelen in Oberitalien. Untersuchungen zur Chronologie, Typologie und Ikonographie*, Mainz am Rhein.

PICCOTTINI G. (1994), *Mithrastempel in Virunum*, Klagenfurt.

ID. (2003), *Nuovi documenti sull'importazione di vino e generi alimentari nella città sul Magdalensberg (Carinzia)*, in S. Blason Scarel (a cura di), *Prosit! Excursus storico-cronologico su produzione e uso del vino in Aquileia e nel Friuli Venezia Giulia tra Antichità e Medioevo*, Aquileia, pp. 46-54.

Pondera (2001), *Pondera: pesi e misure nell'antichità*, Campogalliano.

RAPANIĆ Z. (1973), *Guide to the Archaeological Museum at Split*, Split.

REBUFFAT R. (1995), *Peinture et inscriptions*, in *Actes des séminaires de l'Association Française de Peintures Murales Antiques 1990-1991-1993* ("Revue archéologique de Picardie", n. spécial 10), Amiens, pp. 23-31.

RITSCHL F. (1862), *Priscae Latinitatis monumenta epigraphica. Tabulae lithographae*, Berlin.
RODRÍGUEZ ALMEIDA E. (1984), *Il monte Testaccio. Ambiente, storia, materiali*, Roma.
ROFFIA E. (1994), *Balsamari vitrei con bolli dalla necropoli di Porta Palio a Verona*, in *Studi di archeologia della X regio in ricordo di Michele Tombolani*, Roma, pp. 385-92.
ID. (2002), *Alcuni vetri incisi*, in F. Rossi (a cura di), *Nuove ricerche sul Capitolium di Brescia. Scavi, studi e restauri*, Milano, pp. 413-34.
ROGAN J. (2006), *Reading Roman Inscriptions*, Brimscombe Port.
RÖMER-MARTIJNSE E. (1990), *Römerzeitliche Bleietiketten aus Karlsdorf, Steiermark*, Wien.
SANDRINI G. M. (1994), *L'epitaffio in versi del catellus Fuscus*, in *Studi di archeologia della X regio in ricordo di Michele Tombolani*, Roma, pp. 471-7.
SCHMIDT M. (1998), *Zum Plan einer neue Sammlung der Carmina Latina Epigraphica (CIL XVII). Metodische Überlegungen und praktische Beispiele*, in "Chiron", 28, pp. 163-77.
ID. (2003), *Reflections of Roman Life and Living*, Berlin-New York.
ID. (2004), *Einführung in die lateinische Epigraphik*, Darmstadt.
SILVESTRINI M. (1999), *Un itinerario epigrafico lungo la via Traiana: Aecae, Herdonia, Camusium*, Bari.
SIMPSON C. J. (1998), *Imp. Caesar Divi filius. His Second Imperatorial Acclamation and the Evolution of an Allegedly "Exorbitant" Name*, in "Athenaeum", LXXVI, pp. 419-25.
SINN F. (1987), *Stadtrömische Marmorurnen*, Mainz am Rhein.
SPADEA R. (2000), *Il foro di Scolacium. Ritratti e iscrizioni*, in M. Cébeillac-Gervasoni (éd.), *Les élites municipales de l'Italie péninsulaire de la mort de César à la mort de Domitien entre continuité et rupture*, Rome, pp. 327-45.
STEINBY M. (1977-78), *Lateres signati Ostienses*, Roma.
The Inscribed Economy (1993), *The Inscribed Economy: Production and Distribution in the Roman Empire in the Light of Instrumentum Domesticum*, Proceedings of the Conference, Ann Arbor (MI).
THYLANDER H. (1952), *Étude sur l'épigraphie latine. Date des inscriptions. Noms et dénomination latine. Noms et origine des personnes*, Lund.
VARONE A. (1994), *Erotica pompeiana: iscrizioni d'amore sui muri di Pompei*, Roma.
VOINOT J. (1999), *Les cachets à collyre dans le monde romain*, Montagnac.
WACHTER R. (1992), *Der Informationsgehalt von Schreibfehler in griechischen und lateinischen Inschriften*, in "Würzburger Jahrbücher für die Altertumswissenschaft", n.s., 18, pp. 17-31.
WALSER G. (1988), *Römische Inschrift-Kunst*, Stuttgart.
WEBER E. (2001), *Iscrizioni falsificate sul "mercato nero" d'oggi*, in *Varia epigraphica*, Atti del Colloquio internazionale di epigrafia, Faenza, pp. 463-73.
ZACCARIA C. (2001), *La "trasformazione" del messaggio epigrafico tra il II e il IV secolo d.C.: a proposito di un palinsesto rinvenuto nel foro di Aquileia*, in *Varia epigraphica*, Atti del Colloquio internazionale di epigrafia, Faenza, pp. 475-94.
ID. (2003), *Scriptor: lo scrittore che non deve scrivere*, in *Usi e abusi epigrafici*, Atti del Colloquio internazionale di epigrafia latina, Roma, pp. 237-54.
ZANGEMEISTER K. (1885), *Glandes plumbae Latinae inscriptae*, in "Ephemeris Epigraphica", VI.